世界哲學家叢書

董 仲 舒

韋 政 通 著

1996

東大圖書公司印行

國立中央圖書館出版品預行編目資料

董仲舒／韋政通著．-- 再版．-- 臺北
市：東大發行：三民總經銷，民85
　　面；　　　公分．--（世界哲學家
叢書）
參考書目：面
含索引
ISBN 957-19-0112-1（精裝）
ISBN 957-19-0113-X（平裝）

1.董仲舒-學識-哲學

ⓒ 董仲舒

著作人　韋政通
發行人　劉仲文
著作財
產權人　東大圖書股份有限公司
發行所　東大圖書股份有限公司
　　　　地址／臺北市復興北路三八六號
　　　　郵撥／○一○七一七五一○號
印刷所　東大圖書股份有限公司
總經銷　三民書局股份有限公司
門市部　復北店／臺北市復興北路三八六號
　　　　重南店／臺北市重慶南路一段六十一號
初版　中華民國七十五年七月
再版　中華民國八十五年三月
編號　E 12023
基本定價　叁元捌角
行政院新聞局登記證局版臺業字第○一九七號

ISBN 957-19-0113-X（平裝）

「世界哲學家叢書」總序

　　本叢書的出版計劃原先出於三民書局董事長劉振強先生多年來的構想，曾先向政通提出，並希望我們兩人共同負責主編工作。一九八四年二月底，偉勳應邀訪問香港中文大學哲學系，三月中旬順道來臺，即與政通拜訪劉先生，在三民書局二樓辦公室商談有關叢書出版的初步計劃。我們十分贊同劉先生的構想，認為此套叢書（預計百冊以上）如能順利完成，當是學術文化出版事業的一大創舉與突破，也就當場答應劉先生的誠懇邀請，共同擔任叢書主編。兩人私下也為叢書的計劃討論多次，擬定了「撰稿細則」，以求各書可循的統一規格，尤其在內容上特別要求各書必須包括 (1) 原哲學思想家的生平；(2) 時代背景與社會環境；(3) 思想傳承與改造；(4) 思想特徵及其獨創性；(5) 歷史地位；(6) 對後世的影響（包括歷代對他的評價），以及 (7) 思想的現代意義。

　　作為叢書主編，我們都了解到，以目前極有限的財源、人力與時間，要去完成多達三、四百冊的大規模而齊全的叢書，根本是不可能的事。光就人力一點來說，少數教授學者由於個人的某些困難（如筆債太多之類），不克參加；因此我們曾對較有餘力的簽約作者，暗示過繼續邀請他們多撰一兩本書的可能性。遺憾

的是，此刻在政治上整個中國仍然處於「一分為二」的艱苦狀
態，加上馬列教條的種種限制，我們不可能邀請大陸學者參與撰
寫工作。不過到目前為止，我們已經獲得八十位以上海內外的學
者精英全力支持，包括臺灣、香港、新加坡、澳洲、美國、西德
與加拿大七個地區；難得的是，更包括了日本與大韓民國好多位
名流學者加入叢書作者的陣容，增加不少叢書的國際光彩。韓國
的國際退溪學會也在定期月刊「退溪學界消息」鄭重推薦叢書兩
次，我們藉此機會表示謝意。

　　原則上，本叢書應該包括古今中外所有著名的哲學思想家，
但是除了財源問題之外也有人才不足的實際困難。就西方哲學來
說，一大半作者的專長與興趣都集中在現代哲學部門，反映着我
們在近代哲學的專門人才不太充足。再就東方哲學而言，印度哲
學部門很難找到適當的專家與作者；至於貫穿整個亞洲思想文化
的佛教部門，在中、韓兩國的佛教思想家方面雖有十位左右的作
者參加，日本佛教與印度佛教方面卻仍近乎空白。人才與作者最
多的是在儒家思想家這個部門，包括中、韓、日三國的儒學發展
在內，最能令人滿意。總之，我們尋找叢書作者所遭遇到的這些
困難，對於我們有一學術研究的重要啟示（或不如說是警號）：
我們在印度思想、日本佛教以及西方哲學方面至今仍無高度的研
究成果，我們必須早日設法彌補這些方面的人才缺失，以便提高
我們的學術水平。相比之下，鄰邦日本一百多年來已造就了東西
方哲學幾乎每一部門的專家學者，足資借鏡，有待我們迎頭趕
上。

　　以儒、道、佛三家為主的中國哲學，可以說是傳統中國思
想與文化的本有根基，有待我們經過一番批判的繼承與創造的發

展，重新提高它在世界哲學應有的地位。為了解決此一時代課題，我們實有必要重新比較中國哲學與（包括西方與日、韓、印等東方國家在內的）外國哲學的優劣長短，從中設法開闢一條合乎未來中國所需求的哲學理路。我們衷心盼望，本叢書將有助於讀者對此時代課題的深切關注與反思，且有助於中外哲學之間更進一步的交流與會通。

　　最後，我們應該強調，中國目前雖仍處於「一分為二」的政治局面，但是海峽兩岸的每一知識份子都應具有「文化中國」的共識共認，為了祖國傳統思想與文化的繼往開來承擔一份責任，這也是我們主編「世界哲學家叢書」的一大旨趣。

傅偉勳　韋政通

一九八六年五月四日

自　序

　　在中國現代學術思想史上，董仲舒的命運很奇特：一方面從反傳統的立場出發，他幾乎成為胡適所說的箭垛式的人物，一提到儒家在歷史上的罪過，很少放過他的；另一方面，不論是反傳統或是維護傳統的人，似乎對他都缺乏研究的興趣，直到最近十年，研究成果才稍有增加，但比起對孔、孟、荀的研究，質與量仍顯得極其貧乏。

　　反傳統的人不屑於研究董仲舒，是可以理解的，維護傳統，尤其是以復興儒家為職志者，為什麼也不重視他？至少有兩個原因：第一，批評董仲舒的人，多半集中在他三綱的倫理觀，以及與專制的關係上，就思想層次或評價的態度而言，這方面的批評是有充分的理由和根據的，如有人公然加以維護，在這接受「新潮」的時代裏，是很難獲得同情的。第二，復興儒家的人，其重點是放在儒學上，對儒家在實際歷史中發展的情況，較少討論，在儒學的層次上，董仲舒的成就自不及孔、孟、荀。他是處在一個各家爭結帝王之歡的時代，使儒家接受專制體制考驗的人物，所以要了解儒家在漢代的發展，以及儒家面對專制如何反應，如何自處，董仲舒的思想就居於關鍵性的地位。論者常指出，董仲舒的儒家與先秦儒家，其精神與面貌都不相同，要了解其中的原因，對二者迥異的處境，是不可忽視的。

　　在我學習和思考的過程中，曾有上述兩種不同背景的經驗，

因此心靈上對董仲舒其人及其思想一向保持相當的距離,這使我八年前寫《中國思想史》到這一部分時,曾發生一些困難,當時想到而又未能解決的問題,就希望有一天能再回到這問題上,把它弄清楚。嗣後,一九八二年七月,於夏威夷大學出席國際朱子學會議期間,與杜維明兄有過一次長談,維明談到儒家在歷史上的兩條路線: 一條是政治化的儒家, 一條是要以道德去轉化政治,遂形成專制體制下儒家的抗議傳統。他的話給我印象很深,從此,儒家政治化的問題(這與先秦儒家以外王為理想的問題不同),一直盤旋在心中,強化了我全面探討董仲舒思想的動機。二年前我與傅偉勳兄受三民書局董事長劉振強先生之託,員責主編「世界哲學家叢書」,終於有機會一償宿願。

全書共十章,其內容可分三個部分:

前面三章是第一部分,從董仲舒的生平與先秦各家(主要是儒、道、法三家)思想上的關聯,以及董氏《春秋》學,大抵可以看出他的思想資源、學術基礎和智性發展的線索。仲舒自創的思想系統,是在這個基礎上發展出來的。遺憾的是,陰陽家的典籍早已散佚, 使二者之間的關係難以深論, 僅在第四章追溯陰陽、五行的源流時,略加討論。

四至八章為第二部分,是企圖重建仲舒自創的思想系統,首先就天、氣、陰陽、五行、災異、法天等基本概念,重現其理論結構,然後再就其系統的各面(包括人性論、倫理思想、政治思想、歷史思想)做深入的探討。從這一部分可以看出,仲舒的系統的確是以政治為其思想的中心問題,他使理想主義的儒家落實在現實的政治之中,這一轉化的過程,雖未能使先秦儒家內聖外王的理想實現,却使儒家影響現實政治成為可能。從道德理想主

義的觀點來看政治化的儒家，顯然是一貶辭，如從促使儒家在實際歷史中的發展而言，當可有另一番了解：儒家在現實上支持專制，專制帝王也擁護與三綱精神吻合的禮教，並根據這套禮教制訂法律，使儒家成為維繫政治與社會秩序的基石，從這方面來看，政治化以後的儒家，對傳統中國的貢獻是無與倫比的。

最後兩章為第三部分，第九章對最為近人詬病的尊儒運動的真相做了一番澄清。在先秦思想史中，孔子就已居於中心的地位，儒家社會化的工作，秦始皇時代就已開始，漢初官方的政策雖在黃老，儒術的提倡並未中斷，武帝朝的尊儒運動，主要是長期歷史演變的結果，武帝、董仲舒及其他幾位大臣，都不過是促其實現的一股助力而已。此外，董仲舒面臨的新課題是：既要適應大一統的專制，又要保持儒家的立場，以便對朝政發揮批判的精神，這是一大矛盾，董仲舒究如何協調這兩個互相矛盾的因素，並發展出一套足以滿足這雙重要求的理論，是第十章探討的目標。根據這一章探討的結果，董仲舒這位政治化的儒家，對先秦儒家的文化理想仍有相當程度的堅持，因此，儒家的兩條路線，在他的身上也有某種程度的結合。

必須說明，〈董仲舒處理儒家與專制關係的理論〉這一章，本來不在全書的計劃之中，而是應黃俊傑兄在國立清華大學歷史研究所主持的「中國思想史上的經世傳統」研究計劃而寫，並曾在此一研究計劃告一段落所舉行的研討會上討論。因為這一機緣，使我對本書做了很重要的補充，也因為是一篇獨立的論文，難免與其他章節有少數重複之處。

我要特別感謝賴炎元教授，由於他註譯的《春秋繁露》適時的出版，使我的工作減少許多困難。這部古籍至今沒有好的版

本，所以本書引用《春秋繁露》原文及所註頁碼，悉以賴著為
準。

韋　政　通

一九八六年四月十九日於內湖碧湖之濱

董 仲 舒 目次

第一章　生平與著作

一、生　平

董仲舒，號桂巖子，廣川人（今河北省冀縣東南），約生於呂后五、六年（前 183?），景帝時爲博士（景帝在位十六年，前 156—141），死於武帝元鼎二年（前 115）前❶，《漢書》本傳雖言其「年老，以壽終於家」，享年恐未超過七十。

本傳說他「少治《春秋》」，但對師承並未交代；又說他治學專勤，甚至「三年不窺園」❷，對他的家庭狀況，我們所知很少，《史記》只提到他的「子及孫皆以學至大官」。司馬遷（前 145 — 約前 78）是仲舒的晚輩，曾親聞董生述《春秋》大義❸，但在仲舒的著作裏，從未提及史公，史公也沒有爲仲舒單獨立傳，只在《儒林列傳》裏介紹他。

---

❶　董仲舒生卒年的推斷，一向象說紛紜，莫衷一是。此處是根據賴炎元：〈董仲舒生平考略〉一文。

❷　關於董仲舒的專心，《太平御覽》卷九七六引桓譚《新論》：「董仲舒專精於述古，年至六十餘，不窺園井榮」。與《漢書》本傳所說：「及去位（指膠西王相位）歸居，終不問家業，以修學著書爲事」很一致。「不問家業」，蓋言其甘於淡泊的生活。

　　由公孫弘（前 200—121）和主父偃（前？—127）兩位讒臣
都嫉恨仲舒的情形看，《史》、《漢》都稱他「為人廉直」，及本
傳言其「進退容止，非禮不行，學士皆師尊之」，應當可信。仲
舒喜言災異，武帝建元六年（前 135），遼東高廟、高園便殿相繼
火災，時仲舒家居，私下「推說其意」，想不到這份草稿竟被到
家中走動的主父偃偷去，奏向武帝，武帝「召視羣儒」論罪，仲
舒弟子呂步舒，不知乃其師所為，「以為大愚，於是下仲舒獄，
當死」，後雖被特赦，但從此再不敢公開談論災異❹。

　　公孫弘所以嫉恨他，一因公孫弘亦治《春秋》，但不能像仲
舒能成一家之言；二因公孫弘阿上諛媚，雖位至公卿，仲舒就是
瞧不起他。武帝之兄膠西王，為人「縱恣，數害吏二千石」，公
孫弘圖借刀殺人，遂建議武帝令仲舒相膠西王。詎料膠西王自比
齊桓公，而視仲舒為管仲，每向他決疑問難，就《越大夫不得為
仁》這篇對談的記錄來看，仲舒面對驕主，完全能稱理而談，絕
未投其所好，《禮記・儒行篇》所謂「儒有忠信以為甲冑，禮義
以為干櫓，戴仁而行，抱義而處，雖有暴政不更其所」，仲舒可
當之無愧。

　　在相膠西王之前，仲舒於〈賢良對策〉後，亦曾相江都王❺，

---

❸　見《史記》太史公自序，新校本，頁三二九七。

❹　談論災異是當時的風氣，仲舒所以獲罪，眞正的原因不在談災異，
　　而是因觸犯了皇家的忌諱。《漢書》本傳說「仲舒遂不敢復言災
　　異」，當然只是不公開談而已，私下著作，怎能不談？仲舒的天人
　　哲學，離開災異根本不能建立。

❺　《漢書》本傳載，仲舒先任江都王相，後又任膠西王相，與仲舒問
　　答如何為仁人的王為江都王（易王），而在《春秋繁露》中，仲舒
　　答問之王為膠西王，當以《春秋繁露》所記為準（見〈對膠西王越
　　大夫不得為仁〉第三十二），本傳恐是誤置。

皆因「恐久獲罪」之故，兩次出仕，恐都爲時不長。「去位歸居」後，「朝廷如有大議」，雖仍「使使者及廷尉張湯就其家」，卻始終未獲重用，到了晚年，仍不免過着「伏陋巷」的清苦生活❻。以他的〈賢良對策〉對歷史的深遠影響，他一生的際遇，與一般想像中的崇高地位，實相去甚遠。仲舒的心境與感懷，在他的〈士不遇賦〉中充分表現出來，如：「時來曷遲，去之速矣。屈意從人，悲吾族矣。正身俟時，將就木矣。心之憂兮，不期祿矣。遑遑匪寧，祇增辱矣。努力觸藩，徒摧角矣。不出戶庭，庶無過矣」。在這裏表白了他如何時運不濟，在短暫的仕途中如何遭受屈辱，以及對仕途的絕望。他曾努力去打破現實的一些藩籬，結果徒然使銳氣遭到挫傷。當仲舒寫「不出戶庭，庶無過矣」時，也許已忘了主父偃陷害的往事（也許是怕再觸犯忌諱），在那段往事裏，即使「不出戶庭」，仍會禍從天降的。

此外，在史家筆下的漢代盛世，在仲舒的心目中不過是：「生不丁三代之盛隆兮，而丁三季之末俗」。當此末俗之世，士人們趨炎附勢，顛倒黑白；在朝廷裏，耿介貞白之士有志難伸，只有那些矯情辯詐的人，才能飛黃騰達、無往不利。生活在這樣環境裏的一個「正身俟時」的儒者，既不能「隨世俗而輪轉」，就只好以卞隨、務光、伯夷、叔齊自況，最後不得不走向「復心而歸一善」、孟子所謂「獨善其身」的生活。

早年靠自己的學識教授生徒維持生活，然後俟機出仕，希遇明君實現抱負，然後深感仕途崎嶇，明君難求，祇好囘家重拾教鞭、著書立說。這就是仲舒的一生，也是孔、孟、荀以來，一般像樣儒者典型的生涯。

---

❻　見《春秋繁露・郊事對》與廷尉張湯的問答。

二、著　作

　　仲舒的著作，可分兩個部分：(1)《春秋繁露》；(2)《春秋繁露》以外的文字。

　　「繁露」一詞究竟代表什麼意思，歷來雖有幾種不同的解說，大抵皆揣測之詞，與全書內容很難浹洽，如南宋《館閣書目》根據《逸周書》《王會解》注、解「繁露」為「冕之所垂」，謂「冕之所垂，有聯貫之象，《春秋》屬辭比事，仲舒立名，或取諸此」。這純是聯想，撰書目的作者也不敢肯定這是恰當的解釋。又如宋人程大昌說「繁露」是一種「連貫物象以達己意」的文體，這個說法如是指《易傳》，也許近似，指《春秋繁露》的內容，就很難說得通。因《春秋繁露》中的陰陽五行是由物象中抽離而出的一系列概念，仲舒運用這些概念來建構他的思想系統，他的思想不是用「連貫物象」的方式來表達的。倒是《周禮‧大司樂》賈公彥疏「繁多露潤」之說比較可取，根據此說，《春秋繁露》可解為：從《春秋》的基礎上繁衍而出，足以露潤政治、社會、人生的一套學說。

　　《春秋繁露》共八十二篇，闕第三十九、四十、五十四，三篇。內容的分佈，有兩種提示可供參考：

　　(一) 三分說：(1) 從〈楚莊王〉第一到〈俞序〉第十七共十七篇，加上〈三代改制〉第二十三、〈爵國〉第二十八、〈仁義法〉第二十九、〈必仁且智〉第三十、〈觀德〉第三十三、〈奉本〉第三十四等專言《春秋》的六篇，共二十三篇，是董氏的春秋學。(2) 從〈離合根〉第十八起到〈治水五行〉第六十

一，凡四十四篇，內除言《春秋》者六篇（見上文），論人性者兩篇，闕文三篇，剩下的共三十三篇；加上〈順命〉第七十、〈循天之道〉第七十七、〈天地之行〉第七十八、〈威德所生〉第七十九、〈如天之爲〉第八十、〈天地陰陽〉第八十一、〈天道施〉第八十二，共四十篇，是董氏所建立的天的哲學。在這第二部分中，又可分成兩類：一類是以陰陽四時爲主的；一類是以五行爲主的。前一類佔了他思想中的絕對優勢。(3)〈郊語〉第六十五、〈郊義〉第六十六、〈四祭〉第六十八、〈郊祀〉第六十九、〈郊事〉第七十一、〈祭義〉第七十六，凡六篇，乃由尊天而推及郊天及一般祭祀之禮，與當時朝廷的禮制有關。〈執贄〉第七十二乃禮之一端，〈山川頌〉第七十三，是董氏因山川起興的雜文。分析全書，實由以上三部分構成，而以(1)(2)兩部分爲主。前一部分最高之準據爲「古」、爲「經」、爲「聖人」；後一部分最高之準據爲「陰陽」、爲「四時」，而以「五行」作補充❼。

（二）四分說：(1)從〈楚莊王〉第一到〈俞序〉第十七，共十七篇，其中主要是發揮《春秋》微言大義。(2)從〈離合根〉第十八到〈諸侯〉第三十七，共二十篇，這部分是論君主治理國家的原則和方法，其中論述的包括正名、人性、仁義、禮樂、制度等方面。(3)從〈五行對〉第三十八到〈五行五事〉第六十四（其中缺三篇），以及〈天地之行〉第七十八到〈天地施〉第八十二，共三十篇，是論天地陰陽的運轉，災異的發生和消除，闡發天人相應的道理。(4)從〈郊語〉第六十五到〈祭義〉

---

❼　徐復觀：《兩漢思想史》卷二，頁三一〇～三一一。文中計數有誤之處，已予改正。

第七十六，共十二篇，是論述祭祀天地、宗廟以及求雨、止雨的
儀式和意義，發揮尊天敬祖的道理❽。

　　把以上兩種分法加以比較，只有前後兩部分的了解相當接
近。惟「三分說」中對董氏春秋學在十七篇之外，又增加六篇，
對「四分說」而言，是一補充。但說所增六篇皆「專言《春
秋》」，也非盡眞，如〈必仁且智〉第三十，祇文末涉及《春
秋》，此篇主要闡述仁與智的意義及二者的關係，是篇獨立的文
章。這第一部分在全書的編排上放在前頭，除表示爲董氏春秋學
之外，還有一點重要的意義，即春秋學代表仲舒的學術工作，
後面建立的思想系統，是有經學上的根據的；也就是說，他的思
想是從《春秋》，尤其是公羊家的經學基礎上發展出來的❾。這
方面仲舒也爲後世儒家思想家樹立了一個典型的模式。

　　關於中間部分，前說側重其思想的特性及其領導性的觀念；
後說則比較切近各篇內容。這些對全書內容的分法，可以使初學
者對整體結構有點概略的印象，但畢竟只是略加提示而已，《春
秋繁露》一書的內容是十分複雜的。

　　《春秋繁露》以外的文字：(1)《漢書》本傳所引〈賢良對
策〉，詳略與《春秋繁露》不同，不能視爲仲舒全部思想的提要
或總綱，將於本書第九章加以討論。(2)《漢書·食貨志》上，
有一段近五百字的文字，是仲舒針對當時「外事四夷，內興功
利，役費並興，而民去本」的情況，向武帝上疏，文中有「富者
田連阡伯（陌），貧者亡（無）立錐之地」；「一歲屯戍，一歲力

---

❽　賴炎元：《春秋繁露今註今譯》自序，頁四。
❾　關於中國思想家與學術傳統的關係，可參看余英時：〈意識形態與
　　中國思想史〉，頁五～六。

役，三十倍於古；田租口賦，鹽鐵之利，二十倍於古。……故貧民常衣牛馬之衣，而食犬彘之食」等沉痛的記錄。面對如此不均而又極端不平等的社會，仲舒改進的建議是：「限民名田（富人佔田應加限制），以澹不足，塞兼併之路。鹽鐵皆歸於民。去奴婢，除專殺之威，薄賦歛，省繇役，以寬民力」。這個建議能恪守先秦儒家主張均平愛民的傳統。(3)《漢書·匈奴傳》下，引仲舒對抗匈奴的主張，其要義爲：「與之厚利以沒其意，與盟與天以堅其約，質其愛子以累其心。」班固（公元 32—92 年）的評語是：「考諸行事，乃知其未合於當時，而有闕於後世也。」(4)〈士不遇賦〉，並見《藝文類聚》卷三十與《古文苑》，內容有部分不同。

第二章　董仲舒與先秦各家

　　自民初新文化運動以來，　思想上最大的特色之一，　是反傳統，被反的傳統又以儒家為中心，董仲舒又因曾提過罷黜百家、獨尊儒術的主張，更成為衆矢之的。到今天，　即使能同情了解的學者，對仲舒也僅能肯定其學術部分的價值，對於他自創的思想系統，仍不禁認為是一套「迂拙神怪」的東西❶，對他當年一心想把學術與政治結合的運動所造成的流弊，更是不假辭色地認為是貽害無窮❷。至於那些不具同情了解的人，對仲舒混雜陰陽五行災異之說，至今仍斥之為「妄言」、「妖言」，視為「中國哲學之大扡」❸。

　　由民國上溯至晚清，這位在新時代被認為「貽害無窮」的思想家，他的《春秋》學曾是改制與維新思想的淵源，受到晚清公羊學家的備極推崇❹。此外，在孔、孟儒學復興的宋代，身為一

❶　徐復觀：《兩漢思想史》卷二，頁三七〇。
❷　同前，頁四二八。
❸　勞思光：《中國哲學史》第二卷，前言，頁一〇、一一。
❹　晚清公羊家魏源作《董子春秋發微》七卷，書已佚，文集裏保留原序一篇，序云：「其書三科九旨，燦然大備，且宏通精淼，內聖而外王，蟠天而際地，遠在胡毋生何邵公章句之上。蓋彼猶泥文，此優柔而饜飫矣；彼專析例，此則曲暢而旁通矣。故抉經之心，執聖之權，冒天下之道者，莫如董生」。（轉引自王家儉：《魏源年譜》，頁四四～四五）。

代宗師，漢宣帝時召開的石渠閣討論經義異同的會議中（前 51
年），已取得官學地位的思想家，並未受到宋儒的重視，他反功利
的名言❺，雖爲人所樂道，但仍被朱熹（1130—1200）評爲「不
見聖人大道」❻。

　不同時代對仲舒的不同甚至相反的評價，正反映出不同的時
代有其不同的需要。到朱子的南宋，是內聖的心性之學發皇的時
期，仲舒對超越的道體雖偶有體悟❼，但對道的內在主體性，顯
然有隔，他全副的用心也根本不在此。當然，宋儒不重視仲舒，
還有其他的原因，如以陰陽五行爲解釋儒學的基本架構，以及解
經的方法，都是宋儒所不能接受的。仲舒在晚清所以獲得讚許，
是因經世精神上兩相契合，改制正是晚清和兩漢初期儒者們共同
追求的目標。民國以後，根本是一個否定儒學的時代，攻擊宋儒
的言論，遠比仲舒爲多。仲舒自創的思想系統，被認爲是一套迷
信，甚至被看作騙子。

　以上幾個時代對仲舒的反應，有一個共同的缺點，即未能照
顧他學說的整體結構。他的學說有兩大部分，一部分是他對傳統
學術思想的研究與吸收，包括先秦各家和《春秋》經學，這是他
學術上奠基的工作。另一部分是他自己的思想系統，其中的基本
信念與價值觀大體上仍是先秦儒家的傳統，祇因他面臨的是一個
思想統合的時代，因此他的思想系統包含了各家的思想。尤其是
陰陽家，乃當時顯學，整個時代都籠罩在它的思想氣氛之下，在

---

❺　其言見下文頁一八、一九討論義利的部分。

❻　《朱子語類》卷一三五。

❼　如〈賢良對策〉第三策：「道之大源出於天，天不變道亦不變」。
　　（見《漢書》新校本，頁二五一九）

這方面，仲舒實是一個能充分反映時代的思想家，也正因如此，從長遠觀點看，反造成他的思想的一大限制。如用孔恩 (Thomas Kuhn) 於《科學革命的結構》一書中所提的「典範」理論來解釋，無疑的，孔、孟、荀爲儒學建立了典範，經過秦代的壓制與漢初黃老的風行，這個典範顯然產生危機，同時理想主義的儒家，究要如何才能與大一統的專制體制整合，也是這個時代急待解決的問題。在如此背景下於是產生董仲舒這個「異例」。異例基本上雖仍來自典範本身，因須正視上述的時代課題，精神形貌不能不變。引孔恩的話來說，正因「有了典範做背景，異例才會突出」❽。宋儒始終不能全面肯定他的價值，就因爲了他是一個異例；晚清公羊家所以特別欣賞他《春秋》學的微言大義，是爲了它仍來自典範本身。民國時代，連原始典範也要被打倒，董仲舒如何能不成爲眾矢之的？

下面分兩章探討第一部分，一是仲舒與先秦各家的關聯；一是他的《春秋》學；看看他在陰陽五行之外與大傳統的關係如何。

一、仲舒與儒家

兩漢思想家中，最重視孔子的，前有董仲舒，後有揚子雲（前 53—18），《春秋繁露》裏，有多篇提到孔子，由其引證《論語》頻繁的情形看，他不但對代表儒家典範的經典十分熟悉，孔子在他的心靈中顯然居於比較特殊的地位。不過，仲舒對

---

❽　參考郭正昭：〈孔恩及其科學革命結構論〉，見《中國科學史》，頁六～一九。

孔子似乎只重其言論，不像揚雄特別崇敬其人格❾。仲舒推崇孔子最重要也是影響最大的，是在「孔子立新王之道」❿，於是演變出孔子爲素王，《春秋》爲漢制法很流行的說法。這一點雖是承藉孟子「《春秋》，天子之事也」，「有王者起，必來取法」之義，由此也可以看出，漢儒的基本取向，在外王不在內聖。

孔子學說的中心思想在仁義，仲舒在這方面的詮釋，有他自己的見解。孔子論仁，涉及修己與治人兩面，仲舒則專注於治人一面，修己的問題，在義不在仁，而義在孔子是一切行爲可與不可的究竟標準⓫。

仲舒認爲「《春秋》之所治，人與我也；所以治人與我者，仁與義也」⓬。《公羊傳》主要是把禮凸顯出來，義是禮的內容，禮是義的形式，此所以有「《春秋》，禮義之大宗」之說。除此之外，仲舒又特別把《春秋》中的「仁」凸顯出來⓭，這不祇是擴大了《春秋》的內涵，也使《春秋》大義與孔子的核心觀念有了更密切的關連。仲舒是在這個前提之下，區分仁義的意義及其功能，即所謂「以仁安人，以義正我」。把這個意思做進一步的伸說，就是：「君子求仁義之別，以紀人我之間，然後辨乎內外之分，而着於順逆之處也，是故內治反理以正身，據禮以勸

---

❾ 孔子在揚雄心目中的形象，可參看韋政通：《中國思想史》上册，頁五○六。

❿ 說見《春秋繁露·玉杯》，賴炎元註譯本，頁一九，以下頁碼皆據此本。

⓫ 如子曰：「君子之於天下也，無適也，無莫也，義之與比」。（《論語·里仁》）

⓬ 《春秋繁露·仁義法》，頁二二四。

⓭ 參看前註❶之書，頁三六七。

福，外治推恩以廣施，寬制以容衆」⑭。這個「內外之分」、「順逆之處」的道理，絕不可予以顛倒，否則後果會很嚴重：「詭（違背）其處而逆其理，鮮不亂矣」。可是「衆人不察，乃反以仁自裕，而以義役人」⑮，總是把這個道理予以顛倒了，這就是仲舒在〈仁義法〉這篇文章裏所要處理的問題。

厚待自己，待人嚴苛，如只出於普通的個體，問題就比較單純。一個社會如多數人都這樣（衆人不察），問題就相當嚴重。但仲舒在這裏，真正要針對的對象，還不祇是衆人，而是那些握有權力的居高位者，所以他說：「是故以自治之節治人（以義役人），是居上不寬也，以治人之度自治（以仁自裕），是爲禮不敬也；爲禮不敬則傷行（德行），而民弗尊，居上不寬則傷厚，而民弗親」⑯。順着「民不尊」、「民不親」的情況演變下去，自然會造成「鮮不亂」的嚴重後果。例如《春秋》僖公十九年經文僅書「梁亡」，不提是因被誰攻伐而亡，仲舒認爲《春秋》所以這樣寫法，是因梁的國君「愛獨及其身」，違肯了《春秋》的「仁義法」所導致。

《論語》記載：「樊遲問仁？子曰：愛人」。這是對「仁」很恰當的詮釋，但也僅止於原則性的提示。孟子就實踐的立場對這點有進一步的推演：(1)愛須能擴廣，即所謂「仁者以其所愛及其所不愛，不仁者以其所不愛及其所愛」⑰。(2)仁者無不愛，祇是一終極的境界，在實踐的起點上，必須講求一個緩急，孟子

---

⑭ 同前⑫，頁二二六。

⑮ 均同前⑫。

⑯ 同前⑭。

⑰ 《孟子・盡心下》。

認爲最優先的應該是親人與賢人⑱。(3) 在上位的僅有愛心是不夠的，還必須取法於仁政的典範，努力實行，人民才能得惠⑲。仲舒對「仁者，愛人」有更落實的探討，一方面他把「愛人」視爲《春秋》的義法，也就是把它當作評判歷史人物的依據；另一方面，在愛的表現上，要看他能否掌握先機，這一點直接影響到愛的效果。如魯僖公是等到齊國軍隊來犯，才發兵去拯救百姓，因此，《春秋》對這件事並沒有誇獎他。魯莊公在戎狄還未到之前，就預先防備，等到敵人一有動靜，就率兵去追逐，因此，《春秋》就讚美他。拯救百姓都是愛民的表現，爲何在評判上有如此差別？仲舒的解釋是，莊公能「絕亂塞源於將然而未形之時」，因此「害無由起」⑳。這完全是從實際的效果上來決斷愛民或不愛民。連把愛民已付諸行動的僖公，都不被《春秋》所許，那些一味口惠而實不至的人君，自必爲《春秋》義法所不容了。

下面一段對仁義法有更進一步的闡說：「是故《春秋》爲仁義法，仁之法在愛人，不在愛我；義之法在正我，不在正人；我不自正，雖能正人，弗予爲義；人不被其愛，雖厚自愛，不予爲仁」㉑。這說明所謂仁義法，應用到實例上，必然是道德判斷。依據這種判斷，在上位者如不能糾正自己，雖能糾正別人，也是不合理的。要求「自正」，本是儒家德治主義的重點所在，這種思想如泛泛地看，好像也代表一種很高的理想，如一旦落實下

---

⑱ 《孟子・盡心上》：「仁者無不愛也，急親賢也」。

⑲ 《孟子・離婁上》：「今有仁心仁聞，而民不被其澤，不法於後世者，不行先王之道也」。

⑳ 同前⑫，頁二二五。

㉑ 同前⑫，頁二二四～二二五。

來，尤其落實到現實政治體制裏的君王身上，顯然就不切當，試問：假如君王不以自正爲先決條件，便說他沒有資格正人，君王又如何治國，又如何能維繫國家的體制？當然，這不是說身爲君王就可以完全不顧道德，而是說由於君王身份和地位的特殊，道德上祇應做低度的要求，如要求君王做聖賢，事實上是不合情理的，以往有關德治的學說中，從未有此自覺。德治主義最大的問題，是把複雜的政治，化約爲道德問題，自然難期實效，《史記》自序謂「儒者博而寡要，勞而少功，是以其事難盡從」，大概也是着重這方面來評論的。仲舒的〈仁義法〉雖有些新的見解，但在德治理想上，他並未能突破先秦儒家的規格。不過，對照着仲舒自創的天人哲學的系統來看，我們有理由相信，他的仁義說是他的思想系統尚未發展完成時的思想，因在天人哲學中，他在要如何對付君王這個問題上，已拋開了德治主義。

　　仁義之外，仲舒又有〈必仁且智〉篇討論仁、智的意義以及二者的關係，這都是以儒家固有的倫理範疇爲基礎，繁衍出來的思想。〈仁義法〉還發端（或依附）於《春秋》，與之相較，〈必仁且智〉實是一篇相當獨立的論文。

　　什麼叫做仁？〈仁義法〉說「以仁安人」，是從治道的觀點談仁。在〈必仁且智〉裏，着眼點不同：第一，是從對人的關係上說仁，又可分積極與消極兩面：積極方面，所謂仁，就是誠懇愛人，恭敬和合而不與人爭執，對人的好惡能合於人倫。消極方面，大凡沒有傷人之心，不暗中忌恨別人，不任意感傷憂愁，沒有邪僻不正的行事，都可以叫做仁。第二，是從行爲效果說仁，一個人只要能做到內心舒暢，心平氣和，欲望有節，處事平易，行爲合乎正道，就算是達到仁的標準。《論語》說仁，仁不但有

複雜的涵義，孔子也從不輕易許人以仁。複雜是因仁涵衆德，仁以外的德目的實踐，只不過是達到仁的境界的一個一個階梯㉒。孔子不輕易許人以仁， 仁是從終極的境界上說的， 因此特別顯現道德的理想主義的特色。董仲舒生長在一個要求儒學落實的時代， 因此減損了儒家理想主義的色調， 他把仁學平凡化、庸俗化， 幾乎成爲人人可學的道理，人人可達到的境界，就實現儒學的意義而言， 何嘗不是一種進步。

什麼叫做智？仲舒言智有三種涵義：（1）智是在行爲之先所做的抉擇、規劃以及判斷的能力；（2）從「智者見禍福遠，其知利害蚤（早）， 物動而知其化， 事興而知其歸」看，所謂智還包括預知禍福利害， 及〈繫辭傳〉所說「幾者，動之微，吉之先見者也」的「知幾」的意義； （3）所有在事先的抉擇、 規劃、 判斷，都必須在事後證明是恰當的，才能叫做智，即所謂「先言而後當」。納入道德實踐的過程，對一件事的出發與到達，都兼顧到了，也就是說，不只重其判斷，也要重其效果，在這裏，知、言、行是一致的。仲舒言智，不像《論語》所說那樣複雜，但在最重要的一點上（知言行一致）， 與孔子並沒有什麼不同㉓。 儒學裏的「智」，始終是配合着「行」來思考的，即是有重智傾向的荀子也不例外。影響所及，使作爲思維工具的邏輯與知識論，從一開始就顯得薄弱 。 宋儒朱子， 比同時代的儒者都更重視知識，也未能打破傳統的格局，使智成爲一獨立的思想範疇。十七世紀以後，儒學所走的，雖是「道問學」的路子，但因傳統這方

㉒　參看楊慧傑：《仁的涵義與仁的哲學》，頁二八。

㉓　關於孔子知、言、行一致的分析，可參看陳大齊：《孔子言行貫通集》，頁八七。

面資源的貧乏，仍不免侷限於經典文獻的知識。清末以來，由於多少接觸到西方哲學的資源，邏輯與知識論的意識較前發達，但究要如何從傳統的基礎上經由創造轉化發展出中國的知識論，至今仍是未定之天❷。

以上分別考察了仲舒論仁、智的意義，下面再看如何論述二者的關係。孔子雖常把仁、知（同智）相提並論，但較少討論它們的關係，如：「仁者安仁，知者利人」。「仁者愛人，知者知人」。「知者不惑，仁者不憂」等等。而仲舒則特別重視二者的關係，在〈必仁且智〉篇裏❷，他是先討論仁、智的關係再及其他。

仲舒說：「莫近於仁，莫急於智」，意謂人的行爲，再沒有比需要仁更切近的，再沒有比需要知更迫切的。仁、智對人太重要，尤其是那些有材能的人，有材能如不同時具備仁、智這兩種德行，那麼，「將以其材能，以輔其邪狂之心，而贊（助）其僻違之行，適（正）足以大其非，而甚其惡耳」，這就會產生大姦巨惡之人。這種人物，因具有材能，所以他的強辯足以掩飾其過，應答之間足以欺矇別人，他的堅定足以破壞法紀，他的嚴厲足以拒絕諫諍。這些話如果是針對那些予智自雄的大獨裁統治者，的確代表很深刻的觀察。基於儒家傳統性善論的背景，面對如此人物，仍只有寄望於仁、智的德行，能起化惡的功效！

仁與智除了上述並存並重的關係，此外還有二者互補的關係，如：「仁而不智，則愛而不別也；智而不仁，則知而不爲

---

❷　有關這方面的思考，可參看余英時：《歷史與思想》中〈清代思想史的一個新解釋〉及《論戴震與章學誠》的序言諸文。

❷　以下討論仁智關係的引文，如未特別註明，均見於此篇。

也。故仁者所愛人類也，智者所以除其害也」。其中智的作用和
仁而無智可能的後果，很值得注意，《論語》裏弟子宰我與孔子
的一段對話，恰好可以幫助我們了解這個問題。宰我問孔子，一
個仁者，如果有人告訴他，井裏有人掉了下去，是否就不顧一切
跳下救人？孔子認爲不可以，因那樣做不但不能救出井中之人，
很可能遭人暗算白賠一條性命㉖。這個問答，說明仁者固當愛
人，但在實際的行爲中，你必須辨別對方的爲人，以免被他所陷
害。這個問答，也最足以說明行仁必須配合着智的道理。

　　以上論仁義、仁智，仲舒與孔、孟的見解有同有異，同異之
間又異大於同。所以有此差異，主要是孔孟重視道德動機與道德
理想，仲舒比較重視道德效果，因此表現平庸化的趨向，這與當
時要求儒學落實的時代需要是分不開的。但在義利問題上，仲舒
除了做更詳細的討論之外，基本的義旨與孔、孟相同。

　　孔子所說的「君子喻於義，小人喻於利」，和孟子的「雞鳴
而起，孳孳爲善者，舜之徒也；雞鳴而起，孳孳爲利者，蹠之徒
也。欲知舜與蹠之分，無他，利與善之間也」，都只爲君子與小
人之別提供一道德判準，並沒有說明爲什麼爲義的就是君子，爲
利的就是小人？關於這一點，仲舒提出了解釋，他說：「今人大
有義而甚無利，雖貧與賤，尙榮其行以自好而樂生，原憲、曾、
閔是也；人甚有利而大無義，雖甚富且貴，則羞辱大，怨惡深，
禍患重，非立死其罪者，即旋傷殃憂爾，……刑戮夭折之民是
也」㉗。可是一般人却不懂這個道理，常常倒行逆施，「皆忘義
而殉利」，這又是什麼原因呢？仲舒答道：「則其知所不能明

──────────

㉖　參看前㉒之書，頁三四。

㉗　《春秋繁露・身之養重於義》，頁二三九。

也」。因一般人對他自己所需要的，是「小者易知」，而「大者難見」。所謂「小」是指「利以養其體」的「利」，所謂「大」是指「義以養其心」的「義」，仲舒這裏所言大小，很明顯是本於孟子「從其大體爲大人，從其小體爲小人」之說，不過「義以養其心」的「義」，與孟子仁義內在的主張不合，因仁義內在，義必由心發，而以義養心，正是孟子所斥的「義外」。仲舒的價值觀，表面上看起來並未與孔、孟相悖，後世正統派的儒者却很少推崇他，他對作爲人自我主宰的心性缺乏自覺，應是一大關鍵。

　　義利之辨自孔子提出，遂成爲儒家傳統裏一重要論題，孔子針對「士志於道」的士而言，是一切題的提法，孟子却把它越位擴伸到治道領域，對梁惠王問「何以利吾國」，深不以爲然，因此後來不斷受到諷刺[28]。仲舒在〈身之養重於義〉這一篇裏討論義利，仍是側重個體的修養，故能發揮孔子的原義，並把它凝結爲「正其誼不謀其利，明其道不計其功」[29]，遂成爲儒家不朽名言，宋明理學家亦津津樂道。

　　仲舒的思想裏，與先秦儒家有深密關係的，除義利之外，還有禮，義利所承繼者爲孔、孟一系，禮所承繼者則爲孔、荀一系。

　　仲舒論禮，在禮儀之外，比較有理論意義的，有下面幾個要點：

　　(1) 禮是成就道德人格的資具。 仲舒說：「天生之，地養之，

---

[28]　參看韋政通：《傳統的透視》中〈儒家『義利之辨』辨〉一文。

[29]　《漢書・董仲舒傳》，又《春秋繁露・對膠西王越大夫不得爲仁》作「正其道不謀其利，修其理不急其功」。

人成之；天生之以孝悌，地養之以衣食，人成之以禮樂」。⑳ 這與孔子「立於禮，成於樂」，荀子「在人者，莫明於禮義」的意義相同。「天生人成」的論式亦本於荀子，但所賦予的意義不同⑪。仲舒又據此言天地人三本，三本的觀念見於《荀子‧禮論篇》，而荀子之三本爲天地、先祖、君師。

(2) 禮是維繫社會關係，規定社會等級的制度。 仲舒說：「禮者，繼天地，體陰陽，而愼主客、序尊卑、貴賤、大小之位，而差外內、遠近、新故之級者也」。⑫ 與孔子所說君君、臣臣、父父、子子與正名，以及荀子的「禮者，貴賤有等，長幼有差，貧富輕重皆有稱者也」，都是就禮的社會功能而言，無論是封建社會或專制社會，禮的功能在基本上並沒有變化，這種功能表現出中國傳統社會「差序格局」的特性⑬。「禮者，繼天地，體陰陽」，是把禮的根據建立在天地陰陽上，反映出仲舒天人哲學的基本觀點。在這一點上，仲舒與孔、荀都不同。由荀子的觀點，天地生萬物屬於自然現象，禮義是人文現象，人文的根據仍是人，照荀子的說法是君子或聖人，只有聖人才能制作禮義，這個觀點近於「周公制禮」的傳統。孔子對這個問題的看法，與荀子、仲舒都不同，他認爲禮的根據在作爲人主宰的仁，仁是理想之根、價值之源，這是道德理想主義的觀點。比較起來，對禮之本這個問題處理的觀點孔子與仲舒恰相反，禮之本在天，而受天

---

⑳　《春秋繁露‧立元神》，頁一五六。

⑪　參看韋政通：《荀子與古代哲學》中〈荀子『天生人成』一原則之構造〉。

⑫　《春秋繁露‧奉本》，頁二五四。

⑬　參看費孝通：《鄉土中國》中〈差序格局〉一文。

命者爲天子，因此在現實上，禮這一套規制，很容易變成統治者控制社會的工具。荀子知道聖人制作禮義，但不知道孔子於禮壞樂崩之後，由仁心賦予新生的動力予以救治的道理，也忽略了在現實政治裏，最足以扮演聖人角色的，是帝王而不是有德的君子。荀子與仲舒對禮之本的解答不同，却可以有相同的效果。能從內在理性（仁）的基礎上，發展禮的意義的，是孟子。

（3）**禮是防亂的工具**。這是把具有社會多功能的禮，凸顯其中一種特殊的功用。仲舒說：「故君子非禮而不言，非禮而不動；好色而無禮則流，飲食而無禮則爭，流爭則亂。夫禮，體情而防亂者也……❸」。禮的積極功能是維持社會的安定與和諧，所謂「羣居和一之道」，消極作用則在防亂，亂由人起，所以要使禮發揮防亂的效用，必須先體察人情。人有好色之情，禮的作用並非根絕其情，而是把它規範在婚姻之禮中，使其有所節制。問題在仲舒說「君子非禮而不言，非禮而不動」，可是事實上多數人皆非君子，你要他守禮如何可能？一般人守禮主要是遵守傳統的習俗，孔子則希望人都能經由「克己復禮」的工夫成爲君子，非禮勿視、聽、言、動，都是指這種修養工夫，這樣才能達到自動自發的守禮，使禮的效果獲得保證。仲舒既對作爲人之主體的心性缺乏醒覺，顯然沒有想到這一層，他「體情而妨亂」之說，蓋得之於荀子：「禮起於何也？曰：人生而有欲，欲而不得，則不能無求，求而無度量分界，則不能不爭，爭則亂，亂則窮，先王惡其亂也，故制禮義以分之，以養人之欲，給人之求，使欲必不窮乎物，物必不屈於欲，兩者相持而長，是禮之所起也」❸。

---

❸　《春秋繁露・天道施》，頁四四三。

❸　《荀子・禮論》第一節。

荀子對欲的分析，不僅恰足以闡述「體情」之義，他從社會演進的觀點解釋禮的起源，也遠比宇宙中心論的「繼天地，採陰陽」之說為合理。

仲舒又由質文言禮，主張「質文兩備，然後其禮成。」這個論題最初由孔子提出：「子曰：質勝文則野，文勝質則史，文質彬彬，然後君子」。雖然一個說禮，一個說君子，但意義可以相通。孔子心目中的君子，就是禮的具象化，因君子須文質彬彬，禮也要質文兼備，二者形成的條件相同。

自孔子提出這個論題之後，孟、荀的思想裏，都沒有把它加以發展。在思想史上，重新把這一對概念加以發揮，並使它在學術上成為重要論題的，是董仲舒。仲舒認為「《春秋》論事，莫重於志」❸❻ ，而禮之所重，亦在其志，於是有「志為質，物為文，文著於質，質不居文，……質文兩備，然後其禮成」的推演。孔子曾說：「禮、與其奢也，寧儉；喪、與其易也，寧戚」。仲舒根據上文的推演，假設兩種情況做進一步討論，一是假如偏向於文或偏向於質，都不能算作禮；一是假如在文質不能同時具備的情況下，一定要做一選擇，那麼「寧有質而無文」。因此仲舒有質本文末、質先文後之說，並引孔子「禮云禮云，玉帛云乎哉！」「樂云樂云，鐘鼓云乎哉」之言相印證。

以上各點，都可以從孔子有關質文的言論推演出來，而「志為質」從字面看似是新說。仲舒也提到的「詩言志」，是自《書經・虞書》以來儒家傳統裏對詩一個基本的解釋，從朱熹的「心之所之謂之志」和劉勰的「在心為志，發言為詩」的話看，志的涵義相當寬泛，似乎可以包括志願、志氣、志趣、志行等義

---

❸❻ 《春秋繁露・玉杯》，頁一八。

③ 。「志爲質」的「志」當然是就「心」而言，但根據下文的解說，志與仁的意義是可以等同的：「禮者，庶（與摭通）於仁，文質而成體者也。今使人相食，大失其仁，安著其禮？方救其質，奚恤其文？」**③** 失其仁卽失其質，以仁爲質，自然可以想到以仁愛之心爲志，故志爲質雖是新說，却依然是由孔子以仁爲禮之質的舊說中啓發而來。由於以仁爲質，仲舒所說「賢愚在於質，不在於文」**③**，自然可以了解。

仲舒在這個論題上眞正屬於新義的，是以質文遞變言世運，此說雖可能源自鄒衍**④**，但仲舒又把它納入王者改制與黑、白、赤三統更迭之中。問題在三統有三，質文只有二，以二配三，不免產生思想的混亂與矛盾**④**。

以上就仁義、仁智、義利、禮、質文等基本範疇，探討仲舒與先秦儒家的關係，經過分析與比較，可以使我們知道：

（1）就仁義、仁智而言，仲舒與孔、孟所說，有同有不同，其不同者，主要是受時代因素的影響。此外，在義利、禮、質文等問題上，仲舒與先秦儒家有極爲深密的關係。

（2）仲舒在論述這五個論題時，旣未提及孟、荀之名，亦未引證二人之書，他主要是以孔子之說爲準據。不過，孔子學說經孟、荀分別發展後，其基本精神已有所不同，在上述論題中，仁與義利，仲舒承繼孔、孟，禮則承繼孔、荀，於孟、荀之間並無

---

③ 參看韋政通：《中國文化概論》，頁二〇二～二〇三。

③ 《春秋繁露·竹林》，頁三九。

③ 同前註書，頁一六九。

④ 《漢書·嚴安傳》：「以故丞相史上書曰，臣聞鄒衍曰，政教文質者，所以云救也。當時則用，過則舍之，有易則易也」。

④ 參看前註❶之書，頁三五〇。

所偏袒。

（3）仲舒在涉及這些論題時，其主要目的仍在闡述先秦儒
學，於仁義、仁智、文質且有新的發展。其中論仁義、論禮、論
文質是他《春秋》學的一部分，並未夾雜陰陽五行之說，對仁
義、仁智等精彩議論，在其天人感應的系統中，也不佔什麼地
位。因此，我們有理由相信，這一部分應該是他自創思想系統尙
未發展成熟以前的思想。

二、仲舒與道家

仲舒與道家的關係，除偶涉養生問題❷之外，主要在君道或
君術。仲舒的君道或君術，因在秦、漢之際思想大混合及黃老之
術盛行之後，所以已不是單純地受道家影響，而是集合了道、法、
儒三家的成分。大抵可以這樣看：它是以道家爲體（指內修），
以法家爲用（指控馭臣民），以儒家爲緣飾（夾雜德治思想）。以
道家爲體乃因漢初清靜無爲之學術風尙使然，以法家爲用，因不
如此不足以滿足專制帝王的需要，以儒家爲緣飾，因仲舒的基本
立場仍在儒家。

仲舒說：「故爲人主者，法天之行，是故內深藏，所以爲
神，外博觀，所以爲明也，任羣賢所以受成，乃不自勞於事，所
以爲尊也，汎愛羣生，不以喜怒賞罰，所以爲仁也」❸。「不自

---

❷ 仲舒養生之說，見《春秋繁露・循天之道》（頁四一七），主要是
　就「故養生之大者，乃在愛氣」一義發揮，與《莊子・知北遊》：
　「通天下一氣耳，聖人故貴一」之旨相通。

❸ 《春秋繁露・離合根》，頁一五四。

勞於事」是言人主當無爲。「內深藏，所以爲神」雖是法家主張
的君術，但皆由老子「道常無爲而無不爲，侯王若能守之，萬物
皆自化」及莊子「聖人藏於天，故莫之能傷」**轉**化而來。「法天
之行」、「任羣賢」、「汎愛羣生」是儒家人君基本的職責。仲
舒在這裏雖說人主當無爲，但人主同時也要任羣賢，這已不是道
家君臣皆逸的原義，而近乎法家君逸臣勞的主張。

　　上文「不自勞於事，所以爲尊」，「內深藏，所以爲神」的
「尊」、「神」兩個觀念，在仲舒的思想裏，不但是君道、君術
的主要部分，也是立國之道、建治之術。何謂尊？「尊者，所以奉
其政也」、「故不尊不畏」、「夫欲爲尊者，在於任賢」**❹**。尊
指享有崇高地位的君，人君如沒有崇高的地位與權勢，就難以施
行其政，　也無法使臣民敬畏。但是爲人君者，　如僅有地位與權
勢，並不足以稱爲「尊」，要成其爲尊，必須能任用賢才輔政，
這樣才能使「君尊嚴而國安」。何謂神？「神者，不可得而視也，
不可得而聽也，是故視而不見其形，聽而不聞其聲；聲之不聞，
故莫得其響，　不見其形，　故莫得其影；　莫得其影，　則無以曲直
也，莫得其響，則無以淸濁也；無以曲直，則其功不可得而敗，
無以淸濁，　則其名不可得而度」**❺**。　這是把「內深藏，　所以爲
神」之義做進一步的發揮，大抵本於老子「是以聖人無爲故無
敗，無執故無失」之說。不過，老子並不重視現實的功名，仲舒
旣主張無爲，又不排斥功名，是受法家影響。因此，不論是仲舒
或韓非，他們所說的無爲，已非老子終極性的原則，而只是相對
於臣民的勞於事而言的。所以人君「不見其形」，「非不見其進

----

❹　《春秋繁露・立元神》，頁一六〇。

❺　同前註，頁一六一。

止之行」，「不聞其聲」，「非不聞其號令之聲」，只是臣民們對他的「所以進止」、「所以號令」莫測高深而已 。

前文已舉例說明仲舒有關君道或君術的思想裏，已集合了道、法、儒三家的成分，〈立元神〉篇首段，是另一個明顯的例子：「君人者，國之元（本），發言動作，萬物之樞機，樞機之發，榮辱之端也，失之毫釐，馹不及追」。君不但是國家的根本，他的言行且是萬物的主宰，臣下百姓榮辱的來源，同時兼具如此崇高地位與絕對權勢的君，先秦諸子中只有法家曾如此主張。不過仲舒認為這樣的人君，他的言行關係太大，不應有毫釐之失，因此為人君應有「謹本詳始，敬小慎微，志如死灰，形如委衣，安精養神，寂寞無為，休形無見影，揜聲無出響」的內修工夫。「謹本詳始」有類於老子「慎終如始，則無敗事」之義，「敬小慎微」本老子「見小曰明」、「是謂微明」，言人君必須於微小之處慎重，方能洞燭機先。「志如死灰，形如委衣」與莊子「形若槁骸，心若死灰」義同，言內心平靜如死灰，精華內斂，從外貌上完全看不出有所作為。「安精養神，寂寞無為」與莊子「虛靜恬淡，寂寞無為」義同，可知仲舒言人君修養悉據於老、莊。此外，人君與臣民的關係，仲舒又主張為人君者應「虛心下士，觀來察往，謀於眾賢，考求眾人」**❻**，這是儒家尊賢愛民的表現，仲舒似乎沒有察覺到，儒家尊賢愛民的人主與道家志如死灰，寂寞無為之間是難以並容的。這種強加併合的思想，可能一方面是因看到專制帝王一旦大有為對百姓帶來的災害，所以提道家無為之義加以節制，另一方面專制帝王若有所為，希望能把他導向儒家理想，為滿足不同的需要，於是產生思想上不一致的現

---

❻ 亦見《春秋繁露・立元神》首段，頁一五六。

象。

　　此外，仲舒於君道或君術的言論，直接承襲老子之處尚多，
例如：

　　(1) 仲舒：「為人君者，居無為之位，行不言之教」。

　　　　老子：「是以聖人處無為之事，行不言之教」。

　　(2) 仲舒：「故為人主者，以無為為道，以不私為寶」。

　　　　老子：「是以聖人後其身而身先，外其身而身存，非
　　　　　　　以其無私邪，故能成其私」。

　　(3) 仲舒：「君人者，國之證也，不可先倡，感而後應，
　　　　　　　故居倡之位，而不行倡之勢，不居和之職，而
　　　　　　　以和為德，常盡其下，故能為之上也」。

　　　　老子：「是以欲上民，必以言下之，欲先民，必以身
　　　　　　　後之」❹。

　　二人不同之處，是老子所說只是一種理想，所以只有「聖
人」才能實行。仲舒却把「聖人」易之為「人君」、「人主」，
並未仔細審視這種理論的可行性。仲舒的思想是在漢初所謂黃老
治術的環境裏成長的，他應該觀察到從曹參（？—前190）到文
（前179—157）、景（前156—141），所推行的黃老治術與道家
無為的政治理想之間，有很大的距離。在專制體制裏，人君畢竟
只喜歡法家那一套（雖然法家那一套實行起來也很不簡單），仲
舒在君術及君臣關係上，接受了法家理論，同時也接納道家，是

---

❹　以上引仲舒言論 (1) 見《春秋繁露・保位權》，頁一六五；(2) 見
　　同書〈離合根〉，頁一五四；(3) 見同書〈立元神〉，頁一五七。

受時代風氣影響。在這雙重影響下，不免使董仲舒有難以堅守儒家立場的困境。老子的無爲說演變到莊子透視生命的人生哲學，是順着道家內在理路應有的發展。作爲現實政治裏的治道，無爲說當長期戰亂使整個社會陷於癱瘓之際，雖可假借於一時，終非治國的正道。

三、仲舒與法家

秦、漢時代出現的專制體制，與法家的理論分不開。在專制體制下，再也不允許處士橫議，自孟子揭出的道尊於勢的觀念雖未絕跡❹，但在勢足以壟斷一切的現實環境，早已失去道的光焰。這不是一個空談理想的時代，而是諸子理想競相實現的時代。理想要實現，首先必須肯定能滿足專制帝王的法家那一套。仲舒思想與法家的深密關係，就是要求實現儒家政治社會理想所無法避免的代價。

仲舒與法家的關係，除前文已提及的君術之外，尚涉及賞罰，其中大部分的言論都集中在尊君及君臣關係這兩個項目上。

賞罰在韓非的思想裏，不僅是統治者控馭臣民的「二柄」，且是評判是非唯一的價值標準❹。仲舒思想裏所包涵的成分，遠比韓非爲複雜，尤其是儒家的立場，使他不可能接受賞罰爲唯一價值標準的觀念。另一方面，仲舒承認尊君的大前提及現有的專

---

❹ 孟子道尊於勢的觀念，可參看余英時：《中國知識階層史論》，頁四一。未絕跡，如《禮記・儒行》仍有「上不臣天子・下不事諸侯」的言論。

❹ 參看韋政通：《先秦七大哲學家》，頁一八二。

制體制，因此在特定的範圍內，他必須接受法家賞罰的觀念，特定範圍有二：一是考功名，一是保位權。〈考功名〉篇：「考績絀（黜）陟，計事除廢，有益者為之公，無益者謂之煩，寧名責實，不得虛言，有功者賞，有罪者罰，功盛者賞顯，罪多者罰重，不能致功，雖有賢名，不予之賞，官職不廢，雖有愚名，不加之罰，賞罰用於實，不用於名，賢愚在於質，不在於文。故是非不能混，喜怒不能傾，姦軌不能弄，萬物各得其眞，則百官勸職，爭進其功」。在用人的原則上，仲舒仍堅持人主應「任羣賢」，但考核功名、執行賞罰，屬於行政實務，在這一層次的工作要行之有效，不能僅憑人的動機和賢能的虛名，必須要有客觀的事實作為依據。有功的行賞，有罪的責罰，因功罪皆有明顯的事實可供檢驗。有明顯的事實供驗證，執行賞罰時，自然較能防弊。功罪之外，絕大多數的官吏，都只是能盡職責而已，旣無功亦無罪，對這些人主張「雖有愚名，不加之罰」，這是合理的。論賞罰如僅就考核功名而言，不但沒有問題，且是進步的措施。問題在尊君和「保位權」的前提下，又主張「功出於臣，名歸於君」[50]，此同於韓非「臣有其勞，君有其成功」、「有功則君得其賢，有過則臣任其罪，故君不窮於名」[51]之說，這樣賞罰自然流於統治的工具，表面的公正，不過是成全了人主之私，所謂「據法聽訟，無有所阿」[52]，其有效範圍亦不過止於臣民而已。

　　尊君並不必然卑臣，如孔、孟君臣相對之說。無條件的尊君觀念出於法家，仲舒的尊君卑臣論明顯來自韓非，却托其說於

[50]　《春秋繁露・保位權》，頁一六五。

[51]　《韓非子・主道》。

[52]　《春秋繁露・五行相生》，頁三三九。

《春秋》❸，如：「是故《春秋》君不名惡，臣不名善。善皆歸於君，惡皆歸於臣」❸。不僅如此，「臣不奉君命，雖善，以叛言」❺，人君的權威是絕對的。君臣的關係如此，那麼君民之間呢？「君之所好，民必從之」。爲什麼？因爲「君者，民之心也」❺。民之心卽人民的主宰，人民不但應從其所好，人君對人民且「操殺生之勢」❺。如此君威與天威自然統一，所謂「天地、人主，一也」❺。

如上所說，仲舒採取法家式的君臣觀，當然與孔、孟極端相悖。但可以指出的是，仲舒在君道論中，仍有調和儒、法的企圖，例如在論述「君之所以爲君者，威也」的同時，仍主「國之所以爲國者，德也」；在論述爲人君者，宜「固執其權，以正其臣」的同時，仍應「固守其德，以附其民」❺。甚至認爲國家如不能施恩於人民，人民會離散。不僅如此，仲舒還提出人君應滿足人民欲望的觀念：「故聖人之制民，使之有欲，不得過節；使之敦朴，不得無欲；無欲有欲，各得以足，而君道得矣」❻。雖然使民有欲，仍是爲君着想，但與韓非所說「夫立法令者，所以廢私也；法令行，而私道廢矣」❻，已相違背，因韓非的「私

---

❸ 見前❷之書，頁三九。

❸ 《春秋繁露・陽尊陰卑》，頁二九〇。

❺ 《春秋繁露・順命》，頁三八五。

❺ 《春秋繁露・爲人者天》，頁二八五。

❺ 《春秋繁露・威德所生》，頁四三四。

❺ 《春秋繁露・三道通三》，頁二九七。

❺ 同前❺，頁一六四。

❻ 同前。

❻ 《韓非子・詭使》。

道」，包括「私詞」、「私意」、「私惠」和「私欲」。問題在仲舒這點殘餘的德治思想，在極端的君尊臣卑論中，不但在現實上難以並容，在理論上也是互相矛盾的。

　　仲舒與先秦各家的關係，除儒、道、法之外，他也借用了一些墨家的觀念，如順天志、天與王者皆以愛利天下為意、興利除害等，尤其在儒家傳統裏首次出現的博愛、溥愛的觀念，可以斷言是出於墨子的兼愛。至於仲舒為什麼會有博愛、溥愛的觀念？是由天而來，他認為天意有仁❷，天本身是「廣大無極、其德昭明」❸，仁、德屬於天，當然是普遍的意義。不過，仲舒法天的觀念，遠比墨子天志說為複雜，這方面的思想，主要取之於儒家與陰陽家，至多只能說，仲舒把三家天論混合着使用，絕非單純地淵源於墨家。其他借用的觀念，在仲舒思想裏也沒有什麼特殊的意義。

　　下面對本章的討論做幾點小結：

　　（1）仲舒與道、法兩家的關係，只限定在君術與君臣關係等局部性的問題上，主要目的在加強人君的神秘化與權威化。這代表他體制內的思考，是現實主義的立場。道家的內修工夫，就超越的精神意義而言，有其普遍性，把它納入特定的君術之中，這是把原始道家的內修工夫黃老化（俗世化），就道家而言，是捨其「本」而取「迹」，此在韓非已然，仲舒不過是襲取韓非。

　　（2）與道、法兩家相比，仲舒與先秦儒家的關係，遠較二家為深廣。相對於體制內的思考，仲舒的儒家論題，是屬於體制外的，儘管仲舒有很強烈的泛政治主義意識，至少在上述儒家的論

---

❷　《春秋繁露・必仁且智》，頁二三六。

❸　《春秋繁露・觀德》，頁二四五。

題中，還沒有全面導向「政治化」的企圖，這部分言論，多少可以使他保有儒家理想主義的外形。

（3）仲舒雖吸取了儒、道、法三家的思想，他並沒有運用其中任何一家作爲他天人哲學的基點。作爲他天人哲學基點的是陰陽家，因此，他之爲一代儒宗，並非因爲他言仁義、言心性、言禮義，而是因爲他推陰陽❻。在先秦時代，儒、道、法三家互相競爭也互相排斥，經秦、漢之際的大混合之後，仲舒更進一步想憑藉最具容攝性的陰陽家觀點鎔鑄各家，藉以脫出儒、法理想主義和現實主義難以調適的困境。

---

❻　《漢書‧五行志》序論：「董仲舒治《公羊春秋》，始推陰陽爲儒者宗」。

第三章　董仲舒的《春秋》學

　　仲舒的思想與先秦諸子雖有不同程度的關係，對他思想的形成也佔一定重要的地位，但就《春秋繁露》來看，《春秋》及公羊家言，對他智性的發展，最具有決定性的作用，學術的基礎也奠定於此，對儒家仁義、仁智、義利、禮、質文等主要論題的討論，大半也是被視爲《春秋》大義才加以論述，董仲舒即使沒有另創思想系統，僅憑他的《春秋》學，也能在中國學術思想史上佔一席相當獨特的地位。

一、《春秋》學的傳承

　　《春秋繁露》引用過的經書，包括《詩》（十三次）、《書》（四次）、《易》（一次）、《禮記》（二次）、《孝經》（四次），《漢書・儒林傳》說「仲舒通五經，能持論」，當然是有根據的，我們想知道的是：仲舒爲甚麼在羣經之中獨鍾於《春秋》？最直接的理由，是因《公羊春秋》爲朝廷所重，乃當時顯學，而仲舒本人也傳授《公羊》。其次，仲舒一生在現實政治上最大的理想是立新王之道，作爲改制的張本，在羣經之中，只有《春秋》最方便增飾新義，使其適合此一需要。第三，仲舒所主張的

改制，用現在流行的術語，是屬於體制內的改革，因此必須肯定
專制體制的合法性；另一方面，仲舒基於儒家的立場，所謂改制
富有「崇儒更化」的文化理想，希望藉它能培養出轉化並限制專
制的力量；這種既矛盾又統一的要求，似乎很合乎仲舒所說「前
枉而後義」❶的權道，而只有根據《春秋》才比較可能發展出這
一套權道。

假如以上的推想不誤，仲舒所受《公羊》的影響，主要在
奠定其學術基礎，根據他獨特的方法和論證發展出來的《春秋》
學，主要還是受孟子的啓發。孟子解說《春秋》有下面兩條❷：

> (1) 世衰道微，邪說暴行有（又）作，臣弑其君者有之，
>   子弑其父者有之。孔子懼，作《春秋》。《春秋》天
>   子之事也。是故孔子曰，知我者其惟《春秋》乎？罪
>   我者其惟《春秋》乎？……昔者禹抑洪水而天下平。
>   周公兼夷狄，驅猛獸而百姓寧，孔子成《春秋》而亂
>   臣賊子懼。
>
> (2) 孟子曰，王者之迹息而詩亡，詩亡然後《春秋》作。
>   ……其事則齊桓、晉文，其文則史。孔子曰，其義則
>   丘竊取之矣。

以上兩條言論，孟子要傳達給世人的信息是：(1) 世衰道微
是孔子作《春秋》的背景；(2) 臣弑君子弑父這種倫常乖舛的現
象引起孔子作《春秋》的動機；(3) 經由《春秋》最足以了解孔

---

❶　《春秋繁露・竹林》，賴炎元註譯本（以下同），頁四五。

❷　引文 (1) 見《孟子・滕文公下》，引文 (2) 見《孟子・離婁下》。

子救世的心志；（4）世衰道微，邪說橫行，是因天子已不能盡其
褒善貶惡的職責，因此孔子作《春秋》代替天子行事，希望藉此
能重整價值標準，並使其發揮功效，這件事在孟子看來，對國家
的功績，不在禹、周公等聖王之下。（5）《春秋》之文雖根據魯
史，但在魯史的記載中所透露的大義却是孔子賦予的。其中對仲
舒最具啓發性的是（4）與（5）兩點，「《春秋》，天子之事」
可理解（或誤讀❸）爲《春秋》大義（包括孔子所賦予的，以及
《公羊》和仲舒自己的解釋）是天子可以行而又應當行的，這樣
原本是代天子行賞罰的《春秋》，便自然轉換成具有爲新王立法
的涵義。「其文則史」、「其義則丘竊取之矣」，照原文的脈絡，
所謂「義」當是指《詩》中所涵有的，而爲孔子所借用（竊取），
如果《春秋》裏眞有「其義」，當然不止這一個來源，主要是孔
子加入新的內容，這一點對仲舒的啓發性必定很大，這樣可以使
他更大膽地加入更多新的內容，甚至可以撇開史書的形式，直抒
胸臆發揮其政治哲理，原來的魯史，祇不過是被他任意引來作爲
其哲理的例示而已，如果說孔子的《春秋》是「寓義於史」，那
末董氏的《春秋》學已是「寓史於義」，前者仍以「史」爲主，
後者的「義」則顯得格外突出。

　　《春秋》雖號稱爲「經」，用現代人的眼光來看，它十足是

---

❸　因誤讀經書，對後代產生很大影響的，最著名的一個例子是韋伯
　　（Max Weber）發現馬丁路德在翻譯《聖經》成德文時，改變了原
　　來「蒙召」（Calling）的涵義，而賦予一新的、世俗的意義：「職
　　業」。因此〈哥林多前書〉七章二十節所說明人應該在蒙召時仍守
　　着他的身份，變成仍堅守着他的職業。韋伯認爲現代社會的分工、
　　專門化可以上溯至馬丁路德對聖經這字的誤譯。（見周伯戡譯著：
　　《社會思想的冠冕——韋伯》，頁九）

一部文字過分簡約的「史」書，其中寓義實在非常有限，後來所以會發展出內容極其豐富的《春秋》三傳，一部分是根據《春秋》提示的線索對史實加以補敍，一部分是根據一種特別的解釋學的方法解說而來，各傳既非成於一時，更非出於一人，而是孔門後學長期累積的成果，其中有些道理乃第一代弟子親聞於孔子者。《漢書・藝文志・六藝略》中的〈春秋輯略〉敍要有謂：「仲尼思存前聖之業，……有所褒、諱、貶、損，不可書見，口授弟子，弟子退而異言，……」根據《春秋》到三傳的衍變，這話應當可信，孟子解說《春秋》所引孔子之言，恐怕也是出於口授，口授的《春秋》大義，有一些已化入三傳之中，不易辨別，從《春秋繁露・俞序》所引孔門弟子論《春秋》之言，或許可以推想口授內容之一二：

(1) 子貢、閔子、公肩子言其（指《春秋》）切而為國家資也。

(2) 故衞子夏言：「有國家者，不可不學《春秋》，不學《春秋》，則無以見前後旁側之危，則不知國之大柄，君之重任也。故或脅窮失國，揹殺於位，一朝至爾，苟能述《春秋》之法，致行其道，豈徒除禍哉！乃堯舜之德也」。

(3) 故予先言：「《春秋》詳己而略人，因其國而容天下」。

(4) 《春秋》之道，大得之則以王，小得之則以霸。故曾子、子石盛美齊侯（齊桓公）安諸侯、尊天子。

(5) 故子夏言：「《春秋》重人，諸譏皆本此，或奢侈使人憤怨，或暴虐賊害人，終皆禍及身」。

　　據上列引文，其中傳述的《春秋》大義，有下列幾個要點：
(1)《春秋》切合人事，可爲治國的資具。(2)《春秋》之道不僅
告訴國君應盡什麼責任，還教國君應如何防微杜漸，免於災禍；
再進一步，《春秋》不祇是有助於除禍，如致力實行，就能達到
堯舜德治的理想。(3)「詳己而略人」，「己」爲魯，「人」指相對
於魯的諸夏，此乃《公羊》及仲舒言「異內外」、「辨夷夏」之
所本。「因其國而容天下」，先治好魯國，然後再兼容天下，仲舒
因此而有「王魯」之說。(4)《春秋》有安定天下之功。(5)《春
秋》重視人民的利益，執政者生活奢侈，引起人民憤怨，施政暴
虐，侵害到人民利益，都是違背重人原則的。《春秋》譏刺執政
者，皆是根據這個原則。

　　不僅是這些要點全爲董氏《春秋》學所吸收，更重要的是這
種突破《春秋》文義的限制以論述《春秋》的方式，正是董氏
《春秋》學所承繼，並予以擴大運用的方式。假如《春秋繁露‧
兪序》中所引孔子之言：「吾因其行事，而加乎王心焉，以爲見
之空言，不如行事博深切明」，「吾因行事加王心焉，假其位號，
以正人倫，因其成敗，以明順逆」，果爲孔子所說，也是採用同
一種方式。

二、《春秋》學的共同原則：奉天法古

　　董氏《春秋》學散見於《春秋繁露》各篇，主要的義理則集
中在前十七篇之中，雖缺乏系統化的表達形式，內容方面毫無疑
問他是做過系統性的思考。因此，我們的工作就在嘗試尋找出這
套學說的共同原則、使用方法、及其論證準則等足以形成一個系

統的基本要素。

　　思想而能成爲一個系統，必賴其有一共同原則，以組合其他
的部分，有了共同原則，然後使各部分產生相互關係及秩序，才
算是系統。根據這個界說，董氏《春秋》學有沒有一個共同原則
呢？〈楚莊王〉中一段話，可以解答這個問題：

　　　　《春秋》之道，奉天而法古。是故雖有巧手，弗修規矩，
　　　　不能正方圓；雖有察耳，不能吹六律，不能定五音；雖有
　　　　知心，不覺先王，不能平天下；然則先王之遺道，亦天下
　　　　之規矩六律已。故聖者法天，賢者法聖，此其大數也；得
　　　　大數而治，失大數而亂，此治亂之分也；所聞天下無二道，
　　　　故聖人異治同理也，古今通達，故先賢傳其法於後世也。

從正方圓不能無規矩， 定五音不能無六律， 先王之遺道， 即天
下的規矩六律等言論看，仲舒的《春秋》學不但有一個共同的原
則，而且他是自覺地在建立這個原則，這個原則就是：奉天、法
古。賢者法聖，聖者法天，仲舒稱之爲「大數」，大數即大道，
也就是根據整體原則，使天、聖者、賢者產生的關係及秩序，此
關係和秩序有不可任意轉換的地位和功能，國家的政治能遵循此
關係和秩序來運作，就叫做「得大數」，得大數則國治，反之則
亂。「治亂之分」即治亂之本，「分」亦指天──聖─賢三者
分位等差的秩序❹。

---

❹　「分」指分位等差的秩序，這個觀念是本於荀子，關於分在荀子思
　　想中的意義與功能，可看韋政通：《荀子與古代哲學》，頁三〇～
　　三三。

奉天是因天足以效法，天何以足法？因天本身就代表道、代表愛，所以說「聖人法天而立道，亦溥（普）愛而亡私❺」，法天是爲了樹立立國之道，然後根據它布德施仁於萬民。內在於系統而言，天是一整體原則，但天不僅可效法，且又是奉祀的對象，因此在仲舒的思想裏，哲學意義的天之外，還有宗教意義的天，如果仲舒的思想系統一個基本的用心是在藉天威來約束君權，那末宗教的天的重要性遠大於哲學的天，不過這方面的用心，在《春秋》學裏還沒有完全表現出來，同時這兩種不同意義的天，在仲舒的思想裏並沒有明顯的意識，他是混合着來處理的，所以天既執其道，又爲萬物之主❻、百神之大君❼。

仲舒的法古，與一般所說的復古不同。法古是要效法「先王之遺道」，「《春秋》之於世事也，善（讚）復古、譏易常，欲其法先王也❽」。很明顯，《春秋》所以稱讚「復古」，不是光因爲時間上的「古」，而是因古今相傳之中有先王之遺道，所謂「天人之徵，古今之道也」❾，「古」代表一種「超驗理想」（Transcendental Ideal），所以法古等於法道，而「道之大原出於天」，在深層的意義上，法古無異法天，奉天、法古實乃同一個原則，故謂「天下無二道」。

仲舒自覺地建立這個原則，在《春秋》學的範圍之內，並未就宗教意義的天發展宗教哲學，亦未就哲學意義的天發展形上

---

❺　見〈賢良對策〉，新校本《漢書》頁二五一五。
❻　《春秋繁露・天地之行》，頁四二九。
❼　《春秋繁露・郊語》，頁三六七。
❽　《春秋繁露・楚莊王》，頁一一。
❾　同前❺。

學，他關懷的中心問題是：藉《春秋》爲新王立法，也就是如何實現改制的理想。在這個目標的要求下，奉天法古是要爲改制提供超越的或理論的依據，視奉天法古爲《春秋》之道，也是爲了使改制能獲得經典上的根據，以增強其合理性與權威性。

仲舒所主張的改制，是屬於體制內的改革，因此必須肯定現實體制的合法性。在現實體制裏，「以人隨君」、「屈民而伸君」❿是由體制的本質決定的，觀念的來源雖在法家，但儒家德治理想一旦落實，似乎無法避免，從孟子的民貴君輕之說，發展到荀子的隆君，就已表現出這種趨勢。這裏應該指出，仲舒因肯定現實體制而接受法家君尊臣卑的觀念，仍是有條件的，即在主張「以人隨君」、「屈民而伸君」的同時，又進一步要求「以君隨天」、「屈君而伸天」。一方面承認：「君執其常，爲一國主」；另一方面又強調：「天執其道，爲萬物主」⓫。爲萬物主的天不僅高於爲一國主的君，君命乃由天所授；從「爲人君者，其法取象於天」⓬看，不僅君命由天所授，君治國所憑持的法度亦法天而來，即所謂「《春秋》應天作新王之事」⓭。在這裏，仲舒心中的君與法家大不同，仲舒尊君不祇是因其角色或其地位，而是因既能執其常，又取象於天，君是應受常道和天的約束的。而法家視君爲「高天泰山」，爲權力的絕對中心，強調的是君主所獨用的術⓮。

下面一段說明了改制與法天之間的關係，也是「爲人君者，

⓾　《春秋繁露・玉杯》，頁二一～二二。

⓫　同前❻。

⓬　同前❻。

⓭　《春秋繁露・三代改制質文》，頁一七五。

⓮　參看韋政通：《先秦七大哲學家》，頁一八四。

其法取象於天」的進一步展現：

> 受命之君，天之所大顯也；事父者承意，事君者儀志，事
> 天亦然；今天大顯已，物襲所代，而率與同，則不顯不
> 明，非天志，故必徙居處，更稱號，改正朔，易服色者，
> 無他焉，不敢不順天志，而明自顯也。若夫大綱，人倫道
> 理，政治教化，習俗文義盡如故，亦何改哉！故王者有改
> 制之名，無易道之實⑮。

君受命於天，仲舒稱之爲「天之所大顯」，『大顯』用西方神學
的觀念來解釋，就是偉大的創造，天創造「受命之君」，並不依
靠其他的條件，而是本於絕對的天志，所以說「自顯」。因中國
缺乏神學的傳統，仲舒並非神學家，因此對天究如何大顯，並未
提出任何論證，只是獨斷地斷言，天與其所創者的關係，亦只是
類比地說如子之事父、臣之事君的關係，而新王改制之事，也不
過是順從天志而已。天既創立了新王，新王就必須遷都、更改國
號、變更正朔、換掉朝服的顏色，有一套與新王相應的符號，使
全民耳目一新，如不這樣去做，就是有違天志，不能把天創造的
意義象徵地表現出來。仲舒在這裏就所謂改制——何者當改，何
者不當改，做了很清楚的解說，人倫道德、政治教化、習俗文
義，至少在實質的意義上是代表着道的，是不必也不應改的，改
與不改的解說，恰好爲「崇儒更化」提供了適當的註腳。

　　受命之君固爲天之所大顯，但現實體制裏的君，未必能推行

---

⑮　同前❽，頁一二。

改制， 更未必有文化理想， 因此仲舒一方面肯定君有天命的依
據，一方面又要求君實踐崇儒更化的理想。要實踐崇儒更化的理
想，必須提升君這個角色，所以說：「天令之謂命，命非聖人不
行」⑯。在〈賢良對策〉裏，仲舒向武帝說，當時所以「天地未
應而美祥莫至者，何也？凡以教化不立而萬民不正也」⑰，要使
教化立、萬民正，非聖人（或聖君）不能做到。由此可見，仲舒
堅持德治理想，與孔、孟並無不同，所不同者，是孔、孟的聖人
必須由內聖工夫而成，仲舒的聖人僅強調其奉天法古而已。

三、《春秋》學的方法

要了解董氏《春秋》學的方法，首先應知三傳之解《春秋》
一開始就使用頗為特殊的方法。「三傳與經文，《漢志》皆各為
卷帙」⑱，說明《左傳》、《公羊》、《穀梁》本來都是獨立的
著作。《左傳》附於經文，始於杜預（公元222—284），《公
羊》、《穀梁》附於經文，則不能確知始於何人。既能附經，即
表示三傳與經文之間，必有某種關係，這種關係是由一種頗為特
殊的解釋法來連結的。

下面以隱公元年之文為例：

《春秋》：元年，春，王正月。

《左傳》：元年，春，王周正月，不書即位，攝也。

---

⑯　同前❺。

⑰　同前❺，頁二五〇三。

⑱　《四庫全書總目提要》，頁五一八。

《公羊傳》：元年者何？君之始年也；春者何？歲之始
也。王者孰謂？謂文王也。曷為先言王而後言正月？王正
月也。何言乎王正月？大一統也。公何以不言即位？成公
意也。何成乎公之意？公將平國而反之桓。曷為反之桓？
桓幼而貴，隱長而卑，其為尊卑也微，國人莫知。隱長又
賢，諸大夫扳隱而立之。隱於是焉而辭立，則未知桓之將
必得立也。且如桓立，則恐諸大夫之不能相幼君也，故凡
隱之立為桓立也。隱長又賢，何以不宜立，立適以長不以
賢，立子以貴不以長。桓何以貴，母貴也。母貴則子何以
貴？子以母貴，母以子貴。

《春秋》經文僅六個字，以「史」為主的《左傳》只說明王何所
指，以及元年却又不書即位的原因。就此例而言，尚無特殊之
處，不過在其他部分，以「史」為主的《左傳》，發揮「義」的
地方也很多。此外《穀梁》亦以「義」為主，因仲舒與《公羊》
的關係特密，所以下文只以《公羊》之文為討論的依據。

　　《公羊》先逐字解釋經文的字義，它的解釋比《左傳》清
楚，確能幫助我們了解經文。到「曷為先言王而後言正月」？這
是《公羊》的作者由經文發掘問題，然後自問自答，如此行文的
方式，形成《公》、《穀》兩傳文字上的獨特風格，也影響了以
後的注、疏。孔子作《春秋》用的是魯史，魯國用周正，所以
「王正月」的解答，還是合於史的。到「何言乎王正月？大一統
也」，就未必合於史實，周代行的是封建制，算不了大一統，大
一統是《公羊》作者當時時代的要求，所以這是以今解古，也是
把古史賦予新義的一種方式。也許「王正月」誠如徐復觀先生所

指證的， 只不過是周史官紀時之常例， 孔子亦只本此常例而書
「王正月」，不可能有其他異義存於其中⑲。但我們不要忽略，
《公羊》作者能由表面無問題處發掘問題， 並做賦予新義的解
答，正是形成《春秋》經學的一大關鍵， 後來竟然發展到經、傳
乖離、「便辭巧說」、「說五字之文，至於二三萬言」⑳ 的地步，
確已走火入魔，但《公羊》作者所始創的特殊解釋法，對經學的
貢獻， 並由此而促進學術思想的發展，是無可諱言的。

上引《公羊》之文，自「公何以不言卽位」以下，代表公羊
家一家之言，因同樣是一家之言，所以《公》、《穀》對何以不
言卽位一問題的解說不同。《四庫全書總目提要》謂： 「說經家
之有門戶，自《春秋》三傳始，然迄能竝立於世」㉑。如果說因
解釋的不同， 就是「有門戶」， 這種門戶之見， 不但無礙於學
術，且是必要的，因它豐富了《春秋》經學的內容，所以歷久仍
能並立於世。 若一味固守師說， 以家法排除異見， 不知求眞求
新，這樣的門戶，才是有害的。

把公羊家始創的解釋法，突破經文的文義更推進一步的是董
仲舒， 仍以隱公元年之文爲例， 看他的解釋與《公羊》有何不
同：

(1) 《春秋》之序辭也，置王於春正之間，非曰上奉天施
　　而下正人，然後可以爲王也云爾㉒。

---

　⑲　徐復觀： 《兩漢思想史》卷二，頁三五二。

　⑳　《漢書・藝文志》，新校本，頁一七二三。

　㉑　同前⑱，頁五一五。

　㉒　《春秋繁露・竹林》，頁四六。

(2)《春秋》曰王正月。《傳》（《公羊》）曰，王者孰謂？謂文王也。曷為先言王而後言正月？王正月也。何以謂之王正月？王者必受命而後王。王者必改正朔，易服色，制禮樂，一統於天下；所以明易姓非繼人，通以己受之於天也。王者受命而王，制此月以應變，故作科（條規）以奉天地，故謂之王正月也❷。

(3)《春秋》何貴乎元而言之？言本正也。道，王道也，王者人之始也，王正則元氣和順❷，……

(4) 唯聖人能屬萬物於一，而繫之元也。終（一作故）不及本所從來而承之，不能遂其功。是以《春秋》變一謂之元。元猶原也，其義以隨天地終始也。……故元者為萬物之本❷，……

(5) 是故《春秋》之道，以元之深，正天之端；以天之端，正王之政；以王之政，正諸侯之位，以諸侯之位，正竟（境）內之治，五者俱正而化大行❷。

　　把以上這些文字集合在一起，很明顯可以看出，仲舒有他自己的一套思想，所謂董氏《春秋》學，幾乎只是假藉《春秋》及公羊家言闡揚其學說，因為至少在形式上仍是依附於《春秋》的，這樣就比較能取信於人。據引文（1），置王於春正之間，經文未必有何深義，仲舒因熟悉陰陽家，所以在字序的排列上，就

❷　同前❸，頁一七四。

❷　《春秋繁露·王道》，頁八七。

❷　《春秋繁露·玉英》，頁五四。

❷　《春秋繁露·二端》，頁一四五。

可很自然地以春代表天，又因王在春字之下，正又在王字之下，
於是王者「上奉天施而下正人」的觀念，自然會在意識中湧現。
仲舒就是運用這種特殊的解釋法，把自己的思想與經文做了巧妙
的連結。引文（2），《公羊》對「王正月」，只賦予「大一統」
的新義，仲舒在這之外，竟能把受命與改制都解釋進來，高度發
揮了他的聯想與推理的能力。引文（3）（4）更把元年之「元」釋
爲「元氣」，因而對元字做了宇宙論的解釋，這當然不是經文的
本義。引文（5）所說的《春秋》之道，實乃〈楚莊王〉「聖者法
天，賢者法聖，此其大數也」之分位等差秩序的另一說法，所不
同者，是在天之上還有元，其實天就是元，在宇宙論上說元，在
政治學上說天，一個是萬物之本，一個萬物之祖，並不是一個系
統有兩個原則。

　　像仲舒這樣解釋《春秋》，從一般註解的眼光來看，當然不
免如朱熹所批評的是「各以已意猜想」，是「鑿說」❷，但仲舒
的解釋眞的僅是以已意猜想嗎？假如不是，那末他使用的是一種
什麼方法呢？依照吾友傅偉勳教授的說法，仲舒應是在比歷史更
高的層次上對《春秋》做哲學方法論的反省，我之所以能用上述
的方式探討董氏《春秋》學的方法，亦是受傅先生根據高層次的
哲學方法論反省而發展出來的「創造的解釋學」之啓發❷。他的
啓發使我覺得，如用「創造的解釋學」來說明仲舒已應用的方法，
是很恰當而又相應的，透過這樣的了解，他的特殊解釋法不僅不
是憑已意猜想，而是經由解釋成爲開創新理路的思想家不可或缺

---

❷　皆見《朱子語類》卷八三。

❷　傅偉勳：〈哲學與宗教──我在美國的教學經驗〉，見《中國論
　　壇》一九〇期，頁二九～三〇。

的步驟。

傅先生提出的創造的解釋學,可分下列五個辯證的步驟或程序,中間不可任意越級。

(1) 原作者(或原思想家)實際上說了些什麼?做這一步工作,考據、訓詁、版本的知識,有時候很有必要。

(2) 原作者真正意謂什麼?到這一步,解釋者要從事語言解析、論理貫穿、意涵彰顯等工作。然而光靠這些工作,還不見得能完全尋出原有思想在那時代裏所顯示的獨特理路,至此,創造的解釋學家已經到達「了解原思想家,必須超越他」的階段。

(3) 原作者可能說什麼?譬如老子可能說什麼?通過莊子可以得到一個適當的答案,通過王弼(公元 226—249)、僧肇(公元 384—414)、河上公、憨山等更可以獲取其他種種線索。

(4) 原作者本來應該說什麼?要真了解一個思想家,一定要問:假如他今天還活着,他會依然固執已說嗎?他會願意修正或揚棄他已說過的話嗎?這些問題祇有創造的解釋學家代原作者囘答。因此

(5) 隨着(4)的要求,必將自問:作為創造的解釋學家,我應該說什麼?這就經由層層深入的解釋工作,達到開創新理路、新方法的地步。

上述創造的解釋學的工作步驟,已足以揭開歷史上學術思想演進的部分真相,一個新思想家的誕生,雖不一定充分自覺到這種方法,但在實際的工作過程中,必然會不同程度地涉及這些步驟:創新力愈強的,涉及的層次愈高;愈弱的,涉及的層次愈低。當公羊家從字面上解釋經文「元年,春,王正月」的意義時,做的是第一步工作:原作者實際上說了些甚麼?當從語言結

構上提出「曷爲先言王而後言正月」的問題時，顯然已涉及第二步的工作，這步工作必須能從語言結構或文字組合上發掘出問題，並給予解答，俾有助於了解原作者的眞義。當公羊家給「王正月」賦予「大一統」新義，並追問「公何以不言即位」時，則已越過前兩個層次，而進入第三步的工作：原作者可能說什麼？從事這一步工作，解釋家必須具備與經文可能相關的資源，如公羊家對「大一統」的時代要求沒有感受，就不可能賦予「王正月」以新義，如對隱公的歷史背景沒有相當的認識，就不可能追問「公何以不言即位」。當解釋家企圖探討「原作者可能說什麼」時，重點雖已移向「意在言外」的「意」上，「言」與「意」之間並非毫無關係，而只是把與「言」可能相關的部分發掘出來，使讀者對原作者可能說而畢竟沒有明白說出的有更多的認識。

　　根據前面董仲舒論《春秋》引文 (2)，可知仲舒對《春秋》的解釋是在《公羊傳》的基礎上進行，因此他多半越過前三個步驟，直接由第四（原作者本來應該說什麼）和第五層（我應該說什麼）着手。當仲舒由「置王於春正之間」而發現到「上奉天施而下正人」的意義時，還多少與經文有點關連，所以是屬於第四層，當他把元解做宇宙論意義的元氣時，已超越爲原作者尋求其可能與應該說的層次，而達到開創新說的地步。工作到這一步，必然突破原有文義的限制，在思想上可享有創造的自由，《春秋繁露》前十七篇，反復陳述《春秋》之道如何？《春秋》之法如何？這也是《春秋》，那也是《春秋》，其中雖有一部分來自公羊家言，但多半屬於新說。

四、理解《春秋》的三個層次

仲舒論述《春秋》的文字中，有一部分似是導讀的性質，也有人認爲是他提出的學習《春秋》的方法❷。綜觀細察這部分的文字，實尚不衹是導讀與學習方法的提示，主要談論的是《春秋》如何理解的問題，且涉及理解的三個層次：

（一）語意的理解

(1) 《春秋》之辭多所況，是文約而法明也❸。

(2) 《春秋》慎辭，謹於名倫等物者也。……是故大小不踰等，貴賤如其倫，義之正也❸。

(3) 《春秋》無達辭，從變從義，而一以奉人（天）❸。

(4) 《春秋》無通辭，從變而移，今晉變爲夷狄，楚變爲君子，故移其辭以從其事。❸

(5) 故說《春秋》者，無以平定之常義，疑變故之大，則義幾可諭矣❸。

(6) 《春秋》之書事，時詭其實，以有避也；其書人，時易其名，以有諱也。……然則說《春秋》，入則詭辭，隨其委曲，而後得之❸。

---

❷　同前❶，頁三三二。
❸　同前❽，頁一。
❸　《春秋繁露・精華》，頁七二。
❸　同前❸，頁八一。
❸　同前❷，頁三三。
❸　同前❷，頁三九。
❸　同前❷，頁六八。

引文（1）「《春秋》之辭多所況」，況，譬喻，乃《春秋》文辭的特色之一。《淮南子・要略》：「已知大略而不知譬喻，則無以推明事」。可以幫助我們了解《春秋》文辭何以多用譬喻之故❸。引文（2）「謹於名倫等物」，名倫，就倫常定名稱，等物，就事物區分等級，目的是要做到「大小不踰等，貴賤如其倫」。也就是〈深察名號〉所說的「《春秋》辨物之理以正其名，名物如其眞」之義。「《春秋》愼辭」，愼辭即正名，源自先秦儒家「上以明貴賤，下以別同異」❸的正名傳統。引文（3）（4）（5）都在強調《春秋》用辭的變化，「移其辭以從其事」，在說明爲什麼用辭要有變化，例如晉國原來是知禮義的，可是現在變爲夷狄（因所作所爲已不合禮義），就該稱他爲夷狄；原來楚國雖不知禮義，但現在變爲君子（因所作所爲合於禮義），就該稱他爲君子。根據這個了解，所謂「無通（達）辭」，就是不以一種文辭去概括不同的事變，而是隨着事變用不同的文辭去表達。《春秋繁露・精華》：

❸ 關於如何運用比喻，以及比喻在史學上的意義，余英時說：「類比不但是在異中求同，而且還在同中求異；史學家所經常援用的「比喻」（metaphor）便是類比的一種方式。比喻是取兩種事物中相類似之一端互爲說明，以加深瞭解。但局部之同無妨乎全體之異；而且卽使在局部之同之中仍不免有細節之異。所以類比的運用如能在異同兩方面都達到恰如其分的境地，則正是史學得以不斷進步的基本保證」。（《史學與傳統》，頁二五）《春秋》運用比喻是否已達到這個程度，是另外一個問題，仲舒能發現《春秋》之辭多用比喻，並解釋用比喻「是文約而法明」（「法明」了解《春秋》的法則），在中國史學上是很有意義的。

❸ 《荀子・正名篇》。

難者曰：《春秋》之法，大夫無遂事（私事）。又曰，出境有可以安社稷、利國家者，則專之可也（私自決定）。又曰，大夫以君命出，進退在大夫也。又曰：聞喪徐行而不反也。夫既曰無遂事矣，又曰專之可也，既曰進退在大夫矣，又曰徐行而不反也，若相悖然，是何謂也？

曰：四者各有所處，得其處，則皆是也，失其處，則皆非也。《春秋》固有常義，又有應變。

難者之言，恰是「《春秋》無達辭」的佳例。表面上看這四件事像是互相矛盾，如果了解這四件事各處於不同的情況，《春秋》用不同的文辭去表達，便不矛盾。不但不矛盾，且表現出《春秋》應用文辭頗能適應時變的特色。

最後一條引文（6），「《春秋》之書事，時詭其實」，是說《春秋》記事，有時並不把事實的真相告訴我們，如僖公二十八年，晉文公招天子到河陽，《春秋》並未照實記事，只寫「天王狩於河陽」。記事如此，記人亦然，有時連人名都改了，如隱公八年，隱公急着要跟莒國國君莒子會盟，《春秋》只寫：「公及莒人盟於包來」，把「莒子」改為「莒人」。為何要「詭其實」、「易其名」？為了避諱，《春秋》為尊者諱，為賢者諱，為親者諱，諱了見不得人的事，是貶的一種方式❸，也是《春秋》獨有的書法。仲舒指示，要了解這一類的詭辭，必須順着事實的曲折去探討，方能得其真相。

根據以上的了解，可以說仲舒對理解《春秋》的語意，提出了四個要點：(1) 注意《春秋》多用譬喻；(2)《春秋》重視正

---

❸　參看前❶之書，頁四三四，四六註文。

名；（3）文辭能適應時變；（4）時有詭辭。讀者能記住這些要
點，自然會減少理解《春秋》文字方面的障礙。

（二）目的性理解

目的性意指《春秋》雖廣及二四二年、十二世之事，但透過
複雜的事象，作者必有其意圖或目標，把這些意圖或目標發現出
來，卽屬於目的性理解。由以下引文將可以看出，這些意圖或目
標，並不由文辭直接顯示，而是要經由歸納、推理等步驟才能發
現，同時其意圖或目標也有着不同的涵義。

> (1)《春秋》論十二世之事，人道浹而王道備，法布二百
>   四十二年之中，相為左右，以成文采，其居參錯，非
>   襲古也。是故論《春秋》者，合而通之，緣而求之，
>   五（伍）其比，偶其類，覽其緒，屠其贅，是以人道
>   浹而王法立❸⁹。
>
> (2) 不義之中有義，義之中有不義；辭不能及，皆在於
>   指，非精心達思者，其孰能知之。……由是觀之，見
>   其指者，不任（用）其辭，不任其辭，然後可與通道
>   矣❹⁰。
>
> (3) 古之人有言曰：「不知來，視諸往」。今《春秋》之
>   為學也，道往而明來者也❹¹。
>
> (4)《春秋》至意有二端，……小大微著之分也。夫覽求
>   微細於無端之處，誠知小之將為大也，微之將為著

---

❸⁹　同前❿，頁二二。

❹⁰　同前㉒，頁三四。

❹¹　同前㉛，頁八三。

也，吉凶未形，聖人所獨知也。……故聖人能繫心於
微，而致之著也❷。

據引文（1），《春秋》論事，其涵義雖分散於二百四十二年之
中，但義與義之間互相交錯、互有關聯，正因爲如此，所以論
《春秋》者運用「合而通之，緣而求之」等方法去理解《春秋》
才有可能。這個方法是：綜觀全書，求其中足以貫通全書的道
理，然後把相類的部分歸納起來，排列出其中的條例，這樣自然
可看出其中的統緒，再剖析經文未曾明示的涵義，經過這些步
驟，就可以發現《春秋》是以「人道浹而王法立」爲其目標的。
引文（2）「辭不能及，皆在於指」，是提示發現《春秋》目標的
另一方法，是說《春秋》的意圖或目標，僅由文辭的表面是看不
出來的，必須有精細的頭腦和通達的思想，才能穿透文辭表面，
發現其中的意旨或意向，這意旨或意向是趨向於正道的，所以也
是《春秋》的目標。例如仲舒由「春王正月」的經文，竟能發現
王者「上奉天施而下正人」的道理，應該就是用的這種方法。引
文（3）是從史學的觀點理解《春秋》的目標，「多一分對過去的
瞭解終可以使我們在判斷將來的發展方面，多一分根據」❸，恰
可說明《春秋》「道往而明來」的意義。這一點應是《春秋》最
直接最基本的目標。引文（4）所謂「至意」可了解爲最重要或最
深遠的意義，「二端」不是指小大與微著，是指小與大或微與
著，小即微，大即著。仲舒這裏所說的，與〈繫辭傳〉「幾者，動
之微，吉之先見者也」必有淵源上的關係，「覽求微細於無端之

---

❷　同前❷，頁一四五。

❸　見余英時：《史學與傳統》，頁二一。

處」，即《繫辭》所謂「知幾」，「誠知小之將爲大也，微之將爲著也」，即「見微知著」之義，此所以仲舒不僅視「絕亂塞害於將然而未形之時」爲「《春秋》之志」❹，又有《春秋》「誅意不誅辭」❺之說。知幾說源自占卜的傳統，後來被道家引入玄學發爲玄理，又被儒家引入心性工夫❻。此說復由仲舒轉化爲「論罪源深淺定法誅」❼之後，對漢代政治社會有極大的影響❽。

(三) 本質的理解

(1) 《春秋》赴問數百，應問數千，同留經中，繙引比類，以發其端，卒無妄言，而得應於《傳》者❾。

(2) 《春秋》記天下之得失，而見所以然之故，甚幽而明，無傳而著，不可不察也。夫泰山之爲大，弗察弗見，而況微眇者乎！故按《春秋》而適往事，窮其端而視其故❺⓿。

(3) 今《春秋》之爲學也，道往而明來者也，然而其辭體天之微，效難知也，弗能察，寂若無，能察之，無物不在。是故爲《春秋》者，得一端而多連之，見一空

---

❹　《春秋繁露‧仁義法》，頁二二五。

❺　同前❷，頁九九。

❻　參看章政通主編：《中國哲學辭典大全》，「幾」條，頁六〇一～六〇二。

❼　《春秋繁露‧正貫》，頁一三四。

❽　詳見本章第六節。

❾　同前❿，頁二七。

❺⓿　同前❶，頁四二。

而博貫之，則天下盡矣❺。

本質是相對於表象而言，引文（1）的「赴問數百，應問數千」即指「事變散其辭」❺的表象，「發其端」之「端」是指本質，「繙引比類」同於「伍其比，偶其類」的方法，本質支持表象，但必須經由上述歸納的方法，才能使表象成爲可理解的，因而發現其本質。本質使零散的文辭理解到深層的意義，所以說「卒無妄言」。引文（2）「《春秋》記天下之得失」仍是指表象，引文（1）只提到本質，「而見其所以然之故」，則賦予本質以明確的意義。「窮其端而視其故」，「端」與「故」皆指本質，「窮」與「視」是要透過《春秋》所記的往事探究其本質。本質並不直接顯示於文辭，因此是「微眇」、「甚幽」，但經由一定的方法和程序就可以發現，所以說「甚幽而明」。引文（3）言《春秋》之辭「體天之微」，「天之微」才是仲舒所要講的《春秋》的眞正本質。上引文（1）（2）中之「端」，端即天或天道，故〈正貫〉有「天端」一詞。「察」不是指經驗的觀察，而是「得一端而多連之，見一空而博貫之」的推理，面對《春秋》繁雜的文辭，如不經由歸類推理的處理，無從發現天之微意，故曰「寂若無」，如加以歸類推理，便可發現天之微意，無不散見於文辭之中，故謂「無物不在」。仲舒這裏所說的推理方法正是荀子「以類行雜」，「以一持萬」的方法❺，以天之微爲《春秋》的本質，不一定是有意要把《春秋》向天的哲學昇進，而是受〈繫辭傳〉「天生神

---

❺　同前❸，頁八三。

❺　同前❹。

❺　參看韋政通：《荀子與古代哲學》，頁一九。

物，聖人則之；天地變化，聖人效之」理路的影響。

五、論證的準則

　　《春秋繁露》裏有三篇文章：〈盟會〉、〈正貫〉、〈十指〉，
是總論《春秋》大義的，因〈正貫〉有六悁之說，〈十指〉也說
「大略之要，有十指」，所以把三文中所述《春秋》大義，視爲
董氏《春秋》學的大綱，自然是對的。不過，就〈十指〉而言，
作爲《春秋》學大綱的亦僅止於該文前半篇所言十指，後半篇復
又以十指爲前提，發展爲十個論證，當然已不是「大略之要」，
而是另有其意義。

　　「指」，前文已說過是意旨或意向，是從《春秋》二百四十
二年之文中提要而來，它是《春秋》記載人事變化的準則，也是
天子德化所由出的根據。因論證中已包涵十指，所以下文不單提
十指。

　　〈十指〉篇的十個論證如下：

　　(1)「舉事變，見有重焉，則百姓安矣」。「舉事變，見有
重焉」與〈盟會要〉「故《春秋》重而書天下之患徧矣」意義相
同，「事變」卽指「天下之患」，更具體點說，是指「弒君三十
六，亡國五十二」之事，《春秋》所以重視這些事，是因聖人作
《春秋》，「貴除天下之患」，「天下者無患，……然後王道舉，
禮樂興」，如此天下百姓自能安居樂業。

　　(2)「見事變之所至者，則得失審矣」。比 (1) 又進一步，
要追究事變所以發生的原因，依〈盟會要〉，這個原因卽「細惡
不絕之所致」。如果能了解事變所以發生的原因，那末對事變的

得失就能看得很清楚。

（3）「因其所以至而治之，則事之本正矣」。這是順着（1）（2）所說，繼續向深處推衍，意謂：如能尅就事變所以發生的原因而正本清源，那末國事就能建立在正大的基礎上。依〈盟會要〉「天下者無患，然後性可善，性可善，然後清廉之化流」的說法，所謂正本清源，是要從人性上着手的。

（4）「強幹弱枝，大本小末，則君臣之分明矣」。「幹」與「大」指天子、中央，「枝」與「小」指諸侯王、地方。漢初因分封諸侯王，造成政局不安的主要因素，「強幹弱枝，大本小末」是根據這個背景提出來的。最早提出這個觀念的是賈誼，鼂錯、仲舒繼之，眞正的意旨就是主張中央集權，但仲舒要由《春秋》找理論根據❺❹，他說的「君臣之分」，也不同於孔子的「君君、臣臣」，而是法家的尊君卑臣。到七國（吳、楚、趙、膠西、濟南、菑川、膠東）亂平之後，這個主張大抵已經實現。

（5）「別嫌疑，異同類，則是非著矣」。重點在「別嫌疑」，爲何要別嫌疑？〈度制〉有進一步的說明：「凡百亂之源，皆出嫌疑纖微，以漸寖稍長，至於大。聖人彰其疑者，別其微者，不得嫌（蘇輿：不使有幾微之嫌），以蚤防之」。如果能像聖人那樣在罪惡動機剛萌芽時，就加防備，或依「罪源深淺定法誅」，那末是非的標準自然顯著。

（6）「論賢才之義，別所長之能，則百官序矣」。如果能拔用賢才，又能辨別其擅長的才能，那末朝廷任用百官就有了一定的秩序。仲舒因肯定專制體制，不能不接受法家尊君卑臣的次序，但仍希望在尊卑之序中吸納尚賢與能的用人標準，在一定限

---

❺❹　參看前❿之書，頁三四一。

度之內，二者並不矛盾，在專制時代的百官制度中，事實上保存
着這雙重的價值標準。

（7）「承周文而反之質，則化所務立矣」。如果能承繼周
文，當文勝質流弊顯著時，又能以質救文，使「文著於質」，那
末教化就能重新努力建立起來。這是《春秋》所以能爲新王立法
的基礎，詳細理論見於〈三代改制質文〉篇中。

（8）「親近來遠，同民所欲，則仁恩達矣」。如果天子能做
到親近來遠、與民同欲，那末仁恩就能廣被天下。〈盟會要〉也
說：「親近以來遠，因其國而容天下」。意謂：自魯國爲起點，
而能做到容天下，這就是親近來遠的條件。「同民所欲」卽孟子
與齊宣王問答中所說的「與民同之」❺❺。

（9）「木生火，火爲夏，則陰陽四時之理相受而次矣」。如
果木生火，火爲夏，那末就表示陰陽四時的運轉是有次序的（是
正常的）。爲什麼？因爲木生火卽「木生火，火生土，土生金，
金生水」的簡化，表示五行的正常運作；火爲夏卽「水爲多，金
爲秋，土爲季夏，火爲夏，木爲春」❺❻的簡化，表示五行與四時
能配合運行（其實五行怎能配四時？仲舒系統裏如此牽強之處甚
多）。下一句言陰陽不言五行，因「如金木水火各奉其主，以從
陰陽」❺❼，所以言陰陽就能代表五行。

（10）「切刺譏之所罰，考變異之所加，則天所欲爲行矣」。
如果能審察譏刺所懲罰的，又能考察加於人世間的怪異，那末天
所要做的，就藉懲罰與怪異表現出來了。爲何從懲罰就能看出天

---

❺❺　見《孟子・梁惠王下》。

❺❻　均見《春秋繁露・五行對》，頁二七八。

❺❼　《春秋繁露・天辨在人》，頁三〇二。

之所欲爲？因依仲舒，《春秋》記事，其終極的意義，都是爲了
「體天之微」。

列舉了十個論證之後，仲舒的結論是：「統此而舉之，仁往
而義來，德澤廣大，衍溢於四海，陰陽和調，萬物靡不得其理
矣。說《春秋》者凡用是矣，此其法也」。仲舒認爲，有了這
十個論證之後，解說《春秋》的人都應該用它做依據，「此其法
也」是伸說以上十點不僅是論證，而且是論證的準則，因爲有了
這些準則，才使「萬物靡不得其理」成爲可能。

六、《春秋》學的結局

自從孟子賦予《春秋》以道德的意義和功能之後，用相當系
統化的方式，把這個特色輸入《春秋》的，就是董仲舒。他提出
十大論證，最大的目的就在宣告世人：《春秋》這部史書，它基
本的用心，就是針對二百四十二年之間的人與事，探究其原因和
動機，然後給予道德的裁判。仲舒說：「然則《春秋》義之大者
也，得一端而博達之，觀其是非，可以得其正法」❸。可見仲舒
把是非看作《春秋》公正的法度，與是非具有同樣意義的對稱觀
念，還有得失、貴賤、善惡、黑白、輕重、厚薄、陰陽、褒貶。
「《春秋》之所善、善也，所不善、亦不善也，不可不兩省也」
❸。意謂：《春秋》所褒揚的，是好人好事，所貶斥的是壞人
壞事，所謂「不可不兩省」用現代的術語說，就是天地間的人與
事，不可不用這二元價值觀去省察。也就是說，天地間的人與

---

❸ 同前❽，頁八。
❸ 同前㉕，頁六一。

事，不是好（善）的，就是壞（不善）的。仲舒於〈盟會要〉列
舉了類似〈十指〉的論證之後，而以「兩言（褒與貶）而管（管
束）天下」一語作結，就正是在強調以道德的二元價值觀，卽足
以評斷天下的人與事。

討論歷史運用道德的裁判，不但從現代史學的觀點難以苟同
❻，卽使在傳統時代，也早已受到史學家的批評，王鳴盛（公
元 1722—1797）說：「事跡則有美有惡，讀史者亦不必強立文
法，擅加與奪，以爲褒貶也。……書生匈臆，每患于愚，卽使考
之已詳，而議論褒貶，猶恐未當，況其考之難者哉。蓋學問之
道，求於虛不如求於實，議論褒貶，皆虛文耳」❻。王氏的批
評，不僅指出對歷史從事道德裁判的困難（考之難），也說明了
就歷史做道德裁判，對客觀研究歷史的眞相頗有妨礙，所以提出
「求於虛不如求於實」的主張。王氏認爲「議論褒貶，皆虛文」，
還是限於史學範圍之內的，以《春秋》的基本精神與主要功能在
道德裁判，其最大的影響和流弊，是在史學之外。

當仲舒提出孔子爲新王立法的理論時，必有一強烈的願望，
希望《春秋》這部經典有一天能成爲漢代的法典，這樣他自己的
《春秋》學自然就能發揮代聖立言的效果。連仲舒自己恐怕也未
必能想到，這個願望竟能及身實現，因「公孫弘以《春秋》之義
繩下，張湯以峻文決理」❻時，仲舒必然還活着，仲舒弟子呂步

---

❻ 參看王樹槐：〈研究歷史應否運用道德的裁判〉，見杜維運、黃俊
　　傑編：《史學方法論文選集》，頁二四五～二五二。

❻ 見《十七史商榷》序。

❻ 見馬端臨：《文獻通考》卷一八二，頁一五六七，論董仲舒《春秋
　　決事比》引《漢刑法志》言。

舒，就曾「持節使決淮南獄，於諸侯擅專斷，不報，以《春秋》之義正之，天子皆以爲是」❻。漢武帝本爲尚法之主，但因漢人以亡秦引爲深戒，不敢純襲秦法，於是提倡儒術以爲緣飾。儒家既興，儒生頗有任法吏者，他們常用經書古義來判決大案，侈談「誅心」之論，遂形成「以《春秋》斷獄」的風氣❻。

以《春秋》斷獄，因是根據「誅心」、「腹誹」之類的內在罪狀❻，很難避免任意羅織的流弊。蓋所謂《春秋》大義，本由各家所傅會，「同一案件可以傅會絕不相同的經義」❻，因此，馬端臨論仲舒〈春秋決事比〉❻曾責「以聖經爲緣飾淫刑之具，

---

❻　《史記·儒林傳》，新校本頁三一二九。

❻　傅樂成：〈漢法與漢儒〉，見《漢唐史論集》，頁六〇。

❻　參看余英時：《歷史與思想》，頁三六。

❻　楊鴻烈：《中國法律思想史》（下），頁六二。

❻　《玉函山房輯佚書》，收有《春秋決事》八條（原有二百三十二事），其中一條與判文無關，所以可視作董氏判例的只七條：

(1)「甲無子，拾道旁兒乙，養爲己子。及乙長，有罪殺人，以狀語甲，甲藏匿乙，甲當何論」？董仲舒斷曰：「甲無子，振沽養乙，雖非所生，誰與易之？《詩》云：『螟蛉之子，蜾蠃負之』。《春秋》之義，『父爲子隱，子爲父隱』。甲宜匿乙，而不當坐」。

(2)「甲有子以乞丙，乙後長大。而乙所成育甲，因酒色謂乙曰：『汝是吾子』。乙怒杖甲二十。以乙本是其子，不勝其忿，告於縣官」。仲舒斷之曰：「甲生乙，不能長育以乞丙，於義已絕矣，雖杖甲，不應坐」。

(3)「妻甲夫乙毆母，甲見乙毆母而殺乙。《公羊》說：甲爲姑討夫，猶武王爲天誅紂」。

(4)「君獵得麑，使大夫持以歸。大夫道見其母隨而鳴，感而縱之。君慍，議罪，未定。君病恐死，欲託孤幼，乃覺之：大夫其仁乎！遇麑以恩，況人乎！乃釋之，以爲子傳，於議何如」？

道（導）人主以多殺，其罪深於王（弼）、何（晏）」。馬端臨
的責備公不公平呢？再看仲舒下面這一段話：

> 《春秋》之聽獄也，必本其事而原其志。志邪者，不待
> 成；首惡者，罪特重；本直者，其論輕。……故折獄而是
> 也，理益明，教益行；折獄而非也，闇理迷眾，與教相
> 妨。教、政之本也，獄、政之末也，其事異域，其用一也
> ⑱。

(續)　仲舒曰：「君子不麛不卵（《禮記·曲禮》），大夫不諫，使持
　　　歸，非義也。然而中感母恩，雖廢君命，徙之可也」。

(5)　「甲為武庫卒，盜強弩弦，一時與弩異處，當何罪」？曰：
　　　「雖與弩異處，不得弦，不可謂弩。矢射不中與無矢同，不入
　　　與無鏃同。律曰，此邊鄙，兵所贓，直百錢者，當坐棄市」。

(6)　「甲父乙與丙爭言相鬥，丙以佩刀刺之。甲即以杖擊丙，誤傷
　　　乙，甲當何罪？或曰，毆父也，當梟首」。論曰：「臣愚以父
　　　子至親也，聞其鬥，莫不有怵惕之心，扶伏而救之，非所以欲
　　　詬父也。《春秋》之義，許、止（許悼公，止為許太子）父
　　　病，進藥於其父而卒。君子原心，赦而不誅甲，非律所謂毆
　　　父，不當坐」。

(7)　「甲夫乙將船，會海盛風，船沒，溺流死亡，不得葬。四月，
　　　甲母丙即嫁甲，欲皆何論？或曰，甲夫死未葬，法無許嫁，以
　　　私為人妻，當棄市」。議曰：「臣愚以為《春秋》之義，言夫
　　　人歸於齊。言夫死無男，有更嫁之道也。婦人無專制擅恣之
　　　行，聽從為順，嫁之者歸也。甲又尊者所嫁，無淫心，非私為
　　　人妻也。明於決事者，皆無罪名，不當坐」。（見宇野精一主
　　　編、洪順隆譯：《中國思想之研究》儒家思想（一），頁一三
　　　一～一三三。）

⑱　同前㉛，頁七九。

這段話很可能就是針對當時儒生斷獄，任意傅會經義羅織罪狀的現象而發，爲此他提出以《春秋》裁斷訟案時，法吏應當遵守的準則：（1）要根據犯行的事實；（2）要推究當事人的動機。動機邪惡者，不等待它成爲事實，就應加以防範；對首惡分子，罪特別要判的重；對動機正直的人，判他的罪要輕。如是根據法律判罪，只要找出罪行的事實即可，如是道德裁判，就不可僅由行爲加以判斷，還需要了解當事人的動機、意向與目的，這方面的了解雖非絕不可能，但已足夠使我們知道，要做到「本其事而原其志」在實際上有多困難，一般法吏在決獄時怎麼可能考慮那樣多，所謂經義斷獄，在實際的過程中，恐怕只是找個可以公開的理由吧了。

「志邪者，不待成」，即「絕亂塞害於將然而未形之時」，這根本是道德修養上的問題，由此可知仲舒缺乏將法律與道德予以區分的意識，因而有「論罪源深淺定法誅」主張，漢代法吏們由「誅心」、「腹誹」之類的內在罪狀定罪所產生的一切流弊，都可以溯源於這個主張，所以仲舒在論聽獄之時，雖仍不忘教本獄末的儒家立場，但從他的理論，已必然導致「以聖經爲緣飾淫刑之具」的後果。

仲舒《春秋》學的原始動機本在教化，在總論《春秋》大義的〈兪序〉裏，就曾以「教化流行，德澤大洽，天下之人，人有士君子之行」爲孔子作《春秋》的理想，爲新王立法的理論，最初亦不過藉其推行教化而已。不意在與專制體制結合的過程中，由《春秋》的道德裁判，一變而爲經義決獄，再變而爲以理殺人，雖與仲舒的初衷相違，但這個演變卻是要求道德裁判落實於現實制度必然的結局。道德裁判代表儒家德治理想的一個具體表

現，所以仲舒《春秋》學的結局所暴露的問題，並不只限於仲舒本身。

第四章　天人感應的理論結構

　　前文第二章：「董仲舒與先秦各家」，第三章：「董仲舒的
《春秋》學」，就董氏思想整體內容而言，只能算是前導性的工
作，從那裏大略可看出他智性的發展，要到達他獨特思想系統的
完成，還有一段距離。

　　仲舒的思想系統，是以當時流行的陰陽五行學說，作爲基本
的架構，建立一個以天爲中心、以天人感應爲其特色的天人關係
論，然後根據這套理論，對先秦儒家的人性、倫理、政治等問
題，重新加以解釋，並賦予新義。以下各章將先重現它的理論結
構，然後再逐步檢視這個理論在其他領域的伸展。

一、天

　　要重現仲舒思想的理論結構，須由了解其基本概念着手，這
些概念主要包括天、氣、陰陽、五行、災異等，它們不僅是仲舒
建構理論的支柱，也是我們所以可能重現其理論的重要線索。

　　仲舒所講的天，有承繼過去傳統者，也有他自己獨特的講
法，由於歷史的背景、個人思想的立場、以及主觀的目的等因素
的影響，又使他所講的天表現出混合的趨向。

　　下面列舉幾種不同涵義的天：

　　（1）**至上神**　這一意義的天，大都見於《詩》、《書》與卜辭，祂與人間的關係，一在禍福，一在授國命❶。前者在原始宗教裏很普遍，後者則形成中國數千年來天子受命於天的傳統。先秦諸子只有墨子曾恢復了這一意義的天，在仲舒思想裏居於核心地位的天，部分的意義和這個傳統有關係。如仲舒說：「天者，百神之君也，王者之所最尊也」❷。如何尊法？在宗廟裏舉行其他的祭祀，是依照四時的改變，只有「祭天於郊」，是在「新歲之初」。其次，國家如有大喪（如國君死亡），宗廟祭祀一概停止，唯祭天仍照常舉行，所謂「唯天為越喪而行事」❸。為什麼要這樣做？因天為至上神。至上神即古老傳統裏的上帝，上帝且有帝廷，帝廷裏有日、月、風、雨等自然神為官，「天者，百神之君也」之說，可以追溯到這個古老的傳統。

　　（2）**萬物之本**　至上神是信仰的對象，祂所涉及的問題屬於宗教範疇。天為萬物之本是須經由哲學性反省的形上思考中才能出現的觀念，《詩・大雅・大明》的「天生烝民，有物有則；民之秉彝，好是懿德」的「天」，顯然已具有哲學性反省的意義，可視為已脫離宗教範疇，有可能再進一步發展出天為萬物之本的觀念，但由於道德需求強烈的歷史原因，雖有可能而事實上並未朝這方面發展。《莊子・達生》：「天地者，萬物之父母」之說，意義上雖已相同，不過這種具體擬人化的聯想方式，對形上思考

---

❶　參看韋政通：《中國哲學辭典》，頁八五～八六。

❷　《春秋繁露・郊義》，頁三七四，又見《春秋繁露・郊語》，頁三六七。

❸　《春秋繁露・郊祭》，頁三七五。

的推演，反而形成一種障礙。仲舒天爲萬物之本說，大抵仍保留這兩點特色，當然，他主觀的目的不同。如〈賢良對策三〉：「臣聞天者羣物之祖也」，與《莊》說相同，接下來是賦予天以「溥愛而亡私」的道德意義，作爲「聖人法天而立道」的依據。又如《春秋繁露・觀德》：「天地者，萬物之本，先祖之所出也，廣大無極，其德昭明，歷年衆多，永永無疆」。接下來是說明「天出至明」、「地出至晦」，而認爲「君臣、父子、夫婦之道取之此」。可見仲舒此說的目的是爲倫理提供宇宙論的根據，不在積極探尋形上的本體。

　　(3)　**道德義**　殷亡周興，新朝的統治者，對統治權的轉移問題十分重視，一方以天收回大邦殷所受的天命這件事，作爲一面歷史的鏡子，以警誡周王朝的子孫；一方面強調新受命的王者，必須體恤天的仁愛，修明德行，方能「祈天永命」，鞏固新的王朝❹。　從這時代開始，天雖仍爲至上神，但已逐漸顯現道德色彩。諸子中的墨子，因「天欲義而惡不義」❺，而主張法天，仍是承繼這個傳統。儒家雖肯定「天地之大德曰生」❻，但從孟子開始已開出經由心性工夫才能上達天德的進路。仲舒則視萬物之生成、終而復始的過程都瀰漫充盈着道德，如：「仁之美者在於天，天、仁也。天覆育萬物，旣化而生之，有（又）養而成之；事功無已，終而復始；凡舉歸之以奉人，察於天之意，無窮極之仁也。人之受命於天也，取仁於天而仁也」❼。因仲舒言天之仁

---

❹　楊慧傑：《天人關係論》，頁三三。並參看許倬雲：《西周史》，頁一〇四。

❺　《墨子・天志上》。

❻　《易經・繫辭傳下》。

❼　《春秋繁露・王道通三》，頁二九五。

並非採取心性工夫的進路，由人之「取仁於天而仁」看，反而接近《中庸》以人之道即天之道的天人一貫的理路，不過《中庸》並未忽視心性工夫。仲舒不重視心性工夫，因為他關懷的焦點不在個體的成德，而在客觀的社會政治問題，言「無窮極之仁」的「天」，是為了提供社會政治合理化的根據，所以在「人之受命於天也，取仁於天而仁也」以後，接着就說：「是故有父兄子弟之親❽，有忠信慈惠之心，有禮義廉讓之行，有是非逆順之治」。他做如此推論，是根據一項假設：「唯人道為可以參天」。

(4) **自然義** 《左傳》、《國語》裏雖有一些以天文學上的自然說天的記載❾，但這個意義的天，在先秦儒、道、墨三大學派的思想裏並沒有產生什麼作用。孔子雖曾由四時言天道❿，這個觀念並沒有進一步的發展。使這個意義的天，在思想史上產生重大影響的是老、莊的道家，不過老子「關於自然一詞的運用，都不是指客觀存在的自然界，乃是指一種不加強制力量而順任自然的狀態」⓫。莊子的自然，基本意義與老子相同，但以絕待之境為天為自然則是新義。仲舒以四時、陰陽等自然現象說天，與上述三家都無關，他這方面的思想，明顯是受鄒衍學說的影響，因在先秦諸子中，祇有鄒衍曾據氣候的反復變化說明各種物質之

---

❽ 「是故」以下據盧文弨校刪「人之受命天之尊」七字，另補一「有」字。

❾ 如《左傳》昭公三二年：「天有三辰（日、月、星），地有五行」，《國語‧越語》：「因陰陽之恆，順天地之常，柔而不屈，彊而不剛」。

❿ 《論語‧陽貨篇》：「子曰：天何言哉，四時行焉，百物生焉，天何言哉」！

⓫ 陳鼓應：《老子今註今譯》，頁二六～二七。

生滅循環，作爲定理，並用以解釋宇宙及人生諸現象⓬。仲舒說：「天之道，春暖以生，夏暑以養，秋淸以殺，多寒以藏，暖、暑、淸、寒，異氣而同功，皆天之所以成歲也」⓭。此雖以四時言天，重點並不在對四時做純自然的描述，而是就四時暖、暑、淸、寒的特性，論慶、賞、罰、刑之政的，所謂「天有四時，王有四政」、「以類相應也」。仲舒以陰陽言天者，如：「天地之常，一陰一陽，陽者、天之德也，陰者、天之刑也」⓮。爲何說「一陰一陽」？仲舒答道：「天之常道，相反之物也，不得兩起，故謂之一；一而不二者，天之行也。陰與陽，相反之物也，故或出或入，……」⓯ 如「春出陽而入陰，秋出陰而入陽」⓰。此外，仲舒以四時配陰陽以說天之言甚多，這一類型的思想雖可溯源於鄒衍，但由文獻來看，《呂氏春秋》十二紀、紀首，始以四時爲中心，將陰陽五行四方，配合成一完整的有機體；仲舒卽直承此以言陰陽、五行、四時、四方，形成更緊密的系統⓱。

（5）**天有十端（十數）** 這一涵義的天，乃仲舒新說，其目的有二：一是用來說明「官制象天」的：「是故其以三（三公）爲選，取諸之經；其以四（指公、卿、大夫、士）爲制，取諸天之時；其以十二臣爲一條，取諸歲之度；其至十條而止，取天之端。何謂天之端？曰，天有十端，十端而止已，天爲一端，地爲

⓬　參看王夢鷗：《鄒衍遺說考》第四章。
⓭　《春秋繁露・四時之副》，頁三二五。
⓮　《春秋繁露・陰陽義》，頁三〇九。
⓯　《春秋繁露・天道無二》，頁三一四。
⓰　《春秋繁露・陰陽出入上下》，頁三一一。
⓱　參看徐復觀：《兩漢思想史》卷二，頁三七一。

一端，陰爲一端，陽爲一端，火爲一端，金爲一端，木爲一端，水爲一端，土爲一端，人爲一端，凡十端爲畢，天之數也」**⑱**。天有十端或十數之說，雖可了解爲構成天的十個因素**⑲**，或宇宙的根本**⑳**，仲舒的目的實不在此，他主要要說明「王者制官」乃「應天之制」，天每三月爲一季，王者本之而有三公，天有春、夏、秋、冬四季，王者本之而設公、卿、大夫、士四等，三公、九卿、二十七大夫、八十一元士，凡百二十人，恰與十歲百二十月相符，「十者、天之數也，十二者、歲之度也，用歲之度，條天之數，十二而天數畢，是故終十歲而用百二十月，條十端亦用百二十臣，以率被之，皆合於天」**㉑**。另一目的是說明人「最爲天下貴」的：「天、地、陰、陽、木、火、土、金、水、九，與人而十者，天之數畢也，故數者至十而止，書者以十爲終，皆取之此。人何其貴者？起於天，至於人而畢，畢之外，謂之物，物者，投（俞樾校作數）其所貴之端，而不在其中，以此見人之超然萬物之上，而最爲天下貴也」**㉒**。「畢之外，謂之物」，說明十數中的陰陽、五行，都是超乎萬物的，因此把十數或十端了解爲構成的十個因素和宇宙的根本是不錯的。後來宋儒對陰陽有形而上、形而下之爭，依仲舒，不但陰陽是形而上，五行也是，它們與天都是同質的。其次，以「超然萬物之上」，作爲人「最爲天下貴」的論證，與孟子由內在於心的仁義辨人禽，荀子以人所

---

⑱　《春秋繁露・官制象天》，頁一九五。

⑲　同前**⑰**，頁三七三。

⑳　馮友蘭：《中國哲學史新編》，頁九二。

㉑　同前**⑲**。

㉒　《春秋繁露・天地陰陽》，頁四三九。

以貴於動物植物因其有義之說都不同。應該加以補充的是，仲舒以天爲最高的主宰，而且只有人能與天相副（相稱），這才是人「最爲天下貴」更重要的理由。

（6）**天爲人君的化身**　此亦仲舒新說，就其思想系統的主要意圖而言，在天的衆多涵義中，這是最重要的一點。仲舒說：「天高其位而下其施，藏其形而見其光。高其位，所以爲尊也；下其施，所以爲仁也；藏其形，所以爲神；見其光，所以爲明；故位尊而施仁，藏神而見光者，天之行也。故爲人主者，法天之行，是故內深藏，所以爲神，外博觀，所以爲明也，任羣賢，所以爲受成，乃不自勞於事，所以爲尊也，泛愛羣生，不以喜怒賞罰，所以爲仁也」❷。這段話的要點是在「爲人主者，法天之行」，所說天的種種，事實上是仲舒先有一個理想人主的模型，他無法把這個理想直接向人主要求，所以先把這個要求投射到天上面，然後再要求人主去法天，以增加這種要求的效力❷。另一方面，天旣被賦予理想的君道，而人主的治理國事，是應該效法天的，是不可以違背天道天意的，在這要求中，便自然對「獨制於天下而無所制」❷的君權，給予一種宗敎性的限制。

二、氣

從文獻上看，《左傳》已有陰、陽、風、雨、晦、明六氣之說❷，六氣是屬於天的，天是大自然的總稱，而以六氣說明自然

---

❷　《春秋繁露・離合根》，頁一五四。
❷　同前❶，頁三七四。
❷　《史記・李斯傳》，新校本頁二五五四。
❷　《左傳》昭公一年。

的變化。《國語》不但以陰陽說天地與氣，且以「陽伏而不能出，陰迫而不能烝」，解釋地震的原因[27]，以「氣無滯陰，亦無散陽，陰陽序次」，解釋「風雨時至」的原因[28]。所以氣在春秋時代，不僅用來描述自然，也是當時自然科學裏的重要概念。

氣對孔子、墨子的思想都沒有產生什麼影響，儒家到孟子才提出道德和精神修養意義的養氣之說，同時代的莊子則發展出「通天下一氣耳」[29]的觀念。之後，《管子·內業》言貫通天人的精氣，《呂氏春秋·盡數》就此義更有進一步的發揮[30]。到秦、漢之際的醫書《內經》，不但認爲陰陽是一切生命的根本，與氣相通，而且認爲宇宙的虛空之中充滿了氣[31]，這個觀念對仲舒的氣論有極大的影響。

就以上所涉及的傳統而言，除自然科學一點之外，氣的各種涵義，至少在形式上都已吸納在仲舒的氣論之中。氣在仲舒思想裏已表現出系統性的思考，他不僅對氣化的宇宙觀有重大的發展，更重要的是，氣成爲他天人感應論不可或缺的要素。

下面仍由氣的概念着手考察它的意義：

(1) 化生宇宙萬物的氣　具有這種功能的氣，仲舒稱之爲元氣，如：「王正，則元氣和順，風雨時，景星見，黃龍下；王不正，則上變天，賊氣並見」[32]。可以看出，所謂元氣與天是同質同位的，元氣化生宇宙萬物，也流佈於宇宙萬物，元氣的流佈如

[27]　《國語·周語上》。

[28]　《國語·周語下》。

[29]　《莊子·知北遊》。

[30]　參看前[1]之書，頁五○二。

[31]　見《內經》〈生氣通天論〉及〈五運行大論〉兩篇。

[32]　《春秋繁露·王道》，頁八七。

和諧順暢，就能風調雨順，元氣的流佈如不和諧不順暢，那就是「上變天，賊氣並見」，賊氣指風不調、雨不順、多雷夏雪之類。又如：「天地之氣，合而爲一，分爲陰陽，判爲四時，列爲五行」❸。這合而爲一的天地之氣，毫無疑問就是元氣，仲舒在這裏所說的，是氣化宇宙論的基本模式，與《老子》道生一，一生二，二生三，三生萬物，以及〈繫辭傳〉的太極生兩儀，兩儀生四象，四象生八卦的演化宇宙論不同，所以五行非生於四時，四時非生於陰陽，而是陰陽、四時、五行，皆由元氣所分化，它們都是氣，氣不是以演化的方式在變動，而是順着終而復始的天道在流轉，所以陰陽、五行、四時，還要加上方位，在仲舒的氣化宇宙論中，都是互相關聯互相配合，「相與一力而併功」❹的。

(2) **氣是四時運轉的動力**　氣化宇宙觀的最大特色，是宇宙萬物不是靜止的，而是無時無刻不在流轉循環。「天之道，終而復始」❺，但如何可能呢？ 這就必須靠氣， 氣從文獻上開始出現，即以動態的陰、陽、風、雨、晦、明來表現，它們本身就具有動力。仲舒說：「天所起，一動而再倍，……故其氣相俠（挾），而以變化相輸也。春、秋之中，陰陽之氣俱相併也，中春以生，中秋以殺，由此見之，天之所起，其氣積，天之所廢，其氣隨（委隨）」❻。這就是說明氣這種動力在四時運轉中所起的作用。 春爲一歲之始， 叫做「天所起」，「起」是起動，

❸　《春秋繁露・五行相生》，頁三三四。

❹　《春秋繁露・天辨在人》，頁三〇二。

❺　《春秋繁露・陰陽終始》，頁三〇七。

❻　同前。

不是指開始，「再倍」乃承上文「入者損一，而出者益二」之「益二」而言，「一動而再倍」，言春季「陽多而陰少」之「陽多」，雖然陽多而陰少，並非有陽而無陰，所以兩氣相夾，在變化中互相補充對方（相輸）。春季如此，秋季亦然，不同的是秋季「陽少而陰多」，雖然陽少而陰多，並非有陰而無陽，所以陰陽之氣，仍俱相併合。「其氣相夾，而以變化相輸」與「陰陽之氣俱相併」，意義都是一樣的，都在說明陰陽二氣出入交會的作用。春生、秋殺是自然現象，但春有孟、中、季三個月，秋亦然，「中春以生，中秋以殺」是給生殺的自然現象一個時間上的定點，孟春陽氣初動，中春始盛，故能生，孟秋陰氣初動，中秋始盛，故能殺。「天之所起，其氣積，天之所廢，其氣隨」，起、廢卽盛、衰，積、隨卽聚、散，當一歲之始，陽氣漸盛，氣就積聚起來，也就是說，陽之盛由于氣之積，當一歲運行到中點以後，陽氣漸衰，氣就開始委散，也就是說，陽之衰由于氣之隨。在這過程中，氣是四時運轉的動力，再也明顯不過。

(3) **氣貫通天人** 這一點構成仲舒天人感應的系統是否能成立的基本要件。天人感應這一類型的思想，可以溯源到《詩》、《書》的德、命符應說，仲舒以前，《呂氏春秋》、《淮南子》對這方面的理論已有很大推進，不過大都仍環繞在「人之與天地也同」及「天地萬物，一人之身也」❸這類假設上推衍，重點在說明天如何人亦如何，於是天人之間以類相感，對感應如何可能的問題，《淮南子》已說到：「人主之情，上通於天」❸，《呂

---

❸ 前句見《呂氏春秋·仲春紀·情欲》，後句見《呂氏春秋·有始覽》第一。

❸ 《淮南子·天文訓》。

氏春秋》已說到：「萬物之形雖異，其情一體也」❸❾。的確，天
人感應之所以可能，情是唯一根據，仲舒氣貫通天人之說，也是
在這一意義上展開，但他把明明是情的却說之以氣，如：「天亦有
喜怒之氣，哀樂之心，與人相副，以類合之，天人一也。春、喜
氣也，故生；秋、怒氣也，故殺；夏、樂氣也，故養；冬、哀氣
也，故藏；四者天人同有之」❹⓿。又如：「陰陽之氣在上天亦在
人，在人者爲好惡喜怒，在天者爲曖清寒暑」❹❶。人有喜、樂、
怒、哀，天有春、夏、秋、冬，配之以反映農業文明的生、養、
殺、藏，此四者皆以類相合，天人同有，這基本上並未越出《呂
氏春秋》和《淮南子》所說的範圍。仲舒獨特之處，是以氣來貫
通天人，　而不是以情，　喜怒哀樂明明是情，　爲什麼要易之以氣
呢？這有兩個可能，一是從氣化宇宙觀的立場論天人的關係，必
須堅守着「通天下一氣耳」的前提，提出論證，因此，作爲天人
感應唯一根據的情，　也不能不換成氣。　情能感通是根據人的經
驗，在宇宙論的意義上要講萬物的感通，用氣就比用情更恰當，
雖然，在中國傳統的宇宙觀裏，萬物皆有情，也是一個很基本的
命題。其次，從氣化宇宙觀論天人，由於氣的本性是流轉不息的
（情就缺乏這一特性），　因此可以打破天的春夏秋冬和人的喜樂
怒哀，以及天的曖晴寒暑和人的好惡喜怒機械性的對應關係。天
人感應不是機械性的對應關係，如果做這樣的了解，人間的活動
都將僵化，　人主還怎能治理國事？　針對這種可能的誤解，　仲舒
說：「天非以春生人，以秋殺人也，當生者曰生，當死者曰死，

❸❾　同前❸❼。

❹⓿　《春秋繁露・陰陽義》，頁三〇九。

❹❶　《春秋繁露・如天之爲》，頁四三六。

非殺物之義待四時也，而人之所治也，安取久留當行之理而必待四時也，此之謂壅非其中也。人有喜怒哀樂，猶天之有春夏秋冬也，喜怒哀樂之至其時而欲發也，若春夏秋冬之至其時而欲出也，皆天氣之〔自〕然也，其宜直行而無鬱滯一也，天終歲乃一徧此四者，而人主終日不知過此四之數，其理故不可以相待，且天之欲利人，非直（不但）其欲利穀也，除穢不待時，況穢人乎」❷！這段話的要點，在人主治國「行急皆不待時」，理論根據是：氣在天「未嘗有所稽留滯鬱也，其在人者，亦宜行而無留」❸。若就情言，人主之情多喜怒無常，如何能做到「直行而無鬱滯」？就氣言，反而提昇了人主的境界，減少了要求人主法天的困難，同時，針對這個要求，仲舒又提出「循天之道以養其身」的養氣說❹，養氣說使人主法天及氣貫通天人，都獲得了內心的根據，增強了理論的效果。

三、陰　陽

《漢書・五行志》說仲舒「始推陰陽，為儒者宗」，照這個說法，孔子之所以為儒者宗，是由於始推仁義，孟子由於始推心性，荀子由於始推禮義之統，仁義、心性、禮義之統，不但是孔、孟、荀思想的主要標誌，也代表他們思想的基本特徵。陰陽於仲舒的情形也正相同。天、當然是構成仲舒思想的樞紐，但能使其天的哲學表現出獨特風格及其精神者，則為陰陽。

---

❷　同前，頁四三七。

❸　同前❹。

❹　董仲舒的養氣說，見《春秋繁露・循天之道》。

　　仲舒以前，陰陽的觀念已有很長歷程的演變。由早期的文獻來看，陽是指謂陽光所照到的地方，如《詩・國風・殷其雷》：「在南山之陽」；陰是指謂陽光照不到的地方，如《詩・國風・終風》：「噎噎其陰」❹❺。到《左傳》、《國語》的春秋時代，陰陽觀念有兩點重要的貢獻：（1）賦予陰陽以氣的特性，這就使原先感性的反映，進入抽象的思考，成爲說明天地萬物變化的概念性工具；（2）由「天地之氣，不失其序」及「陰陽之恒」等言論看，已從氣的變化中發現不變的秩序——即所謂「天地之恒制」❹❻。這兩點貢獻，已使進一步發展出氣化宇宙觀成爲可能。

　　《論》、《孟》裏沒有陰陽觀念，《荀子》有陰陽觀念❹❼，但不重要。在儒家典籍中，要到《易傳》才對陰陽學說有所貢獻，其中最重要的一點，是以陰陽二氣作爲貫通天人的根據❹❽，這一點對董仲舒啓發很大，從時代的先後看，《易傳》這個觀念應該是受鄒衍陰陽學說的影響。《莊子・天下》說：「《易》以道陰陽」，站在儒家的立場，可能不喜歡這個講法，我們的看法是：《易傳》的作者羣，毫無疑問都是儒門後學，由於受鄒衍學說的影響，終於發展出一套與《孟子》、《中庸》不同類型的天人關係論，中國思想史上，以陰陽爲主而建立起天人感應論的原型，實肇始於《易傳》。仲舒在《易傳》的啓發下，找到既能滿足時代需要，又符合主觀目的的儒學新方向，同時又繼承了《呂

---

❹❺　李杜：《中西哲學思想中的天道與上帝》，頁四八。

❹❻　前一句見《國語・周語上》，後兩句見《國語・越語下》。

❹❼　如《荀子・天論》：「是天地之變，陰陽之化」。又〈禮論〉：「故曰天地合而萬物生，陰陽接而變化起」。

❹❽　如咸卦、彖傳：「咸，感也，柔上而剛下，二氣感應以相與」。二氣卽陰陽。

氏春秋》十二紀、紀首以陰陽、五行、天文、律曆、及政治理想
組成的複雜間架⑲，遂形成天人感應論的空前大系統。

下面列舉陰陽在仲舒思想系統中的涵義：

（1）**陰陽在天亦在人**　仲舒說：「陰陽之氣在上天亦在人，
在人者爲好惡喜怒，在天者爲暖清寒暑」⑩。又：「而春夏之
陽，秋冬之陰，不獨在天，亦在於人」⑪。陰陽在《左傳》裏就
是「天有六氣」中之二氣，所以此義之陰陽與貫通天人之氣，意
義相同。上文已提過《易傳》已以二氣爲貫通天人的根據，除此
之外，《禮記・禮運》的「故人者其天地之德，陰陽之交，鬼神
之會，五行之秀氣也」，也表達了這一點，可見在仲舒以前，這
已不是孤立的觀念。

（2）**以陰陽運行說明四時的變化**　《呂氏春秋》十二紀、紀
首把陰陽之氣，表現到十二個月中間去，只表示陰陽已運行於四
時之中是屬於記述性的工作。仲舒更進一步探究四時變化的原
因，並以陰陽作爲解釋的基本範疇，是屬於哲學性的工作，在此
工作中，陰陽居於主導性的地位。

先看陰陽與四時如何相配？仲舒說：「天地之理，分一歲之
變以爲四時，四時亦天之四選已（矣），是故春者少陽之選也，
夏者太陽之選也，秋者少陰之選也，冬者太陰之選也。四選之
中，各有孟、仲、季，是選之中有選，故一歲之中有四時，一時
之中有三長，天之節也」⑫。少陽、少陰言陰陽二氣之初動，太

⑲　參看徐復觀：《中國人性論史》，頁五七五。

⑩　同前㊶。

⑪　同前㉞。

⑫　同前⑱，頁一九六。

陽、太陰言陰陽二氣之旺盛，這是從陽光照射的經驗中就可以產生的觀念，其中四時、三長（孟、仲、紀），明顯本之於十二紀、紀首，故此處陰陽與四時相配，尙未越出《呂氏春秋》的範圍。

在仲舒思想裏，陰陽與四時不只是靜態的搭配而已，它是一種動態的關係，也就是說，四時的變化是因有陰陽二氣作用於其中並爲之主導，否則變化如何可能，又如何理解？下面是解答這個問題最重要的一段：

> 天之大數（從蘇校），相反之物也，不得俱出，陰陽是也。春出陽而入陰，秋出陰而入陽，夏右陽而左陰，冬右陰而左陽；陰出則陽入，陽出則陰入，陰右則陽左，陰左則陽右，是故春俱南，秋俱北，而不同道；夏交於前，冬交於後，而不同理；並行而不相亂，澆滑（交錯）而各持其分，此之謂天之意[53]。

開頭四句，以陰陽二氣代表天道（天之大數），是先確定陰陽在四時變化中的主導性。陰陽乃「相反之物」，根據「反者道之動」的原理，這是要說明陰陽二氣所以能動的原因。相反，故「不得俱出」，是陰陽二氣運行的基本法則。然後把這個原則應用到四時的變化，藉以說明四時變化乃由於陰陽二氣互爲盛衰所導致。古人以右爲上，以左爲下[54]，上卽盛，下卽衰，所以「夏右陽而左陰」，卽夏季陽盛而陰衰，「多右陰而左陽」，卽多季陰盛而陽衰，「陰右則陽左，陰左則陽右」，正說明陰陽「不得

---

[53]　同前[16]。

[54]　同前[20]，頁九九。

俱出」。「春俱南，秋俱北」是把陰陽、四時再與方位（空間）
相結合。三者相結，於是春季陰陽二氣都往南運行，秋季陰陽二
氣都往北運行，但運行的軌道不同。夏季陰陽二氣交會於前（指
南方），相遇於南方，多季陰陽二氣交會於後（指北方），相遇於
北方，故運行的方向不同。運行的軌道雖然不同，但不會相亂，
交錯的方向雖然不同，但陰陽都能把握自己的職分。上引文接下
去問：「而何以從事」？是問在不同軌道和不同方向的時空中，
陰陽二氣究如何運行？在「而何以從事」以下的一大段文字，就
是針對這個問題做了扼要的解說，解說的次序，始於多又終於
多，表示天道是遵循「終而復始」的原則在運行：

1. 初薄大冬（初冬），陰陽各從一方來，而移於後（北
   方），陰由東方來西，陽由西方來東，至於中冬之月，
   相遇北方，合而為一，謂之曰至（冬至）；別而相去，
   陰適（往）右，陽適左，……以此見天之冬右陰而左
   陽也。

2. 冬月盡，而陰陽俱南還，陽南還出於寅，陰南還入於
   戌，此陰陽所始出地入地之見處也。

3. 至於中春之月，陽在正東，陰在正西，謂之春分，春
   分者，陰陽相半也，故晝夜均而寒暑平，陰日損而
   隨，陽日益而鴻，故為暖熱。

4. 初得大夏之月，相遇南方，合而為一，謂之曰至（夏
   至）；別而相去，陽適右，陰適左，……以此見天之
   夏右陽而左陰也。

5. 夏月盡，而陰陽俱北還，陽北還而入於申，陰北還而

出於辰，此陰陽所始出地入地之見處也。

6. 至於中秋之月，陽在正西，陰在正東，謂之秋分，秋
　　分者，　陰陽相半也，　故晝夜均而寒暑平，　陽日損而
　　隨，陰日益而鴻。

7. 故至於季秋而始霜，　至於孟冬而始寒，　小雪而物咸
　　成，大寒而物畢藏，天地之功終矣。

以上引文的篇名叫〈陰陽出入上下〉，對陰陽與四時推移關
係的扼要說明，完全是依據「春俱南，秋俱北，而不同道；夏交
於前，　多交於後，　而不同理」的法則而展現。冬月盡，　春季開
始，陰氣陽氣都往南運行，陽氣往南運行，出於寅，寅是十二支
的第三位，陰氣往南運行，出於戌，戌是十二支的第十位；夏月
盡，　秋季開始，　陰陽二氣運行的軌道與春季相反，　陽氣往北運
行，入於申，申是十二支的第九位，陰氣往北運行，出於辰，辰
是十二支的第五位，仲舒以十二支（子、丑、寅、卯、辰、巳、
午、未、申、酉、戌、亥）表示陰陽出入的位置，也就是把陰
陽的運行數量化，這大概也是稱天道為「天之大數」的原因之一
❺❻。同時從以上的說明中，可以很明顯地看出，所謂出入、上
下、左右，皆指陰陽的盛衰而言，四時的變化或推移，純是由陰
陽的盛衰所主宰。天道的本體無所謂盛衰，天道表現於陰陽、四
時然後有盛衰，盛衰是現象，陰陽、四時，再加上方位，三者相
結合，是對自然現象的描述，純出於理智的興趣，絲毫沒有宗教
迷信的色彩。

---

❺　同前❶。
❻　稱天道為「天之大數」最主要的原因見〈人副天數〉篇。

(3) **陰爲刑陽爲德** 尙德抑刑的政治主張始於孔子，秦亡漢興，企圖用儒變法，首先復活這個主張的是賈誼。以陰陽言德刑，見於《管子‧四時》及《大戴禮‧四代》❺，到仲舒有很大的發揮，足見到漢武帝時代，所謂用儒變法仍只是一個理想。

仲舒說：「陽出實入實，陰出空入空，天之任陽不任陰，好德不好刑如是也」❺。這是說天所以好德不好刑的原因，是在陽不論出入皆實，而陰不論出入皆空（或虛），則其以陽爲德，陰爲刑甚明。所謂陽實陰空是什麼意思？「陽之出，常縣於前，而任歲事；陰之出，常縣於後，而守空虛；陽之休也，功已成於上，而伏於下；陰之伏也，不得近義（合宜），而遠其處也。天之任陽不任陰，好德不好刑，如是」❺。當陽氣旺盛時，總是在陰氣的前面，而主管一年四季的主要任務，到了冬季，陽氣雖衰（陽之休），但一年的任務已完成，所以說「陽出實入實」，實者謂有職有功。當陰氣旺盛時，總是在陽氣的後面，這時候已經過春生夏長，在歲事中並不擔負什麼實際任務，所以說「守空虛」，陰氣在夏季潛伏，是因爲本身的作用不合宜——不能起生長作用（不得近義），所以說「陰出空入空」，空者謂其無職無功也。

仲舒言陽德陰刑，不僅具價值意識，且有明顯的價值二元觀點，並逐漸引向極端，幾乎凡是與陽同類者都是好的，與陰同類

---

❺ 以上各點詳見戴君仁：〈論賈誼的學術並及其前後的學者〉，大陸雜誌史學叢書第三輯，第二冊：《秦漢中古史研究論集》，頁七〇。

❺ 《春秋繁露‧陰陽位》，頁三〇六。

❺ 同前❺。

者都是壞的，如：「陽、天之德，陰、天之刑也，陽氣暖而陰氣寒，陽氣予而陰氣奪，陽氣仁而陰氣戾，陽氣寬而陰氣急，陽氣愛而陰氣惡，陽氣生而陰氣殺。是故陽常居實位而行於盛，陰常居空虛而行於末，天之好仁〔之常〕而近，惡戾之變而遠，大德而小刑之意也」⑥。照這樣推下去，「惡之屬盡爲陰，善之屬盡爲陽」⑥自是必然的結論。

（4）**貴陽而賤陰** 此義本已含在陽德陰刑的推論之中，不過陽德陰刑乃政治主張， 貴陽賤陰却有道德的目的， 意義畢竟不同。仲舒說：「故陽氣出於東北，入於西北，發於孟春，畢於孟冬，而物莫不應是；陽始出，物亦始出；陽方盛，物亦方盛；陽初衰，物亦初衰；物隨陽而出入，數隨陽而終始；三王之正，隨陽而更起；以此見之，貴陽而賤陰也」⑥。此還是就陰陽盛衰之自然而言，價值意識尚不明顯。「是故禮帶置紳，必直其頸，以別心也。帶以上者盡爲陽，帶而下者盡爲陰」⑥。這就明顯的有陽尊陰卑的意義了。本來就自然現象而言，陰陽無所謂尊卑，陰陽有尊卑，乃是將人間社會重男輕女這個事實投射於自然的陰陽所產生，結果陽尊陰卑成爲天之道，反而成爲人間倫理宇宙觀的根據，這樣「丈夫雖賤皆爲陽，婦人雖貴皆爲陰」⑥，當然就被視爲天經地義。

---

⑥ 《春秋繁露‧陽尊陰卑》，頁二九〇～二九一。

⑥ 同前，頁二九〇。

⑥ 同前，頁二八九～二九〇。

⑥ 《春秋繁露‧人副天數》，頁三二七。

⑥ 同前⑥，頁二九〇。

四、五　行

前文已提到過，仲舒所說的「天地之氣，合而爲一，分爲陰陽，判爲四時，列爲五行」，並非宇宙演化的意義，而只是說陰陽、四時、五行皆由元氣所分化，因而使陰陽、五行都賦予了氣的性質。視陰陽爲氣，始於《左傳》、《國語》，把五行從〈洪範〉原僅是民生日用的五種資材，提昇爲氣的，則始於鄒衍的「五德終始」之說，鄒衍所說「陰陽消息」的「陰陽」當然也是氣，陰陽與五行旣然都是氣，那末二者的關係如何？因鄒氏的著作無傳，從《史記》的轉述，如：「乃深觀陰陽消息，而作怪迂之變，〈終始〉、〈大聖〉之篇十餘萬言」❻，又如：「鄒衍以陰陽主運顯於諸侯」❻，僅能獲知二者之間確有關係，但無法知道究竟是什麼關係。《呂氏春秋》十二紀、紀首把五行組入四時，對二者的關係並未討論。從理論上把陰陽與五行加以討論的，始於仲舒：「如金、木、水、火各奉其主，以從陰陽，相與一力而並功。其實非獨陰陽也，然而陰陽因之以起，助其所主。故少陽因木而起，助春之生也；太陽因火而起，助夏之養也；少陰因金而起，助秋之成也；太陰因水而起，助冬之藏也。陰雖與水並氣而合冬，其實不同，故水獨有喪而陰不與焉」❼。這段話仲舒告訴我們三點：第一，金、木、水、火雖與陰陽一樣，都是助成天地之功的力量，但陰陽仍居於主導地位。第二，在討論陰陽

---

❻　《史記・孟荀傳》。

❻　《史記・封禪書》。

❼　同前❸。

時，仲舒似把春生、夏養、秋成（收成）、冬藏視爲陰陽作用於四時的自然結果，在這裏則明言此四者分別爲金、木、水、火的職責，而陰陽却成爲金、木、水、火完成其職責的一股助力。第三，冬雖是由陰和水合氣而成，但陰與水並不完全相同，例如就冬季喪物而言，那是水獨立造成，陰並未參與其事。假如以上三點對仲舒的原義沒有曲解，那末第一與第二的意思，好像並不一致，而第三把水與陰所做的區分，也令人費解。至於這裏僅言金、木、水、火，而不及土，這是以五行配四時所遭遇到的一大難題，下文就要談到。

　　仲舒說五行，五行的次序是木、火、土、金、水，套入終而復始的循環中，則木爲五行之始，水爲五行之終，而土爲五行之中。土爲五行之中的想法，蓋本於《呂氏春秋》季夏紀、紀首「中央土」，這本是《呂氏春秋》的作者羣，爲了解決五行配四時，獨土無所歸屬的難題而提出來的。「中央」指一年之中央，卽六、七月之交，六月屬火，七月屬金，土仍落空，此說之不合理，已有人指出❻❽。

　　自《呂氏春秋》以後，五行配四時，已成爲討論自然宇宙觀的一種風氣，所以《淮南子・時則訓》與《禮記・月令》都不能不處理這個難題，〈時則訓〉把季夏（六月）分配給土，但季夏旣不在一年之中央，又因土德侵入六月，使火德只能當令兩個月，而木、金、水却都能當令三個月，顯然難以自圓其說。〈月令〉的作者雖發覺〈時則訓〉處理的不合理，於是把「中央土」這一段移入季夏與孟秋之間（六、七月之交），成爲獨立的一段，固已與「中央土」之中央義相合，然究係何月何時而盛德在土的

問題，仍然懸而未決⑥。

　　仲舒對這個問題是如何解決的？他說：「土居中央，爲（謂）之天潤，土者，天之股肱也，其德茂美，不可名以一時之事，故五行而四時者，土兼之也，金、木、水、火雖各〔有〕職，不因土，方不立，……土者，五行之主也」⑩。仲舒在提出自己的答案之前，一定愼思過前人的解說，他發覺前人之所以未能解決這個問題，主要是因把「中央土」的思考盯牢在一年十二月之中點上，來安排土的歸屬，因此他跳開這個中心點，認爲土「德茂美，不可名以一時之事」，意謂：土旣居中央，是天的左右手，根本不能以一個季節的職責來範圍它，所以五行與四時之間，土不是配屬於四季中的任何一季，而是兼管着四季，金、木、水、火雖各有自己的職務，若無土的輔助，就不能完成其任務。這說明土與金、木、水、火是主從的關係。仲舒所以能提出這個言之成理的答案，是因他的自然宇宙觀是以人世間的倫理關係這個事實做模型而構造出來的。在人世間，父爲一家之主，其他的家人爲從，君爲一國之主，而羣臣爲從，根據這個事實，自然不難推想到土與金、木、水、火的主從關係，「故五行者，乃孝子忠臣之行也」⑪，在仲舒的思想裏，五行與忠臣孝子之行完全是一致的。

　　仲舒就在這個前提之下，推論五行相生之義。所謂五行相生是：「木生火，火生土，土生金，金生水，水生木，此其父子也」⑫。五行相生的原始意義，不過是日常生活中一些經驗的聯

---

⑥　同前。

⑩　《春秋繁露・五行之義》，頁二八七。

⑪　同前。

⑫　同前，頁二八六～二八七。

想❼❸，仲舒把這個原始意義提昇到氣化宇宙觀中，使五行之運，也有生生不息的意義，所以木生火，火生土等等猶如父之生子，父生子使人類的生命不息，五行相生使自然的生命不息，這不息的過程，仲舒叫做「天次之序」或「天之道」。

　　五行相生之外有五行相勝，相勝就是相尅。片段的五行相勝之說，已見於《左傳》，一次應用於天文，如昭公三十一年：「庚午之日，日始有謫（註：謫，變氣也），火勝金」。一次應用於戰事，如哀公九年：「水勝火，伐姜則可」。完整的相勝說，文獻上始見於《呂氏春秋‧應同》❼❹，歷來咸認為這就是鄒衍五德終始說之遺文。《春秋繁露》對五行相勝與五行相生雖各有專篇，並沒有發展出什麼理論，只從人事上極盡其傅會之能事，不過他對所謂相生、相勝提出「比相生而間相勝」的原則❼❺，倒是簡單明瞭。比相生，謂鄰近的兩行星相生，如木生火，火生土等；間相勝，謂間隔的兩行互相克制，如木克土，火克金等。五

---

❼❸　如木生火，原來是取木料的燃燒生火的意思；火生土，是無論何物經火燒成為灰的意思；土生金，是金屬由土挖出的意思；金生水，是金屬能變為液體的意思；水生木，是水的灌溉使植物生長的意思。（見賴炎元：《春秋繁露今註今譯》，頁二七九，五行相生的註文。）

❼❹　《呂氏春秋‧應同》：「黃帝之時，天先見大螾大螻，黃帝曰：土氣勝；土氣勝，故其色尚黃，其事則土。及禹之時，天先見草木秋冬不殺，禹曰：木氣勝；木氣勝，故其色尚青，其事則木。及湯之時，天先見金刃生於水，湯曰：金氣勝；金氣勝，故其色尚白，其事則金。及文王之時，天先見火，……文王曰：火氣勝；火氣勝，故其色尚赤，其事則火。代火者必水，……水氣至而不知數備，將徙於土」。

❼❺　同前❸❸。

行相生與五行相勝，仲舒以爲這就是天之序，是天道的表現，所以人主治國，能順着這個次序去做的則治，反之則亂。爲了說明順着它時應該做些什麼，不順着它時將會出現些什麼現象，邃有〈五行順逆〉之篇。此外，爲了說明五行失序──如火干木、金干土之類，使自然界會帶來多大災害，於是有〈治亂五行〉之篇。五行變異旣會帶來災難，那末應該如何去救呢？仲舒答道：「當救之以德，施之天下，則咎除」⑯。言人君當施德政於天下也。反過來說，自然界所以會發生災變，卽由於王者之不德⑰。

在仲舒思想裏，五行與四時、方位的關係又如何？「水爲冬，金爲秋，土爲季夏，火爲夏，木爲春。春主生，夏主長，季夏主養，秋主收，冬主藏，藏，冬之所成也」⑱。這一段只說五行與四時，有兩點涵義：第一，說明四季的變化是由於五行之氣的運行，先冬而後春者，正表明五行之氣終而復始運行的歷程，五行與四時不只是機械性的結合。「土爲季夏」仍是沿襲《呂氏春秋》十二紀、紀首的說法，與下文「五行莫貴於土，土之於四時，無所命者，不與火分功也」的說法顯然矛盾。第二，春生、夏長、秋收、冬藏，是中國大部分地區農業文明實有的經驗，其中生、長、收、藏是四時的現象，也是五行的功能，五行運行於天地之間，不僅是影響自然的變化，還有實際的成果，這些成果是農業社會賴以生存的命脈。春生、夏長、秋收、冬藏之說，到漢初已很流行，爲了配合「土爲季夏」，增加了「季夏主養」，不但文字上形成累贅，在四時的經驗上亦有所不合。「藏，冬之

⑯　《春秋繁露・五行變救》，頁三五八。

⑰　董仲舒於〈五行五事〉篇曾發揮此義。

⑱　《春秋繁露・五行對》，頁二七八。

所成也」，與〈陰陽出入上下〉篇所說陰陽運行到冬季，「天地
之功終矣」是兩相呼應的。

　　下面再看五行與四時、方位是如何組合的？「五行之隨，各
如其序；五行之官，各致其能。是故木居東方而居春氣，火居南
方而主夏氣，金居西方而主秋氣，水居北方而主冬氣；是故木主
生而金主殺，火主暑而水主寒，使人必以其序，官人必以其能，
天之數也」⑲。這是從五行的運行，顯示天道的次序與職能，以
說明人必須法天之故。「五行之隨，各如其序」，是說五行的運
行不論相生或相勝，都一定按照其本身的順序；「五行之官，各
致其能」，是說五行的任務，都各自盡其本身的職能。以下則說
明木、火、金、水在不同的方位當令時就主管着不同的季節，乃
「五行之隨，各如其序」的例示，在這裏，仲舒已主張「土者，
五行之主」，土已不在四時之中。「木主生而金主殺，火主暑而
水主寒」，是申說「五行之官，各致其能」的。五行的次序與職
能，　都是人應當效法的，　所以說「使人必以其序，　官人必以其
能」，仲舒認為這是合於天道的。

　　前面已討論過陰陽與五行的關係，仲舒對這個問題處理得並
未能如理。就理論上而言，不論是陰陽或是五行，目的都在展現
氣化宇宙觀，因此在同一個系統裏，二者的關係不能沒有一個合
理的安排。下面這一段再次涉及到這個問題：

　　　　故至春，　少陽東出就木，　與之俱生；至夏，　太陽南出就
　　　　火，　與之俱煖；此非各就其類，　而與之相起與！　少陽就
　　　　木，太陽就火，火木相稱，各就其正，此非正其倫與！至

---

⑲　同前⑳。

於秋時，少陰興，而不得以秋從金，從金而傷火功，雖不
得以從金，亦以秋出於東方，俛其處而通其事，以成歲
功，此非權與！陰之行，固常居虛，而不得居實，至於
冬，而止空虛，太陰乃得北就其類，而與水起寒，〔此非
經與〕！是故天之道，有倫、有經、有權❽。

上文不僅涉陰陽與五行，且將陰陽、五行、四時、方位，所有表
現氣化宇宙觀架構的概念，都已結合在一起。在前次討論中，曾
有陰陽爲五行完成其職責之助力之說，在這裏說法稍有不同，少
陽與木是合力生長萬物，太陽與火也是合力產生溫暖，這樣就與
「相與一力而並功」更加吻合。不過，「少陽東出就木」、「太
陽南出就火」，與「金、木、水、火各奉其主，以從陰陽」之說
仍不一致，那一種說法較合理呢？那一種說法更能代表仲舒的本
意？或者兩說之間仍需要一些說詞來加以連結？這些問題似乎都
已無法獲得答案，如果是這樣，仲舒的系統就出現了一個很大的
罅隙——陰陽與五行既受到仲舒如此重視，對二者的關係竟然未
能做合理的處理。

　　以上引文的重點並非處理陰陽與五行的問題，它主要在說明
天道除了常道之外，還有倫、有權，這倒是很重要的觀念。有倫
與有類是同一個意思，所謂「此非各就其類，而與之相起與」，
實是爲我們提示了仲舒把各種複雜但相類的人、物、事組合在一
起的一個原則，〈五行相生〉、〈五行相勝〉、〈五行順逆〉、
〈治水五行〉、〈治亂五行〉、〈五行變救〉各篇，都是根據這
個原則在推演、傅會。這在仲舒心目中，也是天道的表現呀！此

❽　同前❸，頁三〇七～三〇八。

外，天有常道，也有變異，如「少陰興，而不得以秋從金」，仲舒稱之爲權。經與權本是儒家倫理學的觀念❽，仲舒應用到天道上，正如他自己所說「天人同有之，有其理而一用之」❽。據儒家的經、權理論，權雖可使行事有所變通，但變通的結果仍不允許違反常道，此之謂權不離經。仲舒也深知這一點，並由天道加以說明，如少陰「雖不得以從金，亦以秋出於東方，佹其處而適其事，以成歲功」，天道雖有變異，但它仍能完成一年的任務，卽權不離經之義。

五、災　異

以上四節我們探討了天、氣、陰陽、五行這些觀念在仲舒思想裏的意義，探討的方式是從這些觀念在以往思想史的流變中，以顯出它們獨特性。在探討的過程中可以發現，仲舒使用這些觀念，幾乎都是在傳統已有的意義上，發展出自己的新義，並趨向於一個共同的目標，這個目標就是爲建立天人感應論提供概念架構和它的理論根據。當然，仲舒發展這些觀念，並不止於滿足智性的興趣，它有哲學以外的目的，他希望他的理論在政治社會方面能產生實際的效用❽，於是有災異之說。

《春秋》與《公羊傳》有很多災異的記載，那頂多能了解爲：希望王者體察天意引爲自戒，與仲舒透過陰陽、五行、天人

❽ 參看韋政通：〈朱熹論經、權〉，見《儒家與現代中國》，頁七五～九三。

❽ 同前❹。

❽ 我們這樣說，無形中是以西方的哲學意義爲準據的，如果儒家的傳統也能算是一種哲學的話，他自始就要求能產生實際效用的。

感應來解釋災異有很大的不同❽。根據《史記》對鄒衍學說的記述，他既以陰陽消息言災異，又由五德轉移言符應，也應該有災異感應的思想，惜其書已佚，難以復驗。所以從史料上看，王引之 (1766—1834)《經義述聞》說「自董仲舒始推言災異之應」，是合於史實的。

感應的觀念遠比災異爲早，可以溯源到《詩》、《書》德、命符應的古老傳統。相當接近仲舒所言感應意義的，始於《易經》咸卦〈彖傳〉：「咸，感也。柔上而剛下，二氣感應以相與」。據此，已不難推演出氣是天人感應的形上根據的理論。仲舒以前，講天人感應比較完整的一篇文字是《呂氏春秋·應同》，代表該篇要點的句子如「凡帝王者之將興也，天必先見（現）祥乎下民」、「類固相召」，皆見於《春秋繁露·同類相動》，〈應同〉引商箴云：「天降災布祥，並有其職，以言禍福人或召之也」，已屬災異感應的思想。如果〈應同〉全文或部分確是鄒衍的遺文，那末仲舒的災異感應說與鄒氏有淵源上的關係。

不管其來源如何，災異感應的確要到仲舒才發展出較完整的理論，由於這個理論，使感應類型的天人合一論的系統才有可能完成。

何謂災？何謂異？仲舒說：

> 天地之物，有不常之變者，謂之異，小者謂之災，災常先至，而異乃隨之。災者，天之譴也，異者，天之威也，譴之而不知，乃畏之以威，《詩》云：「畏天之威」，殆此

參看宇野精一主編、洪順隆譯：《中國思想之研究》，〈儒家思想〉（一），頁一一五。

謂也。凡災異之本，盡生於國家之失，國家之失乃始萌
芽，而天出災害以譴告之；譴告之，而不知變，乃見（現）
怪異以驚駭之；驚駭之，尚不知畏恐，其殃咎乃至。以此
見天意之仁，而不欲陷人也⑧⑤。

這一段把災異感應做了極為生動的說明，就天一面而言，是由
「災異以見天意」，天意如不能具體地顯現於人間，要使感應論
產生實際的效用就不可能。當然，這種思想並非訴諸人的理智，
而只能訴諸人的信仰，其效用的大小，也是由信仰的深淺來決定
的。就人一方面而言，是「天災之應過而至」，天雖是最高的主
宰，但祂不會無故以威權示人，人如無重大過失，就不致「天出
災害」，縱然畏之以威，那也是為了敕人，「以此見天意之仁」。
從這裏看，仲舒言災異感應的主要作用，在促使「人內以自省」，
而「有懲於心」⑧⑥，也就是以災異為手段，達到道德的目的。由
強調「天意之仁」和「內以自省」這些觀念來看，仲舒的天人關
係雖是感應論的，其中仍不乏先秦儒家的精神。「凡災異之本，
盡生於國家之失」，國家之失是由於人為，人的意識行為，便可
以引起自然界的非常變化，這種奇異的思想，是以天人同類的假
設為其理論的依據。所謂天人同類就是人有的天也有，反之，天
有的人也有，如：「人有三百六十節，偶天之數也；形體骨肉，
偶地之厚也；上有耳目聰明，日月之象也；體有空竅理脈，川谷
之象也；心有哀樂喜怒，神氣之類也；……天以終歲之數，成人
之身，故小節三百六十六，副日數也；大節十二分，副月數也；

---

⑧⑤　《春秋繁露·必仁且智》，頁二三六。

⑧⑥　同前。

內有五臟，副五行數也；外有四肢，副四時數也；乍視乍瞑，副晝夜也；乍剛乍柔，副多夏也；乍哀乍樂，副陰陽也；心有計慮，副度數也；行有倫理，副天地也；……」⑧。總之，只是為了證明一點：「身猶天也」。其中不可用數字表示的，叫做「副類」，可以用數字表示的，叫做「副數」，所以天人同類，又稱「人副天數」──人是天的副本。這個理論的效果是兩方面的，其一，因假定天有的人也有，無異揭開一向被認為神聖的天的面紗，使祂平凡化，天之與人，如影隨形，增強了災異感應的可信性。其二，如天人同類的人落在人主身上，人主在人世間本來就是君臨天下，有其無比的崇高地位，在這個理論的導引下，自然容易得出「天地人主一也」⑧的結果，而成為君權神聖性的論證。

仲舒似乎感到，單單假定天人同類，就災異感應而言，理論上仍不充分，所以又進一步從形上形下兩面提出論證。形上論證的原則是「氣同則會」，如：「天有陰陽，人亦有陰陽，天地之陰氣起，而人之陰氣應之而起，人之陰氣起，天地之陰氣亦宜應之而起，其道一也」⑧。這是陰陽感應的形上根據。形下論證的原則是：「聲比則應」，如：「試調琴瑟而錯（措）之，鼓其宮，則他宮應之，鼓其商，則他商應之，五音比而自鳴，非有神，其數然也。美事召美類，惡事召惡類，類之相應而起也，如馬鳴則馬應之，牛鳴則牛應之」⑨。這又為陰陽感應提供了經驗上的

⑧　同前⑥。

⑧　同前❼，頁二九七。

⑧　《春秋繁露‧同類相動》，頁三三一。

⑨　同前。

根據。

「聲比則應」是一經驗性的原則，根據這個原則而言「非有神，其數然也」，是忠於經驗的說法。如把這個原則加以推廣，災異也可以看作僅是一種自然現象，這樣將導致仲舒講災異感應目的性要求的否定，因災異如只是自然現象，它當然不能反映天意，也不能藉災異向人譴告，甚至也無法由此見天意之仁，這與仲舒發展天人感應系統的基本要求是相違的，所以在《春秋繁露・同類相動》篇揭示了「非有神，其數然也」的自然觀後，下文就做了修正：「故琴瑟報，彈其宮，他宮自鳴而應之，此物之以類動者也，其動以聲而無形，人不見其動之形，則謂之自鳴也，又相動無形，則謂之自然，其實非自然也，有使之然者矣，物固有實使之，其使之無形」。這「使之然者」就是「天」，所以接下去就引《尚書傳》轉述周公曰：「茂哉！茂哉！天之見（現）此以勸之也」。意謂一切的自然現象，都是上天的顯現，都是反映天意的。仲舒所說的災異感應，畢竟不只是物類相動，而是天人相感的。這種目的性的要求，使氣化的宇宙觀在整個系統裏缺乏獨立的地位。

六、法　　天

仲舒天人感應論的基本要求，是要對「獨制於天下而無所制」的君權，加以宗教性的限制，針對這個要求而言，代表天意以譴告人君的災異作用，僅具有消極的意義，因爲人君如果能把國家治好，災異根本就不會發生。所以在積極一面，仲舒和先秦儒家一樣，把重點仍放在人君的本身，要把國家治理好，必須先

要有個好的國君，在儒家看來，這是先決條件。不論是孔、孟、
荀或是董仲舒，所謂好的國君，都必須是個有德者，所不同者在
其方式，孔、孟希望人主本身就是一個聖君——道德的典範，荀
子則強調人君當以禮治天下。仲舒和他們又都不同，他把重點放
在法天上，所謂「爲人君者，其法取象於天」**❾❶**，希望在這個要
求下，能給君權一點限制。如果無效，則動之以災異，這是雙管
齊下的辦法。

　　「天執其道，爲萬物主，君執其常，爲一國主」**❾❷**，天與人
君雖然都是獨大的，但「天尊於人」**❾❸**，在仲舒看來，要想對君
權發揮有效的制衡作用，天是唯一的力量。

　　「爲人君，其法取象於天」的根據之一，是「人生於天」
❾❹，這和天生萬物一樣，是一泛稱的理由。更重要的理由是「受
命之君，天意之所予也，故號爲天子者，宜視天爲父，事天以孝
道也」**❾❺**。天子受命於天是很古老的觀念，把天與天子的關係視
爲父子關係，則爲仲舒天人關係論中所獨有。天的權威在「天道
遠，人道邇」的信念推移下，早已逐漸衰落，在先秦儒家的傳統
裏，倫理結構中父的權威猶勝於天，仲舒在這個傳統影響下，把
天與天子的關係父子化，顯然是企圖在倫理的意義上，重新恢復
天的權威，以強化法天的效果。

　　法天的效果又如何？仲舒說：「爲人主者，道莫明省身之

---

❾❶　《春秋繁露・天地之行》，頁四二九。

❾❷　同前。

❾❸　《春秋繁露・郊事對》，頁三九〇。

❾❹　同前❶❽，頁一九六。

❾❺　《春秋繁露・深察名號》，頁二六一。

天，如天出之也，使其出也，答天之出四時，而必忠其受也，則堯舜之治無以加，是可生可殺而不可使爲亂」❾⑥。法天消極的目的是讓百姓不作亂，積極的理想則可達堯舜之治。這也是儒家固有的德治理想，所不同者在達之之道。仲舒在這裏所說達到理想的途徑，是要求人君忠於天所受者，也就是要求國君治理國家要與由天所出的四時相應，這就牽出另一問題，卽法天究竟要法天的什麼？

> 天志仁，其道也義，爲人主者，予奪生殺，各當其義，若四時；列官置吏，必以其能，若五行；好仁惡戾，任德遠刑，若陰陽；此之謂能配天❾⑦。

人所以要效法天，是因天代表仁義，人主對百姓雖有予奪生殺之權，但也不可任意而爲，他應該效法天的仁義，天的仁義何以能知？祂是經由四時的春生秋殺來顯現的，春生卽天之仁，秋殺卽天之義。天的仁義不僅顯現於四時，也顯現於五行、陰陽，人主在用人時能做到尚賢使能，在賞罰時能做到任德遠刑，就是符合五行、陰陽之道了。

　　就上文看來，法天帶有很濃的宗教意味，但在儒家的立場，畢竟是以人道爲主的，這中間要如何調和呢？仲舒說：「人之受命於天也，取仁於天而仁也，是故有父兄子弟之親，有忠信慈惠之心，有禮義廉讓之行，有是非順逆之治，文理燦然而厚，知

---

❾⑥　《春秋繁露・爲人者天》，頁二八二。

❾⑦　同前❷，頁四四〇。

廣大有而博，唯人道爲可以參天」❾❽。這是說，法天的目的，還是爲了實現人道，而且人祇有在人道方面有了成效才能參天。若就王者而言，「治則以正義殺天地之化，亂則以邪氣殺天地之化」❾❾，這樣不止表面上符合了儒家的立場，卽使在天人感應的關係中，使人仍享有某種程度的主動。

　　前文說過，仲舒的天人感應論，其基本要求是希望對享有最大權力的君主，加以宗教性的限制，不可否認的，這的確是專制體制形成後，必須面對的最大問題。在先秦時代，獨大的專制君主還沒有出現，所以有君臣的問題，也有理、勢的問題，但還沒有如何限制君權的問題。先秦各家，只有法家眞正處理過權力問題，不過法家一直到李斯，基本上都是肯定君主「獨制於天下而無所制」的優勢地位，仲舒在現實上也必須肯定這一點，因在專制體制裏，這已是歷史的事實，這一點如不獲肯定，其他的改革理想根本談不上。但仲舒不同於法家者，是他深知這種體制帶來的危險性，因此他就天人相與之際想出一套辦法來約束君權。

　　這套辦法有沒有效呢？根據史實，西漢東漢的君主中：如文帝、宣帝、光武帝、明帝、章帝等都曾因日蝕下詔罪己，也就是對不常之變負起了道德的責任。不過時間一久，皇帝也變得聰明起來，於是想出「請君入甕」、「李代桃僵」的妙法，元帝、成帝後，遂把天變的責任逐漸轉移到了三公的身上，造成不少丞相自殺或被殺的悲劇❿。所以對這套辦法，旣不能說完全無效，也不能說眞正有效。仲舒以後兩千多年，我們的祖先無論在法律上

---

❾❽　同前❼。

❾❾　同前㉒，頁四四一。

❿　參看蕭公權：《憲法與民主》，頁七〇～七一。

和制度上都沒有想出眞正有效的辦法來解決這個問題，直到二十
世紀八十年代的今天，這個老問題，依舊困擾着十億中國人，試
想：兩千多年前，仲舒就已把這個問題在歷史上凸顯出來，怎能
說不是一種貢獻?!

第五章　董仲舒的人性論

　　仲舒以前，中國哲學史上幾個有關人性的主要學說都已出現，其中包括孟子的性善說，告子生之謂性說，荀子的性惡說（韓非亦主性惡，但與荀說不同）。世碩、宓子賤、漆雕開、公孫尼子等人的性有善惡說。由仲舒所說「今世闇於性，言之者不同」❶的話看來，他不但對「言之者不同」的分歧現象不滿，且認爲大家根本未弄清楚什麼叫做性。

　　他雖不滿當時流傳的種種對人性的看法，當他企圖建立自己的人性論時，他仍不能不從傳統出發，基於儒家的立場，孟子的性善說顯然對仲舒形成最大的壓力，因此，針對孟子而提出性非善的論證，遂成爲仲舒人性論的重點之一。此外，仲舒對人性問題的積極主張，雖明顯受荀子影響，但他並未認同荀子的性惡說。如果王充（公元27—96）傳述世碩的性有善惡是正確的，那末他的「情性各有陰陽善惡」❷之說與仲舒分性爲性與情，以及陽善陰惡之義最爲接近，所以仲舒在發展其新說時，很有可能曾受這一派人性論的影響。

　　仲舒討論人性的文字，主要見之於《春秋繁露·深察名號》

❶　《春秋繁露·深察名號》，賴炎元註譯本，頁二六六。

❷　見王充《論衡·本性》。

與〈實性〉，〈實性〉篇除了對三品說所做的補充較重要外，其
餘大部分是用更簡潔的文字重述〈深察名號〉中論性之義。兩篇
之外，〈玉杯〉、〈竹林〉、〈玉英〉及〈賢良對策〉對人性問題
皆有所涉及，偶亦有與其論旨不相合者，但不影響其中心主張。
以下將根據這些資料，對仲舒的人性論逐點予以展示。

一、心、性的意義

心的觀念在先秦孟子、莊子、荀子等人的思想裏，都已發展
出相當深刻的理論，各家人性論的形態和意義，是由心論的形態
和意義來確定的，二者的關係極為密切：如孟子即心之善而證性
之善，莊子就復心而言性，荀子則以認知心把握性。孟、莊心性
論不論在形態上和意義上皆大異其趣，但由於都重視內在的修養
工夫，因此心、性可以合一，而荀子由認知心把握性，遂使心、
性分裂為二，而有主體客體之別。

仲舒論心性的意義和關係，與上述三家都不同。他說：「天
之生人也，使人生義與利，利以養其體，義以養其心，心不得義
不能樂，體不得利不能安，義者心之養也，利者體之養也，體莫
貴於心，故養莫重於義，義之養生人大於利」❸。言義為天之所
生、義大於利、體莫貴於心等義皆類於孟子，然孟子之義為四端
之一，因此義即在本心之中，而仲舒言「義以養其心」，則義在
心外，正是孟子所斥之「義外」之說。其中的關鍵，在仲舒未能
自覺地凸顯心性主體，所以說仁義而主張「以仁安人，以義正

---

❸ 《春秋繁露・身之養重於義》，頁二三九。

我」❹，不知仁義皆由心所發。仲舒雖也提到「本心」、「內反於心」❺等觀念，也只是基於儒家的立場，習慣性地加以引用，與孟子不過是形式上的相同，否則他就不應該完全不了解孟子人性論的意義。

此外，仲舒所說「天地神明之心」在字面上似類於莊子「天府」、「靈臺」之心，究其實，出現於〈郊語〉篇的「天地神明之心」具宗教意涵，而「天府」、「靈臺」是指經由內修工夫而達到的一種精神境界，這境界與「若性之自為」的「性」❻是合而為一的。荀子憑藉其正名學說凸顯了認知主體，也就是說，正名是認知心的表現，仲舒亦言正名，但並未把認知心凸顯出來，正名的主要目的，是他相信「欲審是非，莫如引名」❼，因此他重新回到「性之名」上來檢討以往人性論的是非得失。

根據以上的了解，說「董氏的心，沒有從認知的方面顯出來，也沒有從道德方面顯出來，較之孟、荀都缺乏主宰的力量」❽。這話是不錯的，但忽略了仲舒言心雖未從道德與認知兩方面顯出主宰的意義，可是他在氣化宇宙觀影響下，他的心的主宰義，是由氣顯現出來的，所以說：「凡氣從心，心、氣之君也」❾。下面一段對這一點有更進一步的發揮：

---

❹　《春秋繁露‧仁義法》，頁二二四。

❺　「本心」的觀念見《春秋繁露‧同類相動》，頁三三一。「內反於心」見同書〈郊語〉，頁三六八。

❻　見《莊子‧天地》。

❼　同前❶。

❽　徐復觀：《兩漢思想史》卷二，頁四〇〇。

❾　《春秋繁露‧循天之道》，頁四一六。

柜衆惡於內，弗使得發於外者，心也，故心之為名柜也。
人之受氣苟無惡者，心何柜哉？吾以心之名得人之誠（實
情）；人之誠有貪有仁，仁貪之氣兩在於身⑩。

這段話有三點涵義：(1)心有禁制（柜）衆惡的作用；(2)心與
氣是對立的，心是制者，氣是被制者；(3)氣有善（仁）有惡
（貪）。「人之受氣苟無惡者」的「氣」是人的氣質，「心，氣
之君也」的「氣」必然也是指氣質，因心是氣的主宰，所以「柜
衆惡於內」的心，就不只是消極的禁制意義，對氣而言，心是有
主宰力量的。問題是：這個有主宰力量的心本身究竟有何涵義？
是道德的？還是認知的？照道理說，能禁制衆惡的心，它必然
有道德的涵義，根據「義以養其心」的說法，這個有道德涵義的
心，却又不是先驗的，而是後天培養的，所以說：「必知天性不
乘於教，終不能柜」⑪。

在莊子的思想裏，心的重要遠大於性，仲舒則相反，在心性
問題上，性的討論遠比心為複雜。仲舒有關人性問題的討論，在
理論上至少包括下列幾個要點：(1)確定性本身的意義；(2)性
非善的論證；(3)發展善的條件；(4)善惡與三品。以下將順序
加以探討。先看他如何確定性本身的意義：

今世闇於性，言之者不同，胡不試反性之名？性之名非生
與？如其生之自然之質謂之性。性者，質也，詰性之質於
善之名，能中之與？既不能中矣，而尚謂之質善，何哉？

---

⑩　同前❶。
⑪　同前❶，頁二六六～二六七。

性之名不得離質，離質如毛，則非性已，不可不察也⑫，

「反性之名」是仲舒因不滿各家對性的說法，重新選擇探討人性問題的一個進路，這個進路是撇開眾說，返回到性的原始意義。性的原始意義就是生，扣緊這原始意義來了解性，那末性的本意是「自然之質」，〈實性〉篇稱之爲「天質之樸」，又解說性是「無所待而起生，而所自有也」，簡稱爲「質」，與荀子所說「性者，天之就也」、「不事而自然，謂之性」⑬的意義完全相同。「質」與「天」連言，是指明性乃受之於天，用「自然」、「無所待」、「所自有」來描述「性」，是強調性不同於教化或政教。

性既然是「自然之質」，所以說「性之名不得離質」，性如絲毫離開質，那末它就不是性。性與質既是合一的，它本身的意義只是「自然」，只是「質樸」，就不能說質是善的（質善），既不能說質是善的，那末從善的名稱中去尋求性之質，怎麼能尋求得到呢？原文「詰性之質於善之名，……何哉」？這幾句話說得並不夠清楚，但要表達的意思則很明顯：質或性與善是分離的。這裏說的善，應該是指孟子本心之善，因如就氣質而言，仲舒明明說「仁貪之氣兩在於身」，氣質是有善有惡的，這兩個善如果沒有不同，否認質善，就形成矛盾。

二、性非善的論證

---

⑫ 同前❶。
⑬ 前說見《荀子・性惡》，後說見《荀子・正名》。

這一部分的理論是針對孟子而發，在沒有檢查他的論證之前，有必要看看仲舒對孟子人性論的了解。徐復觀先生在檢討了仲舒的心性論之後，認爲「董氏對性的基本認定，是善的不是惡的」❶。他列舉《春秋繁露》裏的三段言論爲證：(1)〈玉杯〉：「人受命於天，有善善惡惡之性」。(2)〈竹林〉：「正也者，正於天之爲人性命也。天之爲人性命，使行仁義而羞可恥，非若鳥獸然，苟爲生，苟爲利也」。(3)〈玉英〉：「凡人之性，莫不善義，然而不能義者，利敗之也」。然後說：「這都是立基於性善以爲言，與孟子性善之說，並無大差異」。這個斷言就上列(1)(3)的言論來說，可以成立，(2)的引文中「行仁義」之說，則明顯與孟子主張的「由仁義行，非行仁義也」❶ 相悖，因「行仁義」，仁義在心體之外了。我引徐先生的話，並不只是爲了糾正這一點。據我的了解，〈玉杯〉、〈竹林〉、〈玉英〉都是仲舒論〈春秋〉很重要的幾篇文字，這些文字所表達的都是他較早期的思想，至少也是在他思想系統形成之前，所以夾雜在這些文字裏有關人性的思想，也應該是較早期的。代表仲舒成熟的人性論，仍當以〈深察名號〉、〈實性〉兩篇爲主，照這樣看，所謂「董氏對性的基本認定，是善的而不是惡的」，恐很難成立。

在〈深察名號〉與〈實性〉兩篇中，仲舒對孟子的人性論是如何了解的？下面是幾段有關的文字：

(1) 性有善端，童之愛父母，善於禽獸，則謂之善，此孟

---

❶　同前❽，頁四〇三。

❶　《孟子・離婁下》。

子之善⑯。

(2) 萬民之性善於禽獸者許之，聖人之所謂善者弗許，吾
質之命性者，異孟子。孟子下質於禽獸之所為，故曰
性已善；吾上質於聖人之所為，故謂性未善，善過
性，聖人過善⑰。

(3) 今按聖人言中本無性善名，而有善人吾不得見之矣，
使萬民之性皆已能善，善人者何為不見也？觀孔子言
此之意，以為善甚難當；而孟子以為萬民之性皆能當
之，過矣⑱。

以上引文只有「性有善端」完全符合孟子原義。「童之愛父母，
善於禽獸」，孟子雖沒有這樣說過，但在人禽之辨的基設下⑲，
可以有此推論。其餘所說的多屬誤解，如孟子肯定普遍的善性，
是先驗的意義，並非因為它「善於禽獸」才予以肯定。又仲舒一
再強調的，善是由王政、教化所產生，孟子對這個意義的善，並
沒有忽視，如《孟子·滕文公上》：「人之有道也，飽食煖衣，
逸居而無教，則近於禽獸，聖人有憂之，使契為司徒，教以人
倫」。經由教化所產生的善，是經驗意義的，這兩個不同層次不
同意義的善，在孟子的系統裏，不但不衝突，而且普遍的善性，
正是經驗意義的善之所以可能的超越依據，是為「教以人倫」如
何可能的問題提供答案的。依孟子的思想，經由王政、教化所產

---

⑯　同前❶，頁二六八。

⑰　同前。

⑱　《春秋繁露·實性》，頁二七四。

⑲　如《孟子·離婁下》：「孟子曰：人之所以異於禽獸者幾希，庶民
　　去之，君子存之」。

生的善，不過是以王政、敎化做手段，激發人本心之善所表現的
結果，善還是一個，所不同者，一是從根源處說（卽所謂善端），
一是由表現上看。基於這個了解，仲舒所說「孟子下質於禽獸之
所爲，故曰性已善」，顯然是嚴重誤解。孟子只說「人之所以異
於禽獸者幾希」，乃人禽之辨的名言，何曾有降低標準，由禽獸的
行爲比較上，說性已善之義？說性已善或未善，已落到經驗層次
或心性的工夫層次說性，孟子由心善論證性善，除了上述爲人倫
敎化提供理論根據的意義之外，還強調仁義內在，仁、義、禮、
智根於心，非由外鑠我之義，以說明作爲人主體的心性，是自本
自根不假外求的特性❷。

　　由引文（3）可看出仲舒所以不信孟子之說，而堅決與孟子立
異的一個原因，是因「聖人（指孔子）言中本無性善名」，並舉
孔子所說「善人吾不得見之矣」，駁斥他心目中所認爲的孟子
「萬民之性皆已能善」之義，根據上文的分析，仲舒不僅混同了
論性的兩個層次，也未弄清楚孟子肯定普遍善性的意義。孔子說
「善人吾不得見之矣」，可以是一種慨嘆，也可以如「我未見好
仁者，惡不仁者」❷，是一種經驗的觀察。不管如何，用它來駁
孟子是根本不相干的。其次，孔子雖未使用「性善」這個名詞，
但毫無疑問性善之義已隱藏在他的仁說之中，如「人而不仁，如
禮何？人而不仁，如樂何」？「回也，其心三月不違仁」。「仁
遠乎哉，我欲仁斯仁至矣」❷。其中的「仁」都是就人的主體或
心體上來說的，後來朱熹釋仁爲「心之德，愛之理」，就是認識

❷　參看韋政通主編：《中國哲學辭典大全》，頁三五一。

❷　《論語・里仁》。

❷　以上引文依次見《論語》〈八佾〉、〈雍也〉、〈述而〉三篇。

到作爲道德本性的仁，是內在於心的。孟子的心性理論，就是從這個基礎上開展出來。仲舒由於時代的風氣和泛政治意識的強烈傾向，於是以天地陰陽爲思想的中心，對儒家根源上的一套義理，反而無法親切體會其意義。當然，仲舒的思想系統，並不會因此就失去其意義和價值，他所代表的多半是孔、孟道德理想主義在要求實踐於現實政治之中，所遭遇到的一些問題。

仲舒對孟子的人性論既缺乏相應的了解，所以他的性非善的論證雖是針對孟子而發，我們仍不妨把它看作代表仲舒自己的主張。

論證一：「故性比於禾，善比於米；米出禾中，而禾未可全爲米也；善出性中，而性未可全爲善也。善與米，人之所繼天而成於外，非在天所爲之內也。天之所爲，有所至而止，止之內謂之天性，止之外謂人事，事在性外，而性不得不成德」㉓。以禾與米的關係，比喻性與善的關係，米雖由禾長出，而禾當然不同米，所以〈實性〉篇說「而禾未可謂米也」，是合乎事實的說法，「而禾未可全爲米也」，無論從經驗上或邏輯上都說不通，故這段文字應以〈實性〉篇爲準。因此，「善出性中」的下一句也應是「而性未可謂善也」。參考孟子的觀點，善既出於性，那末性必然是善的。可是如前所說，性與善分離，是仲舒性論的基本假設，也是進一步推論不可或缺的前提。若問：爲什麼善出性中，而性又非善？仲舒的答覆是：善雖是秉承天命，而善的形成却有賴於外力，不在天命的範圍之內。對人性，天所能做的，是有一定限制的，限制在天所爲的範圍之內的叫做天性（卽「自然之質」，無所謂善），超出這個範圍之外的叫做人事（〈實性〉

㉓　同前❶，頁二六七。

篇是「王教」），正因爲人事（王教）在性之外，才使人的天性
不能不成長爲道德。仲舒要表達的意思很明顯，仍在強調性非
善，而「善」乃「教訓（王教）之所然也」❷。旣承認善乃人繼
天而來，又說人的天性中不含有善，這是有悖於儒家傳統的。仲
舒始終不了解，天性之善與敎化而成之善之間，在孔、孟的傳統
裏，並沒有矛盾，相反地，正因爲有天性之善，才使敎化成爲可
能，否則，所謂敎化，所謂王教，不過只是外在的權威而已。如
僅靠外在的權威，並不必然能使人的天性成長爲道德，權威如用
之不當，還可能產生相反的效果。

　　論證二：「民之號，取之瞑（眠）也，使性而已善，則何故
以瞑爲號？以霣者言（蘇輿校作「以瞑者言」），弗扶將，則顚
陷猖狂」❷。這是從訓詁上指出「民」字是由「瞑」而來，瞑是
一種矇昧的狀態，假使人性已善，怎麼會用矇昧來稱呼人呢？這
話無論從經驗上或邏輯上都能成立。假如這話是針對孟子而發，
孟子是不能接受的：第一，孟子肯定人有普遍的善性，並不是就
經驗或實現層次的「已善」而言。第二，就孟子來說，縱然初民
時代的人生活於矇昧之中，並不影響人有普遍善性這一命題的成
立，如：「孟子曰，舜之居深山之中，與木石居，與鹿豕遊，其
所以異於深山之野人者幾希，及其聞一善言，見一善行，若決江
河，沛然莫之能禦也」❷。由這個例子可以推斷，人縱然生活在
矇昧之中如深山的野人，他仍然有潛存的善性，一旦受到善言善
行的誘發，善性就自然表現出來。以下所謂「以瞑者言，弗扶

---

❷　同前 ❽，頁二七五。
❷　同前 ❶，頁二六七。
❷　《孟子・盡心上》。

將，則顛陷猖狂，安能善」，仍是強調善乃由教化（王教）而來，是仲舒論性一貫的論旨。

論證三：「性有似目，目臥幽而瞑，待覺而後見，當其未覺，可謂有見質，而不可謂見。今萬民之性，有其質而未能覺，譬如瞑者待覺，教之然後善。當其未覺，可謂有善質，而未可謂善，與目之瞑而覺，一概之比也」❷。目之視覺活動，是生理的自然現象，性是「自然之質」，故可以目喻性。但目不論是「臥幽而瞑」或「待覺而後見」，皆屬生理之自然，與人的天性「教之而後善」實不同類，所以這個譬喻是比於不倫。其次，前文討論過，仲舒在確定性的本意時，他是主張性不離質，而性或質與善是分離的。這裏提出「善質」的觀念，與前文顯然是不一致的，即就「可謂有善質，而未可謂善」而言，在語意上也是矛盾的。學者不察，竟以為仲舒也肯定人有先天的善質，這一點基本上還是承接孟子的觀點❷，這是一個誤解，仲舒的意思果如此，試問「善當與教，不當與性」❷，又作何解？要解開「可謂有善質，而未可謂善」的矛盾，只有把「善質」理解為氣質的善，因仲舒說過「仁貪之氣兩在於身」，他是認為氣質中是有善有惡的，氣質中的善與「教之而後善」的善（仲舒稱之為「已善」）不同，仲舒所主張的善是以後者為主。如果做這樣的理解，那末與「承接孟子的觀點」仍是不相干的，因孟子肯定本心之善不是從氣質上說的。

論證四：「天地之所生，謂之性情，性情相與為一瞑，情亦

---

❷　同前❶，頁二六七。

❷　馮友蘭：《中國哲學史新編》，頁一一二。

❷　同前❶，頁二六八。

性也，謂性已善，奈其情何」❸？這是從性情皆爲天所生，論證性非善。依仲舒，性情旣皆爲天所生，如說性已善，那末對情又作何解？性與情都是天性，如說性已善，豈不等於說情已善，這怎麼說得通呢？此外，性情連言，雖非始自仲舒❸，他將天性做性情二分，未必是受前人影響，因根據「身之有性情也，若天之有陰陽也」❸，很可能是出於陰陽二分的聯想。值得注意的是，因仲舒視陽爲善、陰爲惡，因而導出性善情惡之義（此處之善惡皆就氣質言），這對後世言性者，產生很大影響❸。

三、發展善的條件

在仲舒以前的儒家傳統裏，針對這個問題已發展出兩個不同類型的思想，一爲孟子的性善說，孟子雖肯定人有普遍的善心與善性，但對每一個體而言，首先你必須自覺這善心與善性，就在自我的「靈原」❸之中，作爲自我的主體。然後是拓展心性的內省工夫，以便個體在物質的引誘和環境刺激下，仍能超克這些欲望，使我本有的善心善性能繼續表現在外顯的行爲之中。後天的教化主要的作用在喚起心性或自我主體的自覺，輔助內省工夫的

---

❸ 同前❶，頁二六七。

❸ 仲舒以前性情連言者有《莊子・馬蹄》：「性情不離，安用禮樂！」及〈繕性〉：「無以反其性情而復其初。」《論衡・本性》引世碩之語「情性各有陰陽善惡」，更早於莊子。

❸ 同前❶，頁二六七。

❸ 參看前❽之書，頁四〇二。

❸ 「靈原」就是人生本原，見李顒：《二曲集》，卷二，〈學髓〉卷首。

不足，以促進道德自我的實現。假如在個體的心性上缺乏自覺，
外在的教化以及教化所憑藉的教義與規制，徒為心性的桎梏而
已，不足以助長人的德行。因此在孟子，發展善的條件有賴於人
的自覺以及心性工夫，是在內不在外、依自不依他的。

　　針對這個問題，發展出另一類型思想的是荀子。由於荀子顯
現了認知意義的主體（卽心），所以性不與心合一，而成為認知
主體所把握的對象。依照荀子的了解，性有兩層意義，一是天生
自然的本性，包括生理心理的一切本能反應；一是因縱欲而不知
節所表現的人性；荀子所說的性惡指後者而非前者。針對這一意
義的人性，他提「化性起偽」的主張，在這主張中，性成為轉化
超克的對象。轉化超克的方法，不依賴內省的工夫，而是依賴
「起偽」，所謂「偽」是承藉周文的傳統而來復經由理智重建的
「禮義之統」，後天教化所憑持的教義與規制皆由此出，聖人和
君子就是能「起」用或運作禮義之統，發揮教化功能的人物。在
一「化」一「起」的作用中，荀子一方面重視聖人、君子透過教
化形成的習俗，一方面則重視個體積學的工夫，使禮義內化成為
生活方式，在這個意義上，荀子也同樣重自覺與工夫，其目標也
是為了成德，不過（由於認知主體之故）自覺與工夫都是智性意
義的，荀子在成德的過程中，給予智性的學習以優先的地位。因
此在荀子，發展善的條件，主要是靠聖人的教化和個人的積學，
二者是相輔相成的。

　　仲舒在思考這個問題時，所獲得的答案與孟子大異，而略近
於荀子。先看下面這一段：

　　　　身之名取諸天，天兩有陰陽之施，身亦兩有貪仁之性；天

有陰禁，身有情欲柾，與天道一也。是以陰之行不得干春
夏，而月之魂常厭於日光，乍全乍傷。天之禁陰如此，安
得不損其欲而輟其情以應天？天所禁，而身禁之，故曰身
猶天也，禁天所禁，非禁天也，必知天性不乘於教，終不
能柾❸。

孟子言「寡欲」，是視「欲」為惡。王充《論衡‧本性》引世碩
性有善惡的主張，已有「情性各有陰陽善惡」之說。仲舒以情欲
為惡，未必是受前人的影響，它可以由天的哲學中陽善陰惡的觀
念聯想而來，上面這段話足以印證。就發展善的條件這個問題而
言，人有惡的情欲，顯然是一大障礙，所以要發展善，必須消除
這個障礙，這可以說是發展善的消極條件。仲舒不由情欲之所以
為惡做進一步的分析，反而強調「損其欲而輟其情以應天」，是
說人超克情欲的工夫，也是法天之所為，由此不難看出，以天為
中心所形成的思路，對仲舒思索人性的問題，多了一重無謂的限
制。那末要如何損其欲，又如何輟其情？這才是消極條件的關鍵
問題，仲舒從內外兩方面來解答：一方面是靠「柾眾惡於內」的
「心」，因心是主宰氣的；另一方面是靠後天的教化，所謂「必
知天性不乘（憑藉）於教，終不能柾」。兩方面合起來看，仲舒
似乎也主張內外雙管齊下，以盡挾持之功，但整個地看，他多次
強調的仍在後天的教化或外在的王教，對心何以能柾眾惡，以及
心與教化之間的關係，均未交待，因此，並沒有像孟、荀對超克
情欲建立完整的理論。

　　論及發展善的積極條件，以下兩段文字具有代表性：

---

❸　同前❶。

(1) 天生民性有善質而未能善，於是為之立王以善之，此天意也。民受未能善之性於天，而退受成性之教於王，王承天意以成民之性為任者也；今案其真實而謂民性已善者，是失天意而去王任也。萬民之性苟已善，則王者受命尚何任也❸❻？

(2) 今萬民之性，待外教然後能善，善當與教，不當與性，與性則多累而不精，自成功而無賢聖，此世長者之所誤出也。……不法之言，無驗之說，君子之所外，何以為哉❸❼！

由引文 (1)，可知發展善的條件是在天立之王，從「自成功而無賢聖」之言看，這個王似乎可以了解為聖王，但仲舒在這裏既說天為之立王，又說「王者受命」，則所謂王也可以是指天子。假如王就是天子，則「王承天意以成民之性為任者也」，固可如徐復觀先生所說，是加強政治領導者的責任❸❽，另一方面，又何嘗不可以了解為，這是為專制體制裏的天子的存在，建立了人性上的根據？「民受未能善之性於天，而退受成性之教於王」，如果人間永遠有未成善之性，天子豈不也永遠有其存在的價值？

由引文 (2)，可知發展善的條件是靠外在的教化，「外教」與天立之王，並非發展善的兩個不同的條件，王之所以能成民之性，是靠教，所謂「退受成性之教於王」是也，又稱「王教之化」，善卽由王教之化而來，王教之化與性的關係是：「性者，

---

❸❻　同前❶，頁二六七。

❸❼　同前❶，頁二六八。

❸❽　見前❽，頁四〇三。

天質之樸也，善者，王教之化也；無其質，則王教不能化，無其王教，則質樸不能善」❸。前文已說過，仲舒言性有二義，一是「自然之質」或「天質之樸」，這個性本身是無所謂善惡的；一是有善（仁）有惡（貪）的氣質之性。這裏說「無其質，則王教不能化」，這質應該是氣質，氣質才是能化的，「天質之樸」是不能化的。如果說天質之樸經由王教就能善，與仲舒自立的質與善分離的原則，以及「善當與教，不當與性」之說皆成矛盾。

此外，由引文(2)所謂「自成功而無賢聖」，實透露了仲舒人性論思想的一大特色，由此特色可以使我們知道他所以特別強調外教或王教，是因他並不相信人在道德實踐上能靠自我實現而成功，這種想法與孟子發展善的條件，「是在內不在外，依自不依他」，恰好對立。如果用西方哲學中的自由論與決定論做參考架構，我們可以說孟子是自由論者，而仲舒是決定論者，不過，孟子雖認為主體自由是絕對的，但並未忽視外在教化對道德實踐的價值，因此他的自由論應該是屬於溫和的（soft），不是強硬的（hard）。同樣的，仲舒雖有明顯的決定論的傾向，但他並未完全忽視心的主宰作用，所以他的決定論也應該是屬於溫和的，而非強硬的❹。

上引(1)(2)兩段文字，我有點懷疑與《荀子・性惡》有相當關係，如荀子說：「今孟子曰：『人之性善』。無辨合符驗，坐而言之，起而不可設張而不可施行，豈不過甚矣哉！故性善則去聖王，息禮義矣，性惡則與聖王，貴禮義矣。……立君上，明

---

❸　同前❸，頁二七五。
❹　有關自由論與決定論的溫和與強硬的區分，參看傅偉勳：〈（禪）佛教、心理分析與實存分析〉一文，見東吳大學哲學系《傳習錄》第四期，頁二八。

禮義，爲性惡也」。又說：「今人之性惡，必將待聖王之治，禮
義之化，然後皆出於治，合於善也」。兩相比較，有下列幾點相
同：(1) 兩人都認爲發展善的條件有賴於王教之化；(2) 都認爲
若性善或已善，則會捨棄聖王，天爲之立王（或君上）又有何
用！(仲舒說「已善」是就成善的結果而言，荀子則認爲善是「可
學而能，可事而成之在人者」，是偏向成善過程而言，但兩人都
是從經驗上說善。)(3) 基於經驗觀點，二人都提出經驗論的一
個原則：證驗，而認爲說性善或已善，是違背這個原則的。

　　相同之外有不相同者，在仲舒，王教所要超克的是氣質之
惡，在荀子，王教所對治的是縱欲而不節所產生的惡。更大的差
異是在：荀子的聖王須由積學而致，這一點聖王與常人並沒有兩
樣。因重視積學，而積學乃認知心發揮的功能，學習的內容又以
禮義爲主，這就使外在的教化與主體之心之間建立起關係。仲舒
對王只強調其爲天立或受命，也未建立心與教化之間的關係，因
此所謂王教之化成爲外在的權威，人只是被動的受教者，此卽有
助成專制之嫌，荀子則沒有這種流弊。

四、善惡與三品

　　善之外有惡的問題，孟、荀對惡的來源，都只做了簡單的交
待，未能發展出深刻的理論，如孟子只提到惡是由於本心的陷溺
以及「放其良心」所造成●，荀子雖以主張性惡著名，所謂惡亦

● 如《孟子·告子上》：「孟子曰：富歲子弟多賴，凶歲子弟多暴，
　非天之降才爾殊也，其所以陷溺其心者然也」。又：「雖存乎人者，
　豈無仁義之心哉！其所以放其良心者，亦猶斧斤之於木也，旦旦而
　伐之，可以爲美乎」？

不過是對縱欲而不知節的現象略加探討，荀子最關心的是禮義之
統的問題，性惡只是發揮禮義之統的功能所涉及的對象之一。在
惡的問題上，與仲舒最類似的思想除世碩的「情性各有陰陽善
惡」的觀念之外，要推《呂氏春秋・大樂》所說：「天使人有欲，
人弗得不求；天使人有惡，人弗得不辟。欲與惡，所受於天也，
人不得與焉」。此謂「天使人有惡」，蓋即仲舒「人之受氣苟無
惡者，心何栣哉」，以及「仁貪之氣兩在於身」的氣質之惡，氣
質之惡雖受於天，但經由教化，是可以改變的。

　　仲舒對善惡問題，又提出性有三等或三品之說，其說可能受
孔子「上智與下愚不移」的啓發。〈深察名號〉、〈實性〉兩篇
有三次涉及三品說，第一次：「名性不以上，不以下，以其中名
之」❷。此言與上下文皆無關涉，意謂：性之得名，不是用最高
的標準，也不是用最低的標準，而是根據適中的標準得名。這上
中下之性所指涉的內容是什麼？在第二次涉及之文中已有解答：
「質於禽獸之性，則萬民之性善矣；質之人道之善，則民性弗及
也。萬民之性善於禽獸者許之，聖人之所謂善者弗許，吾質之命
性者，異孟子。孟子下質於禽獸之所爲，故曰性已善，吾上質於
聖人之所爲，故謂性未善，善過性，聖人過善」❸。由此可知所
謂上品是指人道之善，人道之善即聖人之善，是善的最高標準；
所謂下品是指禽獸之性；所謂中品是指萬民之性，萬民之性與禽
獸之性比較可謂善，與人道之善比較，則又不如。說萬民之性比
禽獸要善，這一點仲舒能同意；說萬民之性能相當於聖人之善，
仲舒是不能同意的。仲舒以爲「孟子下質於禽獸之所爲，故曰性

---

❷　同前❶，頁二六七。

❸　同前❶，頁二六八。

已善」，孟子何曾有此主張？到此，三品說的命意仍不夠明朗，再看第三次：「聖人之性，不可以名性，斗筲之性，又不可以名性，名性者，中民之性。中民之性，如繭如卵，卵待覆二十日，而後能爲雛；繭待繰以涫湯，而後能爲絲；性待漸於教訓，而後能爲善；善者，教訓之所然也，非質樸之所能至也，故不謂性」。中民之性（卽萬民之性）待教而後善，聖人之性與斗筲之性仲舒雖未做進一步解釋，但由中民之性可以推知聖人之性是不待教的，聖人旣不待教而善，是肯定有天縱之聖，斗筲之人是教之無益，有類佛教一闡提之說。在宗教的意義上，確有所謂天縱之聖，根據人世間的經驗，亦確有雖教之而無益者，這當然不是儒家的論題，也不是仲舒關注的重點，他關心的是不屬於上也不屬於下的萬民之性，而萬民之性要善，必須待王教之化。

第六章 董仲舒的倫理思想

　　根據前章，仲舒雖有心能主宰氣的觀念，但這個觀念並沒有
貫徹到實踐中去，在實踐的意義上，他不認爲人能靠自己的努力
行善，善必須依靠外在的王教。在這樣一個人性論的基礎上，發
展出三綱的倫理，在理論上實有其必然性，蓋三綱的倫理，正是
王教的具體內容。如果王教是外在的權威，也必須憑恃三綱才能
把他的權威充分發揮。

　　近世在強烈反專制的背景下，仲舒的三綱說幾成爲責難的焦
點，有人認爲「後世的暴君、頑夫、惡夫，對臣、子、妻的壓
制，皆援三綱之說以自固自飾，且成爲維護專制體制、封建制度
的護符」❶；也有人指出「董仲舒的三綱說有將人類道德隸屬於
政治目的的傾向」❷；更有人從階級的觀點，認定三綱「是統治
者壓迫被統治者的思想上的武器」❸。除套用馬列教條的觀點之
外，所說都是事實，不必諱言。問題是造成這些事實的眞是「其
端實自仲舒發之」❹嗎？還是儒家倫理思想長期演變的結果？儒

---

❶　徐復觀：《兩漢思想史》卷二，頁四〇九。
❷　宇野精一主編、洪順隆譯：《中國思想之研究》(一)〈儒家思想〉，
　　頁一二六。
❸　馮友蘭：《中國哲學史新編》第二册，頁一一七。
❹　同前❶。

家倫理思想進展爲三綱是否有邏輯的必然性？這是下文將要探討
的問題。

其次，仲舒的倫理思想，除三綱說之外，有的是直接繼承儒
家傳統的，如義、利、經、權等，有的是創新的，如〈仁義法〉
中所說的人與我。除此之外，仲舒以天爲根據的倫理思想與孟子
以心性爲根據的，顯然是兩種不同類型的倫理學說，其不同的意
義何在？這些新舊交陳的思想足以使仲舒在中國倫理思想史上佔
一相當重要的地位，可惜大都被學者們所忽略了，本章將一一加
以探討。

一、倫理思想的特色：法天

在性善論的基礎上，孟子所發展的一套倫理思想，是以作爲
人主體的心性爲根基，以成德（落在個體的角色上則爲成聖成
賢）爲其主要目標，以心性工夫爲道德自我實現的主要方法和途
徑。這種學說是屬於實踐倫理學的類型，因爲它組成的每一部
分，都是爲了滿足實踐的要求而建立。

仲舒的倫理思想，是以作爲天地萬物之本的天爲根基，因此
倫理行爲的合理化，都必須法天，天包括陰陽、四時、五行，所
以法天也就是效法陰陽、四時、五行。在這套思想裏，很少涉及
心性工夫（只有在養生的意義上有所涉及，但養生之道仍須法天
——即循天的中和之道以養氣❺），因人之爲善，必須依賴外在
的王敎之化，而王敎之化，也是根據於天的。因天或陰陽、五行
都是形上的意義，所以是屬於形上倫理學的類型。仲舒說：

----

❺ 同前❶，頁四一〇。

> 天地者，萬物之本，先祖之所出也，廣大無極，其德昭明，歷年衆多，永永無疆。天出至明，衆知類也，其伏無不炤也；地出至晦，星日爲明不敢闇，君臣、父子、夫婦之道取之此❻。

天地不但生萬物，也是人類先祖之所從出，這是「人副天數」的根據，也是「行有倫理，副天地也」❼的根據。「廣大無極」是說天地空間的無限，「永永無疆」是說時間的無窮。「天出至明」是陽，「地出至晦」是陰，陽尊而陰卑，「星日爲明不敢闇」，是說地（陰）必須臣服於天（陽），這就是君臣、父子、夫婦所取法的「道」。

下面一段對君臣、父子、夫婦之道所以能取法於天的根據、理由有進一步的說明：

> 爲生不能爲人，爲人者天也，人之〔爲〕人本於天，天亦人之曾祖父也，此人之所以乃上類天也。人之形體，化天數而成；人之血氣，化天志而仁；人之德行，化天理而義；人之好惡，化天之暖清；人之喜怒，化天之寒暑；人之受命，化天之四時；人生有喜怒哀樂之答，春秋冬夏之類也。……天之副在乎人，人之情性有由天者矣，故曰受，由天之號（謂）也❽。

天地爲萬物之本，人亦在其中，但事實上人乃人所生，所以進一

---

❻　《春秋繁露·觀德》，頁二四五。

❼　《春秋繁露·人副天數》，頁三二八。

❽　《春秋繁露·爲人者天》，頁二八二。

步說明「生人」與「爲人」的不同。「爲人」是造就人，人能生人，但不能造就人，能造就人的是天。天造就人的，不只是形體、血氣（這是人在生育時也能給予的），也包括德行、情性。問題是：「人之形體，化天數而成」與「人之德行，化天理而義」，其中所說的「化」是什麼意義？如果化是指變化，那末，人之形體，是由天數變化而成，這根據「人副天數」的假設，是說得通的。但根據這個假設而言「人之德行，化天理而義」，無異是說人的道德和道德行爲是天生的，這與「善者，王教之化也」之說是相違的，與人倫之道取法於天之說也不合，因既言取法於天，就表示人倫之道並非天生。照道理講「人之德行，化天理而義」的「化」，應該是教化的意義，可是這樣在文字上似乎欠通，與「化天數而成」的「化」又不一致，在文法上這裏所有的「化」字應該是同一意義才對。再說這段文字一開頭就辨別「生人」與「爲人」不同，特別強調的是「爲人者天也」，下文應就「爲（造就）人」來發揮，而人的形體、血氣、好惡、喜怒哀樂皆屬於生而有的「生人」的範疇。以上的分析，也可能有誤解，因仲舒在這裏說所的「爲人」究竟是什麼意義，很難確定。不過依據「天之副在乎人」，可以確定這段話是欲以「人副天數」作爲人法天的理論根據。

那末天何足以取法？由前面引文，已知「其（指天）德昭明」，下文是對道德意義的天做進一步的解釋，同時也說明了天與人倫德行之間的關係：

仁之美者在於天，天，仁也，天覆育萬物，旣化而生之，有（又）養而成之，事功無已，終而復始，凡舉歸之以奉

人，察於天之意，無窮極之仁也。人之受命於天也，取仁於天而仁也，是故❾有父兄子弟之親，有忠信慈惠之心，有禮義廉讓之行，有是非逆順之治，文理燦然而厚，知廣大有而博，唯人道為可以參天❿。

「旣化而生之，又養而成之」的「化」字，旣不是指變化，也不是指敎化，而是《中庸》裏「天地之化育」之「化」，化是「創生」的意思，創生與自然之生不同，而同於德化宇宙觀中「生生之德」的觀念。天何足以取法？因天表現生生之德，所謂「察於天之意，無窮極之仁也」。這個意義的天，與「天地之氣，合而為一，分為陰陽，判為四時，列為五行」的天顯然不同，氣化宇宙觀的天是自然的意義，由此分化而出的陰陽、四時、五行也是自然的。在中國思想中，首先把自然的宇宙與德化的宇宙渾而為一的，是《中庸》，《中庸》這方面的理論代表先秦儒家道德形上學的新發展。上引這段文字，可以確定深受《中庸》的影響，如《中庸》第二十六章：「天地之道，博也、厚也、高也、明也、悠也、久也。今夫天，斯昭昭之多，及其無窮也，日月星辰繫焉，萬物覆焉」。博、厚言地道，高、明言天道，悠、久兼天地而言❶。日月星辰是自然義，玆以高、明、悠、久去形容它，則天是自然的，同時也是道德的。二者渾一的例子又見於《中庸》第三十章：「仲尼祖述堯、舜，憲章文、武，上律天時，下襲

---

❾　「是故」以下原文有「人之受命天之尊」七字，已從盧文弨校，刪除。

❿　《春秋繁露・王道通三》，頁二九五。

❶　楊慧傑：《天人關係論》，頁一六一。

（合）水土」。「上律天時」即上法天時， 天時 、 水土皆自然
義，在這裏就代表天道和地道而道德化了。仲舒與《中庸》之不
同， 是在《中庸》的渾而爲一是由孟子的心性論基礎上發展而
來， 仲舒則是建立在氣化論的「人副天數」的假設之上， 所以
說：「四時之行，父子之道也；天地之志，君臣之義也；陰陽之
理，聖人之法也」。

「人之受命於天也， 取仁於天而仁也， 是故有父兄子弟之
親」云云，其中「取仁」照句法上看，是說人在受命的同時，也
就從天那裏「獲取了仁」，則仁爲生而有，與人性論中所說善出
於王教之化者不合。其次，由生而有的仁，直接推到「有父兄子
弟之親，有忠信慈惠之心」，是孟子先驗善性的理路，應與仲舒
原意不合。因此「取仁」之「取」恐非「獲取」之「取」，而當
解爲「取法」之「取」， 「取仁於天」即效法天的仁，這樣不但
可與上文「是故王者唯天之施， 法其時而成之， 法其命而循之諸
人， 法其數而以起事， 法其道而以出治， 法其志而歸之於仁」中
之「法」相一致，而且使下文「父兄子弟之親」等人倫德行，皆
效法於天之仁， 則上下文義可一起貫通。仁效法於天與天生之仁
不同，效法包括人爲或學習的意義在內，因「王者唯天之施」，
所以人接受王教之化是間接地效法於天。假如以上的解釋可以成
立，則上引文最後一句「唯人道爲可以參天」，就不能了解爲人
道直接與天相參（合），而是「盡」（效法的過程）人道然後與
天相參。這樣所謂「人副天數」或「身猶天也」等假設，不過是
法天的理論根據而已，仲舒似乎對二者之間不同，缺乏清楚的意
識。

二、倫理與三綱

五倫的觀念在文獻上始見於《孟子・滕文公上》，五倫的順序是：「父子有親，君臣有義，夫婦有別，長幼有序，朋友有信」。這個順序表示儒家的五倫是以家庭爲主位，同時也反映孝道是最高最優先的價值。 仲舒的倫理思想只涉及五倫中的前三倫，其順序是：君臣、父子、夫婦，把君臣提昇到父子之前，表示他的倫理思想是以朝廷爲主位，在最高的價值方面，則趨向於忠孝的混同。

由於仲舒倫理思想的特色在法天，而天有陰陽，所以君臣的關係以及君臣之道，也相應着陰陽的關係以及陰陽之道而成立。仲舒說：

> 天下之尊卑隨陽而序位，⋯⋯不當陽者，臣、子是也，當陽者，君、父是也。 故人主南面以陽爲位也，陽貴而陰賤，天之制也⑫。

這是以尊卑貴賤確定君臣、父子的關係，雖號稱「天之制」，倒也接近實情，並未顯得特別。

> 故人臣居陽而爲陰，人君居陰而爲陽，陰道尚形而露情，陽道無端而貴神⑬。

---

⑫ 《春秋繁露・天辨在人》，頁三〇三。
⑬ 《春秋繁露・立元神》，頁一六二。

是說爲臣者一言一行一舉一動皆在明處，其實情莫不爲人君燭照所及，無所隱蔽，而地位卑下；爲君者則身居暗處，其所作所爲不露端緒，但地位崇高。這在君尊臣卑之外，又承襲了法家的君術。在這個基礎上再進一步就是：「君不名惡，臣不名善，善皆歸於君，惡皆歸於臣，臣之義比於地，故爲人臣者，視地之事天也」⓮。又：「臣不奉君命，雖善，以叛言」。⓯。君不但享有至高無上的地位，而且代表絕對的價值標準。這是法家化必然的結果。

君臣之外，再看父子的關係。父子一倫所遵守的理是孝，《春秋繁露・五行對》專門討論這個問題，討論的方式是回答河間獻王（景帝之子）之問。河間獻王問仲舒：「《孝經》曰：『夫孝，天之經，地之義』。何謂也」？仲舒的回答由五行相生，說到五行與四時的關係，然後導出四時的特性爲：「春主生，夏主長，季夏主養，秋主收，多主藏，藏、多之所成也」。仲舒認爲從五行相生和四時的特性中，就能體會出父子之道，所以接着說：「是故父之所生，其子長之；父之所長，其子養之；父之所養，其子成之。諸（凡）父所爲，其子皆奉承而續行之，不敢不致如父之意，盡爲人之道也。故五行者，五行也（五種德行）。由此觀之，父授之，子受之，乃天道也」。天道卽五行之道，說孝先言五行，表示孝也是法天，從意義上看，不過是將孔子的「無違」說加以新的詮釋而已。以上是答孝爲什麼是天之經。

孝爲什麼又能說成地之義？仲舒先由「地不敢有其功名，必

⓮　《春秋繁露・陽尊陰卑》，頁二九〇。
⓯　《春秋繁露・順命》，頁三八五。

上之於天」及「勤勞在地，名一歸於天」等理由說明天尊地卑和
地必臣服於天等義，作爲倫理的形上準則，然後說：「故下事上
如地事天也，可謂大忠矣」。凡是天上如此的，人間亦必如此，
這是仲舒「物以類（類似）應」的邏輯，依據同樣的邏輯，仲舒
認爲「五行莫貴於土」，而「忠臣之義，孝子之行取之土」。這
裏仲舒問答的是有關孝的問題，可是答案裏卻一再提到君臣之間
的忠，這不必了解爲仲舒有意阿諛河間獻王，而是忠、孝的觀念
演變到這個時代已經混同❶，比較起來，君臣一倫的重要性，在
仲舒的意識中，的確比父子更居於優位。

　　夫婦一倫的形上根據，是「天之任（重）陽而不任陰」❶。
陰陽在君臣一倫中，代表明處與暗處，在兩性的夫婦一倫裏，陰
陽明顯的代表貴賤的價值觀念，如：「丈夫雖賤皆爲陽，婦人雖
貴皆爲陰」❶。重男輕女本是古老傳統，在人類歷史上也是相當
普遍（不是絕對）的現象。這類倫理思想所以比較特殊，是把貴
賤作爲夫婦一倫的普遍原則，依據這個原則，所以「父之子也可
尊，母之子也可卑」❶。凡是屬於男性一邊的，無不尊貴，凡是
屬於女性一邊的，無不卑賤。這才是問題的所在。從形上學上建
立這個原則的，並非始自仲舒，而是由《易經‧繫辭傳》開始
的，如：「天卑地卑，乾坤定矣；卑高以陳，貴賤位矣」。又：
「乾，陽物也；坤，陰物也」。又：「乾道成男，坤道成女」。

---

❶　關於忠、孝觀念的演變，可參考韋政通主編：《中國哲學辭典大
　　全》，頁八五。

❶　《春秋繁露‧天道無二》，頁三一四。

❶　同前❶。

❶　同前❶，頁三八四。

又：「夫乾，天下之至健也。……夫坤，天下之至順也」。如果把這個原則應用於人倫，而出現所謂三綱之說，已毫不足怪。

以上是分別考察君臣、父子、夫婦這三種關係，下面是三種關係的綜論：

> 凡物必有合（偶），合必有上下，……陰者陽之合，妻者夫之合，子者父之合，臣者君之合，物莫無合，而合各相陰陽。陽兼於陰，陰兼於陽，夫兼於妻，妻兼於夫，父兼於子，子兼於父，君兼於臣，臣兼於君，君臣、父子、夫婦之義，皆取諸陰陽之道。君為陽，臣為陰，父為陽，子為陰，夫為陽，妻為陰，陰道無所獨行，其始也不得專起，其終也不得分功，有所兼之義。……是故仁義制度之數，盡取之天，天為君而覆露之，地為臣而持載之，陽為夫而生之，陰為婦而助之，春為父而生之，夏為子而養之，王道之三綱，可求之於天[20]。

「凡物必有合，合必有上下」是以下討論問題所依據的抽象原則或預設。「合」是偶配的意思，所以有陰就有陽與之偶配，有妻就有夫與之偶配，父子、君臣也是一樣。不過陰陽之合與其他三倫之合的意義不同，陰陽之合代表天道，是形而上的，是其他三倫合理化的根據，所以說：「君臣、父子、夫婦之義，皆取諸陰陽之道」。其次，抽象原則落實到各種偶配的關係中，有所謂「陽兼於陰，陰兼於陽，夫兼於妻，妻兼於夫」等等，由下文陰「有所兼之義」，可知陽兼陰和陰兼陽這兩個「兼」字的涵義不

---

[20] 《春秋繁露·基義》，頁三二○～三二一。

同，前者是包含的意思，後者是被包含的意思㉑，所以陽可包括
陰，陰則被包含於陽，如以爲陰陽、夫婦可以互相「兼」，就有
違上下尊卑的原則了。所謂「陰道無所獨行，其始也不得專起，
其終也不得分功」，正是說明陰（臣、子、妻）所以爲下爲卑的
理由。

　　以上兩點，已說明三綱的原則和意義，不過在上引文最後部
分才出現「三綱」這個觀念，且明言天是三綱的形上根據，三綱
也就自然成爲天經地義的道理。由於君臣、父子、夫婦這三種關
係性質各異，因此根據的原則也不同，君臣是根據天覆地載的原
則，夫婦是根據陽生陰助的原則，父子是根據春生夏長的原則，
三個原則統稱之爲天。

　　有人以爲「在董氏以前，不論在內容上，在名詞上，絕無三
綱之說」㉒，說在仲舒以前沒有三綱的名詞是對的，說沒有三綱
的內容，是不對的。如《韓非子‧忠孝》：「臣事君，子事父，
妻事夫，三者順則天下治，三者逆則天下亂」。這順逆之說，不
啻是尊卑、貴賤的異稱，也包括在仲舒「凡物必有合」的原則之
中，所謂「有順必有逆」者是。又如：《呂氏春秋‧恃君覽》：
「父雖無道，子敢不事父乎？君雖不惠，臣敢不事君乎」？這不
正是仲舒「陰道無所獨行」之義？

　　近世攻擊三綱之說者，莫不集矢於董仲舒，其實這個觀念絕
不是任何一個思想家個人的主張或發明，它是中國倫理思想在長
期演變過程中，配合歷史環境的需要所產生的結果。其中除〈繫
辭傳〉的思想（前文提到的部分）在演變中起過觀念啓發的作用

　㉑　見前❸之書，頁一一六。

　㉒　同前❶。

之外，忠孝混同的思想應是了解這一演變更重要的線索。在文獻上，《左傳》襄公十四年（公元前 560）已有「民奉其君，愛之如父母」之言，《墨子·兼愛》上、《管子·形勢解》、《荀子·富國》都有類似言論。到秦與漢初，這種混合的思想已極爲流行㉓。

　　忠孝混同思想的形成和流行，一由於政治的世襲制度，在世襲制中，世子與國君的關係，如《禮記·文王世子》所說：「親則父也，尊則君也」，在父的位分上，世子宜盡孝，在君的位分上，世子應盡忠，因此，在世子心理上，忠孝這兩種規範很難有清楚的界線。其次，儒家的倫理思想由個體出發，然後家、國、天下是連成一氣的，也就是說，個人倫理、社會倫理、政治倫理是結爲一體的。這個思想到《大學》形成了一個完整的體系，齊家之道旣可以通於治國，則事父之道自亦通於事君，其中的轉

㉓　如《呂氏春秋·孝行覽》：「人臣孝，則事君忠」。《禮記·大學》：「孝者，所以事君也」。《禮記·祭義》：「事君不忠非孝也」。《禮記·祭統》：「忠臣以事其君，孝子以事其親，其本一也」。《禮記·喪服四制》：「資於事父以事君而敬同」。此語又見《大戴禮記·本命》。《大戴禮記·曾子立孝》：「忠者，其孝之本與」。又：「君子立孝，其忠之用，禮之貴」。又：「君子之孝也，忠愛以敬，反是亂也」。又：「孝子善事君」。《大戴禮記·曾子大孝》：「事君不忠，非孝也」。《大戴禮記·曾子立事》：「事父可以事君」。《大戴禮記·虞戴德》：「父之於子，天也，君之於臣，天也，有子不事父，有臣不事君，是非反天而到（倒）行耶」？《孝經》士章：「資於事父以事母，而愛同，資於事父以事君，而敬同。故母取其愛，君取其敬，兼之者父也。故以孝事君則忠，以敬事長則順，忠順不失，以事其上，然後能保其祿位，而守其祭祀，蓋士之孝也」。

換，並不要經過什麼曲折，「孝者，所以事君也」的話在《大學》裏出現，實極為自然。復次，在孔、孟思想裏，孝已演變成所有倫理價值中最佔優勢的價值，當專制體制形成以後，忠的價值必然被強調為最高的價值，因此，道統裏的孝和政統裏的忠，勢必發生衝突，唯一能化解衝突的方法，就是使忠孝混同。孝是天經地義，把孝的心理轉接於忠，於是使專制帝王獲得人性上最有力的支持❷。

　　此外，儒家倫理思想演變為三綱，是否有邏輯的必然性？根據賀麟的分析，答案是肯定的。賀麟認為三綱說乃五倫觀念之最基本意義，也是五倫說（在傳統的歷史條件下）最高最後的發展。離開三綱而言五倫，五倫僅是一種倫理學，五倫說發展為三綱，才使它具有正統禮教的權威性與束縛性。他有兩點說明五倫進展為三綱的邏輯的必然性：（1）由五倫的相對關係進為三綱的絕對關係；由五倫相對之愛、等差之愛進為三綱的絕對之愛、片面之愛；所以必須有此進展，是因相對之愛（如君不君則臣可以不臣之類）是無常的，這樣人倫的關係、社會的基礎仍不穩定，變亂隨時可以發生，三綱說的制度化就是為了補救相對關係的不穩定，進而要求關係的一方絕對遵守其位分，實行片面之愛，履行片面的義務，以免人倫關係陷入循環報復的不穩定的關係中。（2）自三綱說興起後，五常倫之意義漸被取消，作為五常德解之意義漸次流行。所謂常德就是行為所止的極限，相當於柏拉圖的理念或範型，也就是康德（1724—1804）的道德律或無上命令。五倫說注意人對人的關係，三綱說則將人對人的關係，轉變為人對理、對位分、對常德的片面的絕對關係，所以三綱說當然比五

---

❷　以上之文根據前❻之書，頁八五～八六。

倫說來得深刻而有力量。因此，忠君完全是對名分對理念盡忠，不是作暴君個人的奴隸㉕。

　　根據以上歷史的和邏輯的分析，我們可以知道，三綱的倫理與專制體制有不可分割的關係。一旦專制體制崩解，三綱倫理也必然喪失它的權威性與束縛性，但五倫的倫理學却不一定同其命運，如何使五倫與現代的倫理需要相結合，是屬於傳統倫理如何創造轉化的問題，此不在本章討論之列。

三、義、利與經、權

　　義、利，經、權乃孔、孟固有論題，仲舒對這兩個論題不但堅守其論旨，理論上且有所推進。義、利之辨始於孔子的「君子喻於義，小人喻於利」㉖，是以義、利作為君子、小人的判準。由孟子與梁惠王的問答，又知義不僅是個體倫理的準則，也是政治倫理的準則，兩人的差別，在梁惠王關心的是治國的功效，孟子着重的是治國的原則與理想，由「苟為後義而先利，不奪不饜」看，孟子所爭者，只是反對以功利作為治國的方針，假如是為了人民的富足而講求功利，孟子當然不會反對。「孟子曰：周（足）于利者，凶年不能殺；周于德者，邪世不能亂」㉗。善與利各有所當，在不同的需要上，是可並容的。

　　使義、利成為強烈的對比，並使它成為儒家倫理學主張動機

㉕　賀麟：〈五倫觀念的新檢討〉，見《文化與人生》，頁一三～二二。

㉖　《論語・里仁》。

㉗　《孟子・盡心下》。

論的代表言論者，是董仲舒，仲舒的「正其義不謀其利，明其道不計其功」，幾乎是他思想的主要標誌之一，作爲倫理的一個指導原則，此一主張一直爲後世正統儒者所信守。在〈賢良對策〉裏，仲舒指出周室之衰，是因「其卿大夫緩於誼而急於利」，因此上告漢武帝：「爾好誼，則民鄉（嚮）仁而俗善；爾好利，則民好邪而俗敗」。和孟子一樣，他也認爲義利關涉到立國之道。

仲舒正式揭示這一主張，是答膠西王（《漢書・董仲舒傳》作江都易王）之問㉘，膠西王以爲越國的大夫范蠡、文種、泄庸、睪如、車成五人與越王句踐合謀討伐吳國，終於把吳國消滅，洗雪了被困在會稽山的恥辱。復國以後，范蠡去國，文種逝世，膠西王覺得越王、范蠡、文種算得上是越國的三位仁人，問仲舒意下如何？仲舒答道，這些大夫們與越王不過是「爲詐以伐吳」，這種行爲極不適宜，怎能算是仁人？所謂仁人者，是「正其道不謀其利，修其理不急其功」，只有三代的禹、湯、文王才夠得上。在這裏，仲舒是堅守着儒家道德理想主義的標準。依據此一標準，「詐人而勝之，雖有功，君子弗爲也」，主張倫理的動機論者，是不重視倫理效果的。

仲舒說：「《春秋》之好微與，其貴志也」㉙。「志」與「功」相對，「志」是行爲者的主觀動機，「功」是行爲者的效果。強調倫理動機者，總以爲人的行爲必須正本清源，本固則枝葉自繁，源清則水流自暢㉚，判斷行爲的善惡，不在其效果，而在其心迹或存心。「志乎義，則所習者必在於義，所習在義，斯喻於

㉘ 見《春秋繁露・對膠西王越大夫不得爲仁》，頁二四二～二四三。

㉙ 《春秋繁露・玉杯》，頁二七。

㉚ 謝扶雅：《當代道德哲學》，頁五六。

義矣；志乎利，則所習者必在於利，所習在利，斯喻於利矣」
❸。此所以孟子必言「尙志」。依仲舒，不僅判別歷史的是非當
如此，官吏治獄亦當如此，所以說：「《春秋》之聽獄也，必本
其事而原其志，志邪者不待成，志惡者罪特重，本直者其論輕」
❸。由此遂助成中國「原心定罪」的司法傳統，其流弊誠不可勝
言。關此，本書第三章末已有討論。

　　經、權的討論，在仲舒的思想裏遠多於義、利。義、利涉及
倫理學中的動機論，經、權則屬於現代倫理學中的「處境倫理」。
處境倫理討論的問題，是如何把普遍的道德律應用於個案或特殊
處境，說得更具體一點，即我們是否可以違反明顯而確切的規範
去做道德決定？或至少在某些特殊個案中可否說道德規律實際上
失去效力呢❸？下文我們就根據這個了解來檢視仲舒在此一論題
上有何貢獻。

　　和義、利一樣，最先提出這個論題的也是孔子，即所謂「可
與共學，未可與適道；可與適道，未可與立；可與立，未可與
權」❸。意謂：共同學習的人，未必具有共同學習的目標，有共
同學習目標的人，在實踐上未必能依禮而行（立於禮），能依禮
而行的人，未必能做到通權達變。從「共學」到「立」在人生
發展階段上是一步比一步困難，但孔子把行「權」看得比這些更
難，可見權在孔子心目中代表倫理生活的極高境界。行權之所以

---

❸　《陸象山先生全集》卷二三：〈白鹿洞書院講義〉。

❸　《春秋繁露・精華》，頁七九。

❸　布魯格編著，項退結編譯：《西洋哲學辭典》頁三七七，Schuster
　　所寫「處境倫理」條。

❸　《論語・子罕》。

更難，是因行爲的表面已脫離常規，而實質上並未眞正違背常
道。這如何可能？且看《孟子》裏記載的一則實例：淳于髠問：
「男女授受不親，禮與」？孟子答道：「禮也」。又問：「嫂
溺，則援之以手乎」？答：「嫂溺不援，是豺狼也。男女授受不
親，禮也，嫂溺援之以手者，權也」❸。「男女授受不親」在當
時禮教，屬於普遍的規範，普遍的規範是爲一般的情況而設。
「嫂溺」是特殊情況，「援之以手」是針對特殊情況所做的道德
決定，由此決定所表現的行爲，明顯違反了普遍的規範。淳于髠
提出的問題是典型的處境倫理的問題。孟子的回答，承認「男女
授受不親」，在一般的情況下是應該遵守的禮俗，但「嫂溺援之
以手」是本諸惻隱之心的人道表現，表面上雖違反了禮俗，實質
上却實現了人道。僅就這個例子而言，當禮俗實際上失去效力之
時，人却可以運用更高的人道原則加以補救，使處境倫理的問題
獲得合理的解決。孟子對這一疑難的解答，給我們最大的啓示
是：人是規範（道德律）的主人，不是規範的奴隸❸。

　　孔、孟這個論題，約二百年後在董仲舒的思想中，有了進一步
的發展。他之所以涉及這個論題，一方面是受了《公羊傳》的影
響，因《公羊傳》不僅提出「反於經然後有善者也」的處理「權」
一問題的準則，且爲行權設定了層層的限制，即所謂「權之所
設，舍死亡无所設。行權有道，自貶損以行權，不害人以行權」
❸。另一方面則是爲了思想系統內部的需要。人間的一切，仲舒
都要求有天道上的根據，他和孔子一樣，在現實政治上主張貶刑

<hr>

❸　《孟子・離婁上》。

❸　參看楊慧傑：《朱熹倫理學》頁一四七。

❸　《春秋公羊傳》桓公十一年。

而尙德，爲了使此一主張獲得天道的支持，於是以陽爲德，以陰
爲刑，以陽爲經，以陰爲權❸，刑的設施不得已而用之。不僅如
此，他還本於經、權的觀念進一步主張「刑反德而順於德」❸，
希望朝廷的刑罰能出於人道的動機，而不純是爲了報復與懲罰。

何謂經？何謂權？仲舒的解說是：「《春秋》有經禮，有
變（變卽權）禮，爲如（而）安性平心者、經禮也；至有於性
雖不安，於心雖不平，於道無以易之，此變禮也」❹。此所謂
「經禮」，乃世人在一般情況下所奉行者，類於社會學家孫末楠
（sumner）所說的民俗，它是世代承傳下來的風俗、習慣和常例，
有拒變的特性，很難適應特殊情況，因此經禮之外，還需要能通
權達變，通權達變時所本的一個原則，就是在道理上能站得住的
（於道無以易之），可見「道」的內涵大於「經禮」，也是人身
臨特殊處境時可以靈活運用自由抉擇的依據。

但自由抉擇並非絕對，它有一定的範限，這是經、權理論的
要點所在，仲舒說：「夫權雖反經，亦必在可以然之域，不在可
以然之域，故雖死亡，終弗爲也」❹。所謂「可以然之域」，就是
道理上所容許的，如果道理上不容許，卽使與死亡攸關，也不可
以行權。仲舒又以孔子「大德不逾閑，小德出入可也」解釋經、
權，經是大德，在不可以然之域，就是說，在任何情況下都必須
遵守的。權是小德，「在可以然之域」，也就是在這個範圍之內
可以行權❹。一旦行權，必然要違反一些原則，但違反這些原則

---

❸　同前❶。
❸　同前❶。
❹　《春秋繁露・玉英》，頁五九。
❹　同前，頁六五。
❹　參看前❸，頁一二二。

的目的，是爲了實現更高的原則，此卽仲舒所謂「權、譎也，尚歸之以奉鉅經耳」❹ 之義。

以上所說，就解決處境倫理問題而言，仍只能算是做了一些原則性的提示，當人面臨特殊情況及特殊倫理難題必須做新的道德決定時，究竟何者是「不可以然之域」，何者是「可以然之域」，將是最大的困結，這又涉及到如何「中權」的問題。在理論上，仲舒認爲「明乎經變之事，然後知輕重之分，可與適權矣」❹ 。「適權」卽「中權」，就是權行之而當。在實例上他借用《公羊傳》的故事，說明怎樣才叫做中權。故事是這樣的：《春秋》成公二年（公元前 589），在一場齊、晉之戰中，齊國戰敗，齊頃公被晉國軍隊所包圍，逢丑父爲頃公車右，因他的相貌似頃公，於是冒扮頃公，頃公得以逃脫，逢丑父則被捕殉難。另一個故事發生在春秋時鄭國，鄭莊公死後，公子忽繼位（公元前 701），鄭國卿相祭仲奉命到留這個地方去，路經宋國，遭宋人扣留，脅迫他驅逐公子忽，擁立宋國外甥公子突，祭仲爲保全國君的性命，僞裝接納宋人要求，使公子突得回鄭國，公子忽因而出奔衞國。

針對上述事件，有人問仲舒：「逢丑父殺其身以生其君，何以不得謂知權？丑父欺晉，祭仲許宋，俱枉正以存其君，然而丑父之所爲，難於祭仲，祭仲見賢，而丑父猶見非，何也」？仲舒回答：「是非難別者在此，此其嫌疑相似，而不同理者，不可不察。夫去位而避兄弟者，君子之所甚貴；獲虜逃遁者，君子之所甚賤。祭仲措其君於人所甚貴，以生其君，故《春秋》以爲知權

---

❹　同前❹，頁六五。

❹　同前❹。

而賢之；丑父措其君於人所甚賤，以生其君，《春秋》以爲不知權而簡之。 其俱枉正以存君相似也， 其使君榮之與使君辱不同理。 故凡人之有爲也， 前枉而後義者， 謂之中權， 雖不能成，《春秋》善之，……鄭祭仲是也；前正而後有枉者，謂之邪道，雖能成之，《春秋》不愛，齊頃公、逢丑父是也」⑤。仲舒評斷逢丑父、祭仲兩人的行爲是否中權的準則，在「前枉而後義」，因祭仲僞裝故曰「枉」，其結果却能「執權存國」，故曰「義」，此與《公羊傳》「反於經然後有善」的主張完全相合。這說明處理如何「中權」的問題，要看行爲的結果是否合理，與處理常態的倫理問題時，強調倫理的動機，正好是兩個極端。

四、仁義法⑥：人與我

仁、義是儒家倫理思想的根，所謂根是說仁義在實踐的表現上，無論是何種意義，都是發自人的本心或扣緊人的主體而言，此在孔、孟皆然。仲舒對作爲人道德主體的心性缺乏自覺，因此他的仁義學說不是從根源上出發，而是以仁義爲外在的法度，分別治理人與我，作爲對人對己的行爲合理的依據。

《春秋繁露·仁義法》開宗明義就說《春秋》所治理的，是「人」與「我」的問題，「人」不只是指個體，也是指羣體，所以人與我卽相當於近人所謂「羣」與「己」，仲舒關心的重點也不在羣己之間的關係，而是要建立治人與治我的原則、方針，以

---

⑤　《春秋繁露·竹林》，頁四五。
⑥　〈仁義法〉乃《春秋繁露》篇名，此節引文除另註明者外，皆出於此篇。

及如何治理的方法與效果。

　　仁之法是治理羣體應本的原則，義之法是整飭自我應本的原則。「以仁安人，以義正我」是治理人、我的方針。一般人的行為往往反其道而行，不免「以仁自裕，而以義設人」，也就是對待自己很寬容，對待別人很嚴厲，仲舒認為這種行為是旣違背治理人、我的原則，又顚倒了治理人、我的方針，所謂「詭其處而逆其理」也，是造成社會的亂因之一。

　　「以仁安人」，後來鄭玄（127—200）在《禮記目錄》的〈儒行篇〉上釋「儒」為「能安人，能服人」或與此有關。安人是什麼意思？從「仁之法在愛人，不在愛我」及「人不被其愛，雖厚自愛，不予為仁」來看，安人不只是愛人而已，還要使對方眞正得到你的愛，所以安人是兼包着主觀的要求與客觀的效果。例如晉靈公為了改善飲食，竟然殺死他的廚師，為了自娛竟以彈弓彈其大夫，這就是「厚自愛」而不知愛人。又如魯僖公等到齊軍已來侵犯邊境，才發兵去拯救百姓，《公羊傳》就不贊美他；魯莊公追逐戎狄到濟西，是在敵人還沒有來到之前，就預作防備，因此能制敵機先，「絕亂塞害於將然而未形之時」，《公羊傳》就贊美他。同樣是拯救百姓的行動（愛人），莊公受贊美，僖公則非，其間的區別斷在是否能收到客觀的效果——使百姓眞正得到你的愛。要做到「絕亂塞害於將然而未形之時」，在位者必須能「觀物之動，而先覺其萌」，這就是在仁之外，還需要有智，所謂「仁而不智，則愛而不別也；智而不仁，則知而不為也。故仁者所愛人類也，智者所以除其害也」[47]。

　　「人類」是羣體的極限，人類之外，仲舒甚至主張「至於鳥

---

❹　《春秋繁露・必仁且智》，頁二三二。

獸昆蟲莫不愛，不愛，奚足謂仁」！因此，他強調「遠而愈賢」，
愛擴及的範圍越遠者越尊貴，仲舒稱做「仁大遠」，所以「王者愛
及四夷，霸者愛及諸侯，安者愛及封內，危者愛及旁側，亡者愛
及獨身」。由此可以知道，仲舒的〈仁義法〉所講的倫理，不是
家族倫理，也不限於個體倫理，重點是在政治倫理，愛的遠近足
以影響國家的興亡，是一個偉大的政治倫理理念。與「仁大遠」
相對者是「義大近」，因為義的目的在正我，所以說「近」。正
我是正人的先決條件，「我不自正，雖能正人，弗予爲義」，因
此，《春秋》評論政治人物，對那些只知正人而不知自正者，皆
「奪之義辭」。先正己而後能正人，這在道德自我的要求上是正
確的，不過也僅是很籠統的原則，試問正己或自正要到達什麼程
度才有資格正人？高度的還是低度的？由低至高還可以有許多級
距。當然，這樣的問題可能不是仲舒的原意，所謂自正，最合理
的了解是指能不斷自省並在實際行爲上又能時時糾正自己的人，
具備如此條件的人，就有足夠的資格正人。事實上不具備如此條
件的人，只要「正人」本身是合理的，而被糾正者又有一定接受
糾正的心量，依然能收到良好效果。假如被正的對象是羣體，能
正者則寄望於在位者，這個希望終將落空，因權力與道德常常是
互相衝突的。

　　遠、近之外，仲舒以之區別仁、義特性者尚有往、來，內、
外，順、逆，仁是對待別人的，所以說是往，義是對待自己的，
所以說是來；正人是外，自正是內；「以仁安人，以義正我」是
順，「以仁自裕，以義設人」是逆。

　　以仁治人，在前述安人或愛人的意義之外，還包括「刺上之
過，而矜下之苦」，這是愛的內涵的擴大，憐惜統治下的小民的

痛苦固然是愛，對在上統治者的任何過失都不放過對他的批評也是愛，因爲百姓的痛苦，有的是由在上位者的過失所造成。「刺上之過」與「不攻人之惡，非仁之寬與」並不矛盾，「不攻人之惡」指對一般人而言。在仁的一邊，主不攻人之惡，相對的，在義的一邊，則主「自攻其惡」。由此引申，能自認其惡者，叫做坦白，說人壞話的，叫做中傷，知反求諸己者篤厚，苛求於人者刻薄，以此爲準，所以在上位者「以自治之節治人，是居上不寬也，以治人之度自治，是爲禮不敬也」，這都是違背了仁義法度的。

綜觀仲舒的〈仁義法〉，他基本的意向，不是順承着孔、孟的倫理思想講下來的，他賦予仁義以法度的意義，也希望能產生法度的效果。這與他以政治爲思想的中心問題是相應的。在這個意義上，他的〈仁義法〉是否有心性的根據，已是不重要的問題。

第七章　董仲舒的政治思想

　　就哲學而言，仲舒的思想是以天人感應論爲主，但他終極的關懷，是在政治（外王），說得更具體點，是在如何使先秦儒家的德治理想與專制體制相結合。相應着這個目標，《春秋》學使天人感應論取得經典的依據，以天爲中心的哲學，則是爲支持他的政治思想而建立的❶。

　　以政治爲終極的關懷，在這一點上，仲舒與先秦儒家是一致的，其間的差別是在：先秦儒家的外王是以內聖爲前提的，也就是說，王者的措施和王者行爲的合理化，是寄望於王者本身的道德修養，於是王者的德性（道德主體的自覺）德行（道德外顯於行爲）成爲政治教化的泉源、治國平天下的關鍵，這是孔、孟道德理想主義的想法。這套想法在孔、孟當時，根本不可能有實現的機會，所以這種理想主要是文化的意義。仲舒所面臨的時代及客觀環境與春秋、戰國大異，諸子夢想中的大一統已實現，專制體制則爲存在於客觀環境中的事實，這兩項政治上創世紀的成就，在思想層面上，先秦諸子中，無疑的以法家的貢獻爲最大，因此專制天下裏的體制與法家有很深血緣上的關係。當仲舒發展他的政治思想時，以上這些都是他無法克服的外在限制，在這限

---

　　❶　參看徐復觀：《兩漢思想史》卷二，頁四一三。

制下，他必須接受部分的法家思想，至於儒家的理想，也只有在
旣成體制上用因勢利導的方式，促其逐漸轉化，以便從事體制內
的改革。根據這些了解，我們有理由相信，仲舒的德治思想，所
以不再把重點放在內聖上，而把價值的根源從內在的心性移向超
越的天上去，爲了遷就現狀，應該只是部分的原因，另一方面，
他可能已想到，僅憑君王個人的道德修養，根本不能成爲政治合
理化的基礎，這個基礎必須依靠體制所賦予的君王的權威上，這
是法家的思想，與法家不同的是，君王的體制與君王的權威皆源
本於天，而天又是道德化的最高權威。後人可以責難仲舒，這樣
的思想，不過使專制披上道德的外衣，但是，在那樣的時代，那
樣的歷史條件下，又能有多少其他的選擇？如果說仲舒的政治思
想有許多缺點，至少有一部分的原因，要歸咎於儒家內聖外王的
理想，在專制現實下接受考驗的結果。

一、法天而治的意義

仲舒政治思想的基礎雖在法天，也因法天而有君權神授之說
，但整體地看，他並沒有因此而發展出一套神權的政治思想，毫
無疑問，他的政治主張仍屬於儒家的道德政治形態，只是道德的
根源，在孔、孟（荀子已與孔、孟不同）是建立於作爲人主體的
心性，在仲舒則託始於天，因託始於天，遂不免原始宗教的夾雜。

確定了他的政治形態，可避免一些不必要的誤解❷。下面可

---

❷　我這裏指的是把董仲舒的天人思想看作神學的那些見解，這是把歐
　　洲中世史的框框硬套入中國史所產生的誤解，最典型的例子見於侯
　　外廬主編《中國思想通史》第二卷，〈兩漢思想〉第三章：〈董仲
　　舒公羊春秋學的中世紀神學正宗思想〉。

逐點審視其所謂法天而治的內涵。

　　(1)　聖人副天之所行以為政。

　　(2)　聖人視天而行。

　　(3)　三代聖人不則天地，不能至王。

　　(4)　行天德者，謂之聖人❸。

聖人要成為王者，必須法（則）天或視天而行，由「聖人副天之所行以為政」，可知法天而治仍是以「人副天數」為其理論根據，人副天數又是依據陰陽同類相動的原理而建立的一套獨斷的理論。根據這個原理和理論，斷言凡是天有的，人也有，如「天有陰陽，人亦有陰陽，天地之陰氣起，而人之陰氣應之而起，人之陰氣起，天地之陰氣亦宜應之而起，其道一也」❹。在這個意義下，所謂「行天德者，謂之聖人」的「天德」的意義，不像在先秦儒家是人德的理想化，所謂天德不過是法四時而已，因仲舒認為「春者天之和也，夏者天之德也，秋者天之平也，冬者天之威也」❺。同時「行天德」也不必靠聖人的修養，只是把「在身之與天同者而用之」❻。

　　仲舒常用「聖人」一詞，他心目中的聖人不僅與內聖無關，事實上同於人君或人主，就是在現實上統治國家的君王。且舉兩

---

❸　以上四條順序見《春秋繁露・四時之副》，頁三二五，〈天容〉，頁三〇〇，〈奉本〉，頁二五五，〈威德所生〉，頁四三四。

❹　《春秋繁露・同類相動》，頁三三一。

❺　《春秋繁露・威德所生》，頁四三四。

❻　《春秋繁露・陰陽義》，頁三一〇。

個例子:（1）「古之聖人見天意之厚於人也，故南面而君天下」
❼。（2）「……能常若是者，謂之天德，行天德者，謂之聖人；
爲人主者，居至德之位，操殺生之勢（權），以變化民，民之從
主也，如草木之應四時也」❽。聖人旣等於人主，所以居高位也
等於居至德。人主旣居至德之位，他的所作所爲，無不是行天
德，法家的人主享有至高無上的權威，是赤裸裸的，仲舒却爲人
主加上一層道德的僞裝，使人主更能理直氣壯！問題的根源恐怕
還是在儒家賦予人主的負擔實在太大太重（如治國平天下），你
不把人主推崇得那樣高，又怎能向他要求那樣多呢？

　　法天而治的另一涵義，是天子受命於天：

　　（1）人之得天得衆者，莫如受命之天子。

　　（2）受命之君，天意之所予也，故號爲天子者，宜視天如
　　　　父，事天以孝道也。

　　（3）故德侔天地者，皇天右（佑）而子之，號稱天子❾。

王者受命於天，《詩經》、《書經》裏就有這個觀念，但那個時
代受命的意義是強調王者必須修明自已的德行，方能永續天命，
也就是說，天命是有條件的，對人間的王而言，天命是無常的
❿。仲舒不同，只要是受命的天子，他就當然能「得天得衆」、

---

❼　《春秋繁露‧諸侯》，頁二七七。

❽　同前❺，頁四三四。

❾　以上三條順序見《春秋繁露‧奉本》，頁二五五，〈深察名號〉，
　　頁二六一，〈順命〉，頁三八四。

❿　參看楊慧傑：《天人關係論》，頁三〇、三一。

天與人歸，並不需要以修明其德行爲條件。此義又見於《春秋繁
露・觀德》：「故受命而海內順之，猶衆星之共北辰，流水之宗
滄海也」。這種思想前面說過，部分原因是爲了遷就專制一統天
下的現狀。但遷就現狀，亦有其故，漢代開國之君，乃平民而
爲天子，在中國歷史上是一個創世紀的新局面，〈觀德〉又說：
「至德以受命，豪英高明之人輻輳歸之，高者列爲公侯，下至卿
大夫，濟濟乎哉」！幾乎就是漢初開國史的寫實，想想看，平民
而爲一統之主，若非「至德以受命」，若非「受命之君，天意之
所予也」，又能如何理解？因此，「聖人（人主）之道，同諸天
地」，在天受命的同時，也把道給了天子，這樣說天子之「德侔
天地」，就不會顯得突兀了。

　　「德侔天地」卽所謂「配天」，此在《孟子》、《中庸》是
經由心性工夫所嚮往的終極境界，現實上並沒有人眞能達到這個
境界。仲舒却認爲王者、人主就能配天，至於王者、人主是如何
達到這個境界的，也與心性工夫了無關涉。仲舒說：

> 夫王者不可以不知天，……天意難見也，其道難理，是故
> 明陽陰入出、實虛之處，所以觀天之志；辯五行之本末、
> 順逆、大小、廣狹，所以觀天道也。天志仁，其道也義，
> 爲人主者，予奪生殺，各當其義，若四時；列官置吏，必
> 以其能，若五行，好仁惡戾，任德遠刑，若陰陽；此之謂
> 能配天⓫。

所謂「王者不可以不知天」的「天」，由下文應是指「天地之

⓫　《春秋繁露・天地陰陽》，頁四四〇。

氣，合而爲一，分爲陰陽，判爲四時，列爲五行」**⓬**的氣化宇宙觀總綱而言，「知天」就是法天，知天是槪括地說，詳言之「若（法）四時」、「若五行」、「若陰陽」都是法天。「爲人主者，予奪生殺，各當其義，若四時」只是一個結論，詳細說明見於《春秋繁露・陰陽義》：「春、喜氣也，故生；秋、怒氣也，故殺；夏、樂氣也，故養；冬、哀氣也，故藏；四者天人同有之，有其理而一用之，與天同者大治，與天異者大亂，故爲人主之道，莫明於在身之與天同者而用之，使喜怒必當義而出，如寒暑之必當其時乃發也」。此不但對法四時做了理論上的說明，對取法四時的方法也有所提示，取法四時並不帶有宗敎或神秘主義的意味，依據「天人同有」的原則，取法不過是將「在身之與天同者而用之」而已。這個方法也適用於法五行、法陰陽，是法天通用的方法。這個方法，由「爲人主也，道莫明，省身之天，如天出之也。使其出也，若天之出四時，而必忠其受也」**⓭**之言看來，無異是說人身中就有天，法天卽「省身之天」，仲舒主法天而治，不取內聖的心性工夫，這裏又似乎採用了近似反求諸己的方法，這方法亦僅止於印證天人同有的原則而已。

其次，「列官置吏，必以其能，若五行」，是根據《春秋繁露・五行相生》：「五行者，五官（五種官職）也，比相生而間相勝也，故爲治，逆之則亂，順之則治」而言，下文「東方者木，農之本，司農尙仁，……南方者火，本朝〔司馬也〕，司馬尙智，……中央者土，君官〔司營〕也，司營尙信，……西方者金，大理，司徒也，司徒尙義，……北方者水，執法，司寇也，

⓬　《春秋繁露・五行相生》，頁三三四。
⓭　《春秋繁露・爲人者天》，頁二八二。

司寇尙禮，……」都是發揮這個道理。

復次，「好仁惡戾，任德遠刑，若陰陽」，也是《春秋繁露‧陽尊陰卑》一段文字的簡化，其文曰：「陽，天之德，陰，天之刑也，陽氣暖而陰氣寒，陽氣予而陰氣奪，陽氣仁而陰氣戾，陽氣寬而陰氣急，陽氣愛而陰氣惡，陽氣生而陰氣殺。是故陽常居實位而行於盛，陰常居空位而行於末，天之好仁〔之常〕而近，惡戾之變而遠，大德而小刑之意也，……貴陽而賤陰也」。

據上所言，所謂王者知天，即法四時、五行、陰陽，法四時則生殺予奪合於義，法五行則因材授官，法陰陽則任德遠刑，此之謂王者配天，可知仲舒所言配天，即王者法天而治之義。

二、政治的功能

前文說過，以政治爲終極的關懷這一點上，仲舒與孔、孟並無不同，但孔、孟在起點上是以道德意識爲主，政治意識不過是道德意識的延伸。仲舒則不然，道德意識已消融於政治意識之中，政治成爲文化中最凸出的實體，思想的其他部分皆環繞着政治問題而生，倫理是爲政治服務的，政治的良窳不但影響到社會秩序，也影響到自然的變化，政治的終極關懷與政治的現實關切結而爲一，董仲舒不折不扣是位政治化的儒家。

以道德意識爲主的孔、孟，在倫理上建立了親親的原則。所謂親親的原則，即當親親與尊尊之間發生衝突時，寧取親親的價值，而犧牲尊尊的價值，如孔子主張父爲子隱，子爲父隱，又如舜父殺人，孟子也主張舜應犧牲天子之位，竊負而逃。把政治視爲最凸出實體的仲舒，對親親尊尊之間價值的抉擇，與孔、孟正

相反，他主張「不以親害尊，不以私妨公」❶❹。當然，這也蘊涵著政治是一獨立的範疇，政治的事務不是親親的原則所能處理的 ❶❺。

> 《春秋》何貴乎元而言之？元者，始也，言本正也；道，王道也；王者，人之始也。王正，則元氣和順，風雨時，景星見，黃龍下；王不正，則上變天，賊氣並見❶❻。

引文的前半段是根據公羊家解釋「王正月」為「大一統」之義而言的，萬物本於元，所以說「元者，始也」，元既為萬物之本，所以從價值上肯定其正當性。人間與元相稱的，是大一統的王，王是實現王道的，王道像時雨一樣，滋潤百姓，所以說王是人道的開始。引文的後半段，以天人感應的理論為其依據，大一統的王──天子，其所作所為如合乎正道，那末作為萬物之本的元氣就能和順地運作，元氣能和順地運作，則陰陽調和，四時順遂，與民生息息相關的風雨自及時來臨，象徵祥瑞和天下太平的景星、黃龍也適時顯現。反之，天子所作所為如不合乎正道，那末天就會起另一種變化，而出現春季草木凋零，夏季降霜雪，冬季打雷等反常現象──與元氣相反的妖氣。以上這段言論，雖相當誇大地表示天子所代表的政治力量足以影響到宇宙的秩序，但還

---

❶❹ 《春秋繁露・精華》，頁七五。

❶❺ 關於親親原則以及它與尊尊之間的衝突，可參看韋政通：〈中國孝道思想的演變及其問題〉一文，見《現代化與中國的適應》附錄，特別是頁一五三、一六七、一六八、一六九。

❶❻ 《春秋繁露・王道》，頁八七。

是恪守着儒家道德政治的原理。

　　政治既能影響到宇宙的秩序，自然更能影響到人的命運與社會的秩序。關於對人的命運的影響，仲舒說：

> 人始生有大命，是其體也，有變命存其間者，其政也，政不齊，則人有忿怒之志，若將施危難之中，而時有隨、遭者⑰，……

「大命」與「變命」相對而言，解爲「正命」是對的⑱。「正命」有兩說：一是孟子的「盡其道而死者，正命也，桎梏死者，非正命也」⑲。一是王充的解說，正命「謂本禀之自得吉也，性然骨善，故不假操行以求福而吉自至」⑳。孟子對「正命」賦予道德實踐的涵義，與「人始生有大命」之說顯然不合。相對於「變命」而言，仲舒所謂「大命」比較接近王充所說的「正命」。不過「大命」不一定涵價值意味，而只是天所賦予的命運。「變命」即下文所說隨命和遭命，王充說：「隨命者，戮力操行而吉福至，縱情施欲而凶禍到」。又說：「遭命者，行善得惡，非所冀望，逢遭於外而得凶禍」㉑。不論是行善得福或是行善得惡，這種命運仲舒都認爲是由於政治所造成。此外，《春秋繁露·俞序》有「假其位號，以正人倫」之言，標明爲孔子所說，恐是假

---

⑰　《春秋繁露·重政》，頁一四一。

⑱　同前註，賴炎元「大命」註文。

⑲　《孟子·盡心上》。

⑳　《論衡·命義》。

㉑　同前註。

託，倒是很符合仲舒以政治意識為中心的思想。仲舒在〈詣丞相
公孫弘記室書〉中說：「仁者所以理人倫也，故聖王以為治首」。
把理人倫視為聖王治道的首要之務，雖表示看重人倫，但人倫是
被治者，而能治者的「仁者」同於「聖王」，「聖王」同於下文
的「聖主」，聖主當然就是當今天子漢武帝了。天子以理人倫為
首務，就表示天子所代表的政治力量，足以影響到社會秩序。其
實，在仲舒的思想裏，倫理就包含在政治之中的，如謂：「政有
三端（三方面）：父子不親，則致其愛慈；大臣不和，則敬順其
禮；百姓不安，則力其孝弟」❷。在這裏，「父子不親」的倫理
問題，還是用「致其愛慈」的倫理方式來處理，可是在三綱說
中，就含有把倫理問題可以與政治問題用同一方式來處理。孔、
孟是把政治問題用倫理的方式來處理，順着仲舒政治功能的膨脹
與政治力量的泛濫，終必導致用政治的方式來處理倫理的問題。

　　由於承襲儒家的傳統，仲舒也知道：「聖人之道，不能獨以
威勢成政，必有敎化」❷。可是敎化在心性上旣無根，而要靠王
者之化，王者又不探內聖的修養，而是靠法天，試問敎化的動力
不出於天子的威勢，又能出於何處？

三、政治的理想與現實

　　政治的理想是指屬於道德政治形態方面的思想，仲舒不探討
道德政治的根源──內聖的工夫或修養，重點放在道德政治的措

㉒　見《古文苑》。

㉓　同前❶，頁二八四。

㉔　同前註。

施上，當然，他並未忽略代表儒家德治如民本、尙賢這些重要的
理念。

　　王霸問題在先秦儒家曾是一重要課題，因它涉及政治的理想
與政治的評價。孔子在理想方面盛讚堯、舜，在現實方面對齊桓
公、管仲也加以推許，推許桓公、管仲與道德動機無關，只看行
動的結果是否合於道德，這是很平實的看法，對現實的政治人
物，也是一種鼓勵㉕。把王霸從性質上加以區分的，始於孟子，這
與他所處的時代背景有關，所謂「今夫天下之人牧，未有不嗜殺
人者」，霸者已難以企及。也因此王霸的觀念在孟子作爲政治評
價的成分居多。荀子的道德意識不像孟子那樣強烈，所以論王說
霸實相去無幾，頂多只有程度上的差距，並無性質上的不同㉖。
仲舒的「霸、王之道，皆本於仁」㉗，蓋得之於孔子稱管仲「如
其仁、如其仁」之義，而所說「《春秋》之道，大得之則以王，
小得之則以霸」㉘，也認爲王霸只有程度上的差異，他們都不是
要客觀討論王霸問題，而只是出於道德政治的立場，表達主觀的
意願。

　　有關君位繼承的問題，先秦儒家有兩種見解：一是由民心是
否歸順來決定君位的正當性；一是禪讓說。民心是否歸順主要在

㉕　孔子推崇桓公、管仲見《論語・憲問》：「齊桓公正而不譎」。又：
　　「子路曰：桓公殺公子糾，召忽死之，管仲不死。曰：未仁乎？子
　　曰：桓公九合諸侯，不以兵車，管仲之力也。如其仁，如其仁」。
　　又：「管仲相桓公，霸諸侯，一匡天下，民到于今受其賜；微管
　　仲，吾其被髮左衽矣」。

㉖　參見韋政通：《荀子與古代哲學》，頁一一六～一一七。

㉗　《春秋繁露・兪序》，頁一四九。

㉘　同前註。

君王是否能愛民，禪讓的條件也是決定於道德，這都是本諸德治
理想對這個問題提供的理念。仲舒已生存在專制天下的時代，理
應對這個問題有進一步的思考，但在《春秋繁露‧堯舜不擅移湯
武不專殺》中，只就孟子所謂「天與之，人與之」之間特別強調
天與，如對堯、舜禪讓，只是解釋為：上天有不讓堯、舜把天下
傳給兒子的緣故。又如：「且天之生民，非為王也；而天立王，
以為民也。故其德足以安樂民者，天予之，其惡足以賊害民者，
天奪之」。也近似孟子的老調。

　　針對君位繼承問題，比較能代表仲舒進一步思考的，是下面
這一段：

> 非其位而即之，雖受之先君，《春秋》危之，宋繆公是
> 也；非其位不受之先君，而自即之，《春秋》危之，吳王
> 僚是也；雖然，苟能行善得眾，《春秋》弗危，衛侯晉以
> 立書葬是也；俱不宜立，而宋繆受之先君而危，衛宣弗受
> 先君而不危，以此見得眾心之為大安也❷。

根據《春秋》的史事，仲舒把君位繼承列出三種情況：（1）不是
屬於他的君位，他却登上這個位子，雖然這個位是從上一代國
君接受來的；（2）不是屬於他的君位，也不是從上代國君接受來
的，而是自己登上這個位子；（3）雖然是自己登上國君的位子，
但能行善事，又得到民眾的擁戴。第一種繼承的情況，《春秋》
認為危險，是因不合制度；第二種繼承的情況，《春秋》認為危
險，因為君位是由篡奪而來。這兩種危險的原因，是為了缺少合

---

❷　《春秋繁露‧玉英》，頁五四～五五。

法性。從第三種繼承的情況來看，仲舒顯然認爲世襲的合法性並不構成君位繼承的絕對條件，也不認爲篡奪一定是壞事，篡位者只要能「行善得衆」，《春秋》不以爲是危險的。所以依仲舒看來，只有能獲得人民的愛戴，才是君位繼承必要而充足的條件，這在專制帝國時代，不能不說是很大膽的言論。他的想法，根據道德政治的原理，是對君位繼承問題，唯一合理的辦法。這個想法是否眞能解決繼承問題，而使國家能「大安」呢？不能，因行善而得衆的賢君，可遇而難求，這樣的繼承方式是不穩定的。從人治的觀點，不能眞正解決這個問題，這也是儒家道德政治的傳統難以踰越的限制。

「且天之生民，非爲王也；而天立王，以爲民也」，上文提到時，是爲強調「天予」（卽「天與」），現在要補充說明：天予是以人歸或民本爲其條件的。討論君位繼承問題，不論君位是用什麼方式取得的，只要能行善得衆，就足以使君位有正當性，也是以民本爲其先決的條件。

民本雖是偉大的政治理念，但在這種理念長期流傳的時代裏，從未出現實施這個理念的歷史與社會條件。在現實的政治中，實現的不是「民爲邦本」，而是君爲國本，當仲舒提出這樣的觀念時，你可以責備他擁護專制，他眞正的用心更可能是希望在這無法改變的事實之前，仍能融入一些德治的理想，這點存心在〈賢良對策〉中表露無遺，在《春秋繁露・立元神》裏，更爲在專制體制下，如何「以德爲國」，而提出三本之說：

> 君人者，國之本也，夫爲國，其化莫大於崇本。……何謂
> 本？曰：天、地、人，萬物之本也，天生之、地養之、人

> 成之；天生之以孝悌，地養之以衣食，人成之以禮樂，三
> 者相為手足，合以成體，不可一無也。

天、地、人《易經‧說卦傳》稱之謂三才，「人生人成」曾是荀
子系統的基本原則之一，仲舒採用了他們的觀念，但做了新的詮
釋。「天生之以孝悌」，句子看起來很怪，其實孝悌代表基本德
性，卽天以德生長萬物之義，與「天地之大德曰生」相同。

三本的功能既如此之大，在具體的措施上要如何才能奉行？

> 明主賢君，必於其信，是故肅慎三本：郊祀致敬，共事祖
> 禰，舉顯孝悌，表異（彰）孝行，所以奉天本也；秉耒躬
> 耕，採桑親蠶，墾草殖穀，開闢以足衣食，所以奉地本
> 也；立辟廱庠序，修孝悌敬讓，明以教化，感以禮樂，所
> 以奉人本也[30]。

奉行天本屬於宗教，奉行地本屬於經濟，奉行人本屬於教育，內
政方面在傳統時代，沒有比這三件更重要的大事，所以說：「夫
爲國，其化莫大於崇本」。這些措施皆切實可行，也是儒家最可
能與專制帝國相整合的部分。

孔子答葉公問政，以「近者說，遠者來」[31]爲政治理想，從
二人的簡略對話中，無法知道孔子要用什麼條件才能實現這種理
想，不過從「政者，正也，子帥以正，孰敢不正」，以及「君子
之德、風，小人之德、草，草上之風必偃」[32]這類言論來看，假

---

[30] 《春秋繁露‧立元神》，頁一五七。

[31] 《論語‧子路》。

[32] 以上兩條皆見《論語‧顏淵》。

如葉公再問下去，大概仍是希望葉公在個人修養上多下工夫。仲舒也討論到這個理想，他以齊桓公、管仲爲例，認爲只要有一二件合於道德的行爲或措施，就能達到這個理想：

> 齊桓挾賢相之能，用大國之資，卽位五年，不能致一諸侯。於柯之盟，見其大信，一年，而近國之君畢至，鄄幽之會是也。其後二十年之間，亦久矣，尚未能大合諸侯也，至於救邢衞之事，見存亡繼絕之義，而明年，遠國之君畢至，貫澤、陽穀之會是也。故曰：親近者不以言，召遠者不以使，此其效也❸❸。

第一件合於道德的行爲，是齊桓公跟魯莊公在柯這個地方會見，魯將曹沫用劍脅迫桓公立誓，歸還齊國侵佔魯國的土地，會後桓公履行了他的誓約，因此見大信於諸侯，正應驗了孔子所說「民無信不立」。另外兩件合於道德的措施，是狄人侵犯邢國時，桓公協助邢國擊退狄人，使邢免於亡國；桓公在狄人滅衞之後，又幫助衞把國家重建起來。根據《管子·小問》，桓公所以能有這樣的舉措，是受管仲的影響。仲舒舉這個例子，顯然是要表示，近悅遠來的政治理想，並非渺不可及，連霸者齊桓公都能做得到的，一統天下的天子怎麼會做不到？

　　齊桓公用管仲，是尚賢政治的一個佳例。尚賢也是儒家德治理想中必涵的一個重要課題，其義有二：一是在位的君主必須使自身努力成爲一個有德的賢者；一是君主在施政上須起用賢才❸❹。

---

❸❸　同前❶❹，頁七七。

❸❹　黃俊傑：《春秋戰國時尚賢政治的理論與實際》，頁一○二。

這兩點爲儒、墨兩家所同，所不同者，在儒家的賢者要靠道德修養，在墨家則要能善體「天志」。法家尙賢又不同，是以才幹爲主的[35]。仲舒也很重視尙賢，從他的「不能致功，雖有賢名，不予之賞」[36]之言看，所謂賢也是以才幹爲其要件的。此外，尙賢一方面固是爲了謀求國安，同時也是爲了主尊，如謂：「以所任賢，謂之主尊、國安，所任非其人，謂之主卑國危，萬世必然，無所疑也」[37]。又謂：「夫欲爲尊者，在於任賢，……賢者備股肱，則君尊嚴而國安」[38]。依照君爲國本的說法，尙賢是爲了主尊又重於國安，如此主張尙賢，與儒、墨之義皆不合，恰是他的思想已法家化的又一明證。

　　以上大抵檢討了仲舒政治理想方面的一些觀念，以下將探討兩點涉及政治現實的問題：一是保位權，一是考功名。

　　孔子對政治問題的主要關心，不在政治過程本身的問題（如統治型態、權力界限、自由批評等），而是在於政治機能對造就完美的社會所能發揮的決定性作用。孟子則認爲政治的目的在以養民與敎民爲手段（養優先於敎）造就理想的社會，完成此一目的則有賴於政治領導者的道德資質[39]。他們都沒有觸及權力問題，大概是因在孔、孟的想法裏，只要政治領導者能成爲有德的君主，權力自然不成問題。這是道德理想主義的政治觀，這種政治觀預設了性善論，從這種觀點出發，無法直入現實政治的核心

---

[35]　同前註。

[36]　《春秋繁露·考功名》，頁一六九。

[37]　同前[14]，頁八三。

[38]　同前[30]，頁一六〇。

[39]　陳弱水：〈「內聖外王」觀念的原始糾結與儒家政治思想的根本疑難〉，見《史學評論》第三期，頁九〇～九一、九四～九五。

——權力問題。

　　先秦各家中，能直入現實政治核心的權力問題的是法家，法家韓非主張性惡，就政治而言政治，是一大突破，如何保持君王的權力，也就成爲法家——尤其是韓非政治思想中最大的問題。仲舒「保位權」的思想，是承繼了法家的傳統，不過，其中仍夾雜儒家的成分。

> ……受命者不示臣下以知之至也，故道同則不能相先，情同則不能相使，此其敎也。由此觀之，未有去人君之權使制其勢者也，未有貴賤無差，能全其位者也，故君子愼之 ❹ 。

上面這段文字，是《春秋繁露・王道》討論存亡之道的結論，「未有去人君之權使制其勢者也，未有貴賤無差，能全其位者也」，不但說明了人君保持權位的重要，也說明了人君保持權位的功效，在這個意義上，貴賤的差序也成爲權位的象徵。「受命者不示臣下以知之至也……此其敎也」，是提出保權位的方法，不把自己的作爲明示給臣子，仲舒認爲是天子最高智慧的表現，正是韓非期勉人主要做到「隔塞而不通，周密而不現」❹ 的主張。基於這個主張，所以君臣之間旣不能「道同」，也不能「情同」，道同、情同彼此必須能溝通、能信任，這樣人君就不能領導臣下（相先），也不能差遣臣下（相使），對人君的權位是很危險的，此義亦與韓非「信人則制於人」❹ 之旨相合。

---

❹　《春秋繁露・王道》，頁一〇五。

❹　《韓非子・八經》。

❹　《韓非子・備內》。

> 國之所以為國者，德也，君之所以為君者，威也，故德不
> 可共，威不可分，德共則失恩，威分則失權，失權則君
> 賤，失恩則民散，民散則國亂，君賤則臣叛。是故為人君
> 者，固守其德，以附其民，固執其權，以正其臣❹。

這一段與前引文命意相同，對人君保位權的理由和必要說得更清
楚。「國之所以為國者，德也，君之所以為君者，威也」，這是
恩威並施的統治術。韓非明言「德厚之不足以止亂」，又說「大
臣有行則脅君，百姓有功則利上」❹，一切皆是為君，不會重視
對人民的德澤，強調人君應施恩於民，是儒家的觀念。仲舒企圖
把儒家的觀念整合於專制體制，這又是一個很明顯的例子。

這種觀念上混雜的現象，也見之於「考功名」的原則與方法
之中：

> 考績紬陟，計事除廢，有益者謂之公，無益者謂之煩。摩
> 名責實，不得虛言，有功者賞，有罪者罰，功威者賞顯，
> 罪多者罰重。不能致功，雖有賢名，不予之賞。官職不
> 廢，雖有愚名，不加之罰，賞罰用於實，不用於名，賢愚
> 在於質，不在於文，故是非不能混，喜怒不能傾，姦軌不
> 能弄，萬物各得其冥（真），則百官勸職，爭進其功❹。

「摩名責實，……有功者賞，有罪者罰」是為考核臣子功名所立

---

❹　《春秋繁露・保位權》，頁一六四。

❹　同前❹。

❹　同前❹。

的原則。「審名責實」有多方面的意義，在墨經與公孫龍子有知
識的意義，在《管子‧九守》則以名實是否相當作爲衡定治亂的
標準，根據《春秋繁露‧深察名號》可知仲舒是以名實的離合作
爲判斷是非的標準，所以它是一個工具性的原則，可以應用到各
方面。「雖有賢名，不予之賞」，「賞罰用於實，不用於名」，
無異是名實原則的否定，根據此一原則，應該是就賢之名，考核
其是否有賢之實，應該是賞罰不祇用於實，而是要看名實是否相
符。仲舒把功罪視爲賞罰的唯一依據，而排斥「賢名」，是法家
的想法。韓非說：「明主之國，臣不得以行義成榮，不得以家利
爲功，功名所生，必出於官法」❹。「行義」、「家利」都可以
得「賢名」，這是法家所拒斥的，在法家，一切功名，皆須「出
於官法」，也就是要合於官方的法令，凡是不合於官方法令的，
統稱之爲私行，都要受到懲罰。但是仲舒在這裏又主張考核臣子
是否升級或降級，是否任用或不任用，要看臣子的作爲是否有
益或無益，「有益者謂之公，無益者爲之煩」，照上文「興利除
害」之說，所謂有益無益當是對人民而言，這是儒家、墨家的思
想，與韓非的主張又顯然相悖。此外，仲舒與法家雖都認爲功罪
是賞罰的唯一依據，而賦予功的意義又完全不同。旣重視對人民
有益之「公」，又有什麼理由必須排斥「賢名」？由「致功」而
獲「賢名」又有何不可？觀念上如此混雜，或許正顯示一個旣想
守住儒家立場，又不能不迎合專制現實者的困惑吧！

---

❹　同前❹。

四、君臣之道

孔、孟把政治的基礎建立在國君的道德人格上，所以在他們看來，君道問題無異就是君德問題。關於爲臣之道，孔、孟都主張仕必由其道，而孟子對臣道論之特多，其中包括難進而易退、責難於君、不召之臣、格君心之非等❹，這是道德理想主義者的想法，懷抱着這種想法的人，他們只管自己的想法對不對，並未眞正考慮他們的想法是否能實現。他們只是春秋戰國亂世的傳道人，從來沒有把現實上的國君放在眼中。荀子的政治思想發於專制天下前夕，客觀的形勢不同於孔、孟時代，因而已大唱尊君之論❹。

以上非常簡略地點出先秦儒家本身對君道問題的變化，主要是提醒評論或責難仲舒尊君之論者（這一點從思想層次上無法避免），也應想到他的歷史處境。仲舒的時代，漢興已大半世紀，戰國游士活動的環境早不存在，處於不同立場的知識分子，紛紛迎合統治者的心理競銷其治術，一個儒者如不肯定尊君的「共識」以滿足統治者，根本不可能有機會直接向統治者說出自己的主張。就〈賢良對策〉而言，仲舒的主張不但堅守着儒家的立場，也未喪失作爲一個儒者的風格。如果說他的君臣之道有問題，那末問題的癥結是在政治的人治形態，這個形態不改變，不論內容如何，一旦落實在現實的專制體制之中，尊君卑臣的事實也無從改變。

---

❹　參看韋政通：《中國哲學辭典》，「臣道」條，頁三四三～三四五。

❹　蕭公權：《中國政治思想史》，頁一〇一。

　　下文先看仲舒的君道論，這方面的思想有兩個重點：一是如何尊君及其理由；一是作為人主應具備的條件。在前一點上趨向於法家化極為明顯，在後一點上則混合了儒、道、法三家的思想，大體而言，人主的條件須具法家的尊貴，道家的修養，儒家的作為。

　　怎樣去做才能算是尊君？

> (1) 人臣之行，貶主之位，亂國之臣，雖不篡殺，其罪皆宜死。
>
> (2) 義不訕上。
>
> (3) 功出於臣，名歸於君。
>
> (4) 孔子曰：「君子有三畏：畏天命，畏大人，畏聖人之言。……以此見天之不可不畏敬，猶主上之不可不謹事」。
>
> (5) 以人隨君，以君隨天。……故屈民而伸君，屈君而伸天❹。

為什麼為人臣者不可貶抑人君的地位？因人君乃國之本，貶主之位無異動搖國本，與亂國無異，故皆不免於死罪。所謂「義不訕上」，是因既有君臣關係，根據儒家的五倫是「君臣有義」，所以在道義上臣子不可以譏謗君上。「功出於臣，名歸於君」不當

---

❹　以上五條 (1) (2) 見《春秋繁露・楚莊王》頁一，頁八，(3) 見〈保位權〉頁一六五，(4) 見〈郊語〉頁三六七，(5) 見〈玉杯〉頁二一。

解爲「臣子建立的功勞，名譽却歸於君主」⑩，而是臣子雖有功，是否應得名，要靠國君經由「覈名考質，以參其實」⑪的考核，然後賞給他的，賞罰的權屬於君，所以說「名歸於君」。引文(4)是說事君如事天。引文(5)「屈民而伸君」是仲舒君道論中最應受到譴責的言論，爲了尊君，屈臣足矣（因其有君臣關係），何必再犧牲百姓爲其代價！這不但嚴重地違反了儒家貴民愛民的傳統，也易導致專制帝王視天下人皆爲其奴才。

關於尊君的理由，仲舒說：

(1) 君者，國之元。

(2) 體國之道，在於尊、神，尊者所以奉其政也，神者所以就其化也，故不尊不畏，不神不化。

(3) 君之所以爲君者，威也，……威不可分，……威分則失權，失權則君賤，……君賤則臣叛。

(4) 天子受命於天。

(5) 聖人正名，名不虛生，天子者，則天之子也⑫。

國之元卽國之本。君何以爲國之本？因其受命於天，受命於天者爲天之子，天子享有至尊的地位，不如此不能使臣子敬畏，天子據有絕對的權力，不如此臣子就會叛變。合起來看，尊君的理由

---

⑩　賴炎元：《春秋繁露今註今譯》，頁一六八，「功出於臣，名歸於君」的譯文。

⑪　同前❹，頁一六五。

⑫　以上五條，(1)(2)見《春秋繁露・立元神》，頁一五六、一六〇，(3)見〈保位權〉，頁一六四，(4)見〈順命〉，頁三八四，(5)見〈郊語〉，頁三六八。

最後是訴諸天命，天子權威的合法性也是靠天命來支持，依照韋
伯支配類型的理論，這種權威不是建立於理性的基礎，也不是建
立於奇理斯瑪的基礎，而是建立於傳統的基礎❸。這一權威的類
型，基本上是不穩定的，因此強調忠君的倫理（尊君的制度化）
就有其必要。政治權威不穩定的特性，造成中國歷史一治一亂惡
性循環的根源。

　　國君雖享有至尊的地位，絕對的權力，但如上所說，這些並
沒有眞正穩固的基礎，要有眞正穩固的基礎，理應朝建立於理性
的基礎方面發展，也就是說須由人治的政治類型轉變爲法治的政
治類型（法家的法治仍屬於人治類型），傳統的中國，到黃梨洲
（1610—1695）提出「有治法而後有治人」的觀念，只能說在法
治的理念上已顯露轉機，到近代接受西方的法治觀念之前，並沒
有再進一步的發展。在仲舒的思想裏，關於君權的穩固，可包括
三方面的努力：(1) 提倡以服從爲主的臣道；(2) 國君本身應努
力培養的條件；(3) 利用人民的好惡。

　　有關 (3) 仲舒首先說明利用人民的好惡，對保持國君尊貴地
位的重要性，他說：「民無所好，君無以權（蘇輿校作勸）也；
民無所惡，君無以畏也；無以勸，無以畏，則君無以禁制也；無
以禁制，則比肩齊勢，而無以爲貴矣」❺。如果知民之好惡，而
朝「民之所好好之，民之所惡惡之」方向去做，則合乎儒家的愛
民傳統，仲舒在這裏純是爲君之貴着想，所以說只是利用人民的
好惡。這要如何去實行呢？仲舒說：「故聖人之制民，使之有
欲，不得過節；使之敦朴，不得無欲；無欲有欲，各得以足，而

---

❸　韋伯著、康樂編譯：《支配的類型》（韋伯選集三），頁二九。

❺　同前❹。

君道得矣」❺❺。使人民有欲，因人民沒有欲望，統治者卽無所施
其計，說明卽使像道家式的人物，統治者也是不能容忍的，此所
謂君道，純是一種嚴酷的控制術。這種言論，與「天之生民，非
爲王也，而天立王，以爲民也」❺❻，會出於同一人之手，實在令
人費解。

　　人主本身應有的條件，除法家式的尊貴之外，以《春秋繁
露・立元神》之文爲例，言人君應「志如死灰，形如委衣，安精
養神，寂寞無爲」，是道家的修養，「虛心下士，觀來察往，謀
於衆賢，考求衆人」，是儒家的作爲。再以〈離合根〉之言爲
例，「故爲人主者，法天之行，是故內深藏，所以爲神，……乃不
自勞於事，所以爲尊也」，是引用道家的觀念作爲君術，「汎愛
羣生，不以喜怒賞罰，所以爲仁也」，這又是儒家的精神。如此
思想上的混合，本是漢初以來的大趨勢，何況仲舒是自覺地使儒
家一些政治理念整合於專制體制之中，至於這種混合所塑造的人
主新範型，是否能在現實政治中出現，恐已不在他的計慮之中。

　　君臣是一倫，在君道方面旣以法家的尊君爲主，相對地在臣
道方面必然是以君的需要爲主要考慮。對君的要求是「內深藏」、
是「不自勞於事」，對臣的要求則相反：

>　　爲人臣者，法地之道，暴其形，出其情，以示人，……爲
>人臣者，比地貴信，而悉見其情于主，主亦得而財（裁）
>之，故王道戚而不失，爲人臣常竭情悉力，而見其短長，
>使主上得而器使之，而猶地之竭竟其情也，故其形宜〔不

---

❺❺　同前❹❸。

❺❻　《春秋繁露・堯舜不擅移湯武不專殺》，頁二〇一。

宜〕可得而財也❺❼。

君道法天，天上風雲變幻，「內深藏」可使天威難測；「內深藏」
的另一作用，可使人主掩飾其好惡之情，使臣子無可乘之機。臣
道法地，大地上的萬物明晰可見，因此為人臣者，其一言一行，
甚至連他的性情，在人主之前，都不該有一絲一毫掩飾，這樣要
求，表面的理由是使人主可以識別其才能而量才任用，真正的原
因是為了防姦，法家式的君道是不信任臣下的，因「信人則制於
人」。其次，所謂人主「不自勞於事」，詳言之，即「立無為之
位，而乘備具之官，足不自動，而相者導進，口不自言，而擯者
贊詞，心不自慮，而群臣效當，故莫見其為之，而功成矣」❺❽。
人主所以能無為，是因凡事皆由臣下左右代其勞，所以「為人臣
者常竭情悉力」，絲毫不能懈怠，此之謂君逸而臣勞。如此設想
的君臣之道，　最大的作用是在：　因君無為，　因此他可以永不犯
錯，凡事由臣下左右代勞，因此犯錯的是臣下左右，所以說「臣
不名善，善皆歸於君，惡皆歸於臣」❺❾。這樣的臣道當然只能培
養奴才或荀子所說的「態臣」。

　　臣道法地，臣子應對國君效忠的道理，亦由此引出：

　　　地不敢有其功名，必上之於天，……勤勞在地，名一(皆)
　　　歸於天，非至有義，其孰能行此？故下事上，如地事天也，

---

❺❼　《春秋繁露・離合根》，頁一五四。此處引文之義，於〈天地之
　　　行〉篇有進一步的發揮。

❺❽　同前註。

❺❾　《春秋繁露・陽尊陰卑》，頁二九〇。

可謂大忠矣❻。

以上所言，仲舒總稱之爲「地之義」。地之義之外又有「天之
制」，天之制是以陰陽、貴賤論君臣：

> 貴者居陽之所盛，賤者居陽之所衰，藏者言其不得當陽，
> 不當陽者，臣子是也，當陽者，君父是也。故人主南面以
> 陽爲位也，陽貴則陰賤，天之制也❻。

這樣使君臣關係與貴賤的價值判斷連在一起，自然使這種關係趨
於絕對化，絕對化是說爲臣者皆當唯君命是從，所以說：「臣不
奉君命，雖善，以叛言」❻。縱然是有價值的事，臣子也不可自
作主張，一旦爲臣，不但不能表現自由意志，連自我也必須否
定，在這一點上，仲舒所持的儒家立場，也被徹底自我否定了。

---

❻　《春秋繁露・五行對》，頁二七九。

❻　《春秋繁露・天辨在人》，頁三〇三。

❻　《春秋繁露・順命》，頁三八五。

第八章　董仲舒的歷史思想

仲舒的歷史思想，主要討論兩個問題：

第一，新王問題。新王是仲舒針對漢帝國所提的一套文化理想，這套理想以《春秋》為經典——即新王之法，作《春秋》的孔子稱為「素王」——立新王之道者，孔子作《春秋》根據的是魯史，因此有「王魯」之說——賦予魯國以王的地位。「素王」、「王魯」、或「以《春秋》當新王」，三者都是王道或王化的象徵，代表一種文化的理想。

第二，改制問題。改制是秦亡漢興面臨的新課題，武帝前的七十年間，由於內亂不斷，國家的政策又取決於黃老之術，所以對這方面的問題一直未能認真進行，即使在思想方面也要到仲舒才提出較完整的構想。仲舒對改制的構想，具有三點作用：(1) 文飾政權由暴力奪取的事實，提供政權正當性的理由，所謂「改正之義，奉元（蘇輿疑作奉天）而起」云云，是為了滿足這個需要的；(2) 新朝代應表現新氣象，令朝野一新耳目，所謂「改正朔、易服色、制禮樂」是也；(3) 漢初的曆法很混亂❶，因改正朔之議，在武帝時終於引發改曆運動，這在以農立國的國家，是

---

❶　漢初曆法混亂又乏實效的情形，見《漢書‧律曆志》，本章末討論到改曆運動時，將會談到。

一件滿足農業需要的大事，根據仲舒「漢應為寅正」之說，終於
解決了曆法混亂的問題，使改制收到實際的效果。

一、新王問題

　　仲舒說：「是故孔子立新王之道」❷，又說：「《春秋》作
新王之事」❸。事是表現道的，道與事可以說是體用關係，都代
表一種文化的理想。這個理想是為新王而立，新王可以是漢，但
也不限於漢，因道本身是不變的，適用於任何一個新王，依照
《春秋繁露·玉杯》的說法，孔子所以欲立新王之道，是因周重
文而產生了流弊，所以新王之道是「好誠以滅偽」，「滅偽」並
非滅文，而是「先質而後文」，似是要從質文遞變的歷史中，來
說明孔子立新王之道的意義。

　　從思想史的觀點來追溯仲舒的新王問題，仲舒這方面的思
想，實源出於孟子，因為在思想史上，首先把孔子、《春秋》、
王（天子）結合在一起表達一種理想的，即肇始於孟子。孟子
說：

> 世衰道微，邪說暴行有作，臣弒其君者有之，子弒其父者
> 有之。孔子懼，作《春秋》，《春秋》天子之事也。是故
> 孔子曰：知我者其惟《春秋》乎？罪我者其惟《春秋》
> 乎？……昔者禹抑洪水而天下平，周公兼夷狄，驅猛獸而
> 百姓寧，孔子成《春秋》而亂臣賊子懼❹。

---

❷　《春秋繁露·玉杯》，頁一九。
❸　《春秋繁露·三代改制質文》，頁一七七。
❹　《孟子·滕文公下》。

　　孟子曰：王者之迹息而詩亡，詩亡然後《春秋》作。晉之
《乘》、楚之《檮杌》、魯之《春秋》，一也。其事則齊
桓、晉文，其文則史，孔子曰：其義則丘竊取之矣❺。

《春秋》本身只不過是一部簡約、「斷爛」的史書，可是在孟子
的心目中，却視爲「天子之事」，他所說的「天子」，當然不是
指歷史上或現實上的任何帝王，而是指相當於能制禮作樂的理想
中的聖王，這個聖王在「率獸食人」的戰國時代，他認爲只有作
《春秋》的孔子能夠相配。在這一段行文中，從夏禹抑洪水、周
公兼夷狄說到孔子成《春秋》，就正是在闡明孔子作《春秋》的
價值及其歷史意義，不下於夏禹、周公等聖王之功，並肯定其在
歷史上居於聖王的地位。在這裏，孔子、《春秋》、天子都只代
表一種文化理想的意義，是極其明顯的，所謂「王者之迹息而詩
亡，詩亡然後《春秋》作」的《春秋》，也具有相同的意義。

　　依孟子的想像，孔子透過《春秋》的褒善貶惡，爲亂世重新
樹立價值標準，代天子行賞罰，乃孔子之志，所以說「知我者其
惟《春秋》乎」；這個道理並非人人能解，在一般人看來，孔子
不過一介平民，怎麼能行天子之事，所以說「罪我者其惟《春
秋》乎」。所謂「孔子成《春秋》而亂臣賊子懼」，當然也不是
史實，而是孟子希望透過《春秋》所建立的價值標準以及文化理
想所能產生的功效。到了漢朝，一統天下的天子，施行嚴刑峻
法，「亂臣賊子」這種有造反嫌疑的話，不敢再提，於是轉出
「孔子爲漢制法」的觀念，這樣可使原來的意義不變，又可以避
免惹禍。

───────────────

❺　《孟子・離婁下》。

《春秋》所載爲齊桓、晉文一類之事，文章則根據魯史的史筆，「其義」乃孔子所賦予，但並未形諸文字，有的是口傳給弟子，如《春秋繁露・俞序》所記的，有的是靠像孟子和公羊家憑創造的想像力所詮釋的。孔子賦予《春秋》之「義」，同於「立新王之道」的「道」，不論是孔、孟時代或是仲舒的時代，道都很難實現，所以只能寄意於新王。總結地說，仲舒提出新王問題，主要是受孟子的啓發，其基本用心亦與孟子相同，都是要藉新王的符號，表達以《春秋》爲主的價值標準與文化理想，懸爲現實政治努力的目標。

上述理想在〈玉杯〉、〈三代改制質文〉兩篇中，雖已藉孔子與《春秋》提出來，詳細的內容則見之於《春秋繁露・王道》：

> 桀、紂皆聖王之後，驕溢妄行，侈宮室，廣苑囿，……奪民財食，……誅求無已，天下空虛，羣臣畏恐，莫敢盡忠，紂愈自賢。周發兵，不期會於孟津者，八百諸侯，共誅紂，大亡天下，《春秋》以爲戒，曰蒲社災。周衰，天子微弱，諸侯力政，大夫專國，士專邑，不能行度制法文之禮，諸侯背叛，……臣弒其君，子弒其父，……《春秋》異之，以此見悖亂之徵。孔子明得失，差貴賤，反王道之本。……《春秋》立義：天子祭天地，諸侯祭社稷，諸山川不在封內不祭。有天子在，諸侯不得專地，不得專封，不得專執天子之大夫，不得舞天子之樂，不得致天子之賦，不得適（同敵）天子之貴。君親無將（弒殺），將而誅，大夫不得世，大夫不得廢置君命。……親近以來

遠，未有不先近而致遠者也。……

上面節錄的這一段，幾乎可以斷定是由孟子「世衰道微，邪說暴行有作，臣弒其君者有之，子弒其父者有之。孔子懼，作《春秋》。《春秋》，天子之事也」之言爲藍本擴充而成。在「世衰道微，邪說暴行有作」前面一段是「堯、舜旣沒，聖人之道衰，暴君代（更）作，壞宮室以爲汙池，民無所安息；棄田以爲園囿，使民不得衣食。邪說暴行又作，園囿、汙池、沛澤多而禽獸至。及紂之身，天下又大亂。周公相武王誅紂，伐奄三年討其君，驅飛廉於海隅而戮之，滅國者五十，驅虎、豹、犀、象而遠之，天下大悅。」讀到這裏，可知「藍本」之說，更是信而有證。

「堯、舜旣沒，聖人之道衰，暴君代作」與「世衰道微，邪說暴行又作」，當然是指夏桀、商紂荒淫與暴行的這一段歷史，「臣弒其君者有之，子弒其父者有之」，則爲「周衰，天子微弱，諸侯力政，大夫專國」以後的現象。導致這些歷史現象的原因，孟子和仲舒都認爲基本上是由於王道之失（所謂「聖人之道衰」）。他們囘溯或反省這段歷史，最主要的目的，就是要凸顯孔子及《春秋》的歷史地位與歷史意義，使其歷史地位與天子相等，而其歷史意義則在爲新王確立治國之道。孟子只說「孔子懼，作《春秋》」，仲舒則細陳孔子作《春秋》的目的是在「明得失，差貴賤，反王道之本」，同時還「譏天王以致太平，刺惡譏微，不遺大小，善無細而不舉，惡無細而不去，進善誅惡，絕諸本而已矣」❻。非常明顯，《春秋》除「反王道之本」的理想

───────

亦見《春秋繁露‧王道》，頁九〇。

之外，還要樹立是非的標準，希望把歷史上的邪說暴行等罪惡，
從根本上把它斷絕掉。孟子只說「《春秋》，天子之事也」，仲
舒則詳細說明「《春秋》立義」：內政方面，規定天子、諸侯、
大夫行動的規範，不得踰越；外交方面，則以「親近以來遠」作
爲處理鄰國關係的原則。

根據以上的兩相對照與分析，才能充分了解仲舒所說「孔子
立新王之道」及「《春秋》作新王之事」的眞正涵義，在這一點
上，仲舒與孟子一樣，都是站在儒家理想主義的立場。也因爲如
此，所以雖言新王，而法古的意味很重。仲舒《春秋》學所標榜
的以德化刑的理想，在當時並未產生實際的效果，武帝以下的現
實政治裏，却產生「以聖經（指《春秋》）爲緣飾淫刑之具，道
（導）人主以多殺」❼ 的後果，這在儒學史上眞是莫大的諷刺。

二、改 制 問 題

改制問題中一個最大的課題，是如何使政權取得正當性？在
民主制度未實現之前，政權總是要靠打天下的方式取得，暴力會
引發新的暴力，這是任何一個取得政權的帝王所不願看到的，因
此有必要加以緣飾。中國古史裏，早期有「國命神授」的觀念，
「神授」也就是天命，此於夏、殷二朝即已如此。夏、殷二朝都
曾嗣受天命，最後還是滅亡了，這興亡的史實，引起周人的深切
反省，使他們了解到，天命不會永遠眷顧那一個王或那一個朝
代，於是出現「天命靡常」的觀念，這使新受命的周人感到莫大
的惶恐，而如何不重蹈夏、殷二朝的覆轍，以永續天命，就成爲

---

❼ 馬端臨論董仲舒〈春秋決事比〉語，見《文獻通考》卷一八二。

新王朝面臨的一大問題❽。從西周文獻看，周公很重視王者的德行，在觀念上他是要求德、命相符應，來解決這個問題，一直到董仲舒仍然保留這個觀念❾。

秦始皇統一六國後，又面臨周初的老問題。秦朝的君臣，相信秦所以能一統天下，是靠法家的「法」與「勢」，自然不信德、命相符應這一套，同時又認爲「國命神授」的古老信仰，不過是「假威鬼神」，不能使國命長久❿。根據《史記・封禪書》和《漢書・郊祀志》的記載，秦始皇還是接納了「今秦變周，水德之時」的建議，利用鄒衍五德終始的理論鞏固他的政權⓫，他雖拋棄了舊信仰，仍不能沒有新信仰，就政權的穩定而言，威勢畢竟是不足恃的。

漢初主張改制的，仍本於五德終始之說，這套理論由《呂氏春秋・應同》猶可窺其概略。〈應同〉以黃帝是土氣勝，所以顏色尚黃；夏禹是木氣勝，所以顏色尚青；商湯是金氣勝，所以顏色尚白；周文王是火氣勝，所以顏色尚赤；「代火者必將水」，始皇帝旣代周而起，又從五德之運，所以其德爲水，其色尚黑⓬。劉邦打下天下之後，立黑帝祠而自居水德，可見他腦子裏還

---

❽　參看楊慧傑：《天人關係論》，頁三二。

❾　如《春秋繁露・三代改制質文》：「殷湯之後稱邑，示天之變反命，故天子（蘇輿校作之）命無常，唯命是德慶」。仲舒把這個觀念落實在孔子身上，使孔子在理想的世界裏，不但有德，而且有位（新王）。

❿　見《史記・秦始皇本紀》二十八年的記載，新校本頁二四六～二四七。

⓫　參看 (1) 顧頡剛：《漢代學術史略》，頁四〇。 (2) 馮友蘭：《中國哲學史新編》第二冊，頁七。

⓬　參看徐復觀：《兩漢思想史》卷二，頁三四九。

沒五德運行的觀念。文帝時，有人（公孫臣）以爲漢革秦命，應
以土德代水德，丞相張蒼駁道：「河決金隄，就是漢爲水德的符
應。」此後雖因種種原因，改爲土德，又改爲火德，但在漢初的
四十餘年是坐定了水德的⓭。

　　代表仲舒改制主張的三統說，就是在這樣的背景下產生的。
三統中所尚的三色與朝代遞變的配合，雖未擺脫五德終始的影響
⓮，但旣以「三」爲數，顯然在這一點上他有意想脫出五行的老
套，發展出另一套新的理論，作爲漢代改制的張本。三統說在
〈三代改制質文〉中頗爲瑣細，茲節錄其部分要點如下：

> 故《春秋》應天作新王之事，時正黑統，……〔正黑統奈
> 何？曰：正黑統者，歷〕⓯正日月朔於營室，斗建寅，天
> 統氣始通化物，物見萌達，其色黑；……正白統奈何？
> 曰：正白統者，歷正日月朔於虛，斗建丑，天統氣始蛻化
> 物，物初芽，其色白；……正赤統奈何？曰：正赤統者，
> 歷正日月朔於牽牛，斗建子，天統氣始施化物，物始動，
> 其色赤。……

⓭　同前⓫，顧頡剛書，頁五。

⓮　三統說與五德說的異同，顧頡剛說：「五德說終而復始，它（指三
　　統說）也終而復始，此其一；五德說以顏色分，它也以顏色分，此
　　其二；五德說以五德作禮樂制度的標準，它也以三統四法作禮樂制
　　度的標準，此其三。不過五德說但以五數循環，而它則以三與爲小
　　循環，十二爲大循環」。見顧著〈五德終始說下的政治和歷史〉，
　　《古史辨》第五冊，頁四四三。

⓯　括弧中句子，從俞樾校補。

根據三代的曆法，有以十一月爲歲首者，有以十二月爲歲首者，有以十三月（正月）爲歲首者，有三種不同的正月，叫做三正。依仲舒黑、白、赤三統循環運行的說法，如運行到黑統，則以十三月爲正月，此之謂「建寅」，如建寅則以黑色爲尙；如運行到白統，則以十二月爲正月，此之謂「建丑」，如建丑則以白色爲尙；如運行到赤統，則以十一月爲正月，此之謂「建子」，如建子則以赤色爲尙。把這套理論應用到實際的歷史中去，建寅、建丑、建子就成爲「改正朔」的根據，尙黑、尙白、尙赤就成爲「易服色」的根據，改正朔、易服色，就是仲舒所說的改制。改制的全部內容還包括「作國號、遷宮邑、易官名、制禮作樂❶」等等，但三統說僅包括這兩項。爲什麼三統說僅包括這兩項？因仲舒認爲「改制稱號正月，服色定，然後郊告天地及羣神，遠追祖禰，然後布天下」❶，這是說一旦改制完成，等於是宣告天地鬼神、祖先及天下百姓，一個新的朝代從此誕生，新的制度不但足以「明乎天統之義」，且爲「化四方之本」。仲舒深信「統正，其餘皆正」❶，所以改制是新王朝最大的大事。改正就是改元，象徵着一元復始，萬象更新。

　　三統循環叫做三而復，把質文組入三統的循環中，又有所謂「四法」的四而復，四法是「一商一夏，一質一文；商質者主天，夏文者主地，《春秋》者主人」❶。由質文與《春秋》爲新王的觀念聯想在一起，又產天統、地統、人統，爲三統增加了新

---

❶　《春秋繁露・三代改制質文》，頁一七五。
❶　同前註，頁一七六。
❶　以上節錄之文，皆同前註。
❶　同前❶，頁一七八。

的內涵，藉以凸顯出《春秋》重人的特色。五德終始是以五數循環，三統以三數循環，四法以四數循環，三統、四法必經歷十二代才有一次大循環，如第一代爲黑統法文，第二代爲白統法商（質），到了第十三代又重新間到黑統法文❷。一年有十二月，十二月中又分四季，每季是三個月，這大概就是三統說採取「三」而復、「四」而復及「十二」而復三個數字的來源，這種循環史觀的形上學根據是「終而復始」的天道觀。

顧頡剛（1893—1980）曾把五德說與三統說作一比較表❷：

代　　次	五　德　說	三　統　說	附　　　　　　記
夏前一代	土德　（尙黃）	赤統　法商	此一代，五德說爲黃帝，三統爲帝嚳。
夏	木德　（尙青）	黑統　法夏	
商	金德　（尙白）	白統　法質	
周	火德　（尙赤）	赤統　法文	
周後一代	水德　（尙黑）	黑統　法商	此一代，五德說爲秦（漢初說爲漢），三統說爲《春秋》。
周後二代	土德　（尙黃）	白統　法夏	此一代，漢文帝以下之五德說爲漢，三統說無文。

從這個表可以很清楚看出商、周及周後的一個朝代，所尙之色相同，因此顧頡剛懷疑三統說是割取了五德說的五分之三而造成的。顧氏更指出董仲舒在〈三代改制質文〉中，所以只敢從「湯

---

❷　顧頡剛：《古史辨》，第五冊，頁四四三。

❷　同前註。

受命而王」說起，正因這三代所尚之色和五德說一致，凡五德說
所擺佈下的符應和制度，大可取作三統說之用而不見其矛盾，若
一說到夏，則一邊尚青，一邊尚黑，就要惹人疑惑了。顧氏的推
想不能說沒有道理，由此可知，仲舒造三統說時，不但曾受五德
說的影響，也多少受其限制。不過五德說依據五行，三統說依據
時令，依據時令故與曆法的關係較密，這不但使建寅爲其中心主
張，也是它在武帝朝終於能引起改曆運動的原因之一。

　　上面這個表，也有助於我們了解〈三代改制質文〉中「王
魯、尚黑、絀夏、親周、故宋」的意義。仲舒旣以「《春秋》應
天作新王之事」，因《春秋》爲魯史，所以說「王魯」；《春
秋》象徵的新王，是繼周的赤統之後，所以「時正黑統」、「尚
黑」。周原來封夏之後於杞，殷之後於宋，各於其所封之地，行
其正朔等。《春秋》旣爲新王，則推上去，以杞爲後的夏，就不
能稱王，所以叫「絀夏」。爲殷之後的宋，與《春秋》新王之
間，隔了一個周代，所以叫「故宋」。周是《春秋》新王的前面
一代，歷史關係較近，所以叫「親周」❷。仲舒的這一套說法，
顯然是爲了給新王一個歷史的定位，並凸顯其歷史的意義。

　　仲舒的三統說主張建寅，建寅在三統循環中尚黑，黑統不論
指的是《春秋》新王，抑是實際歷史中的漢，據三統向上推，夏
亦爲黑統、建寅，因此，仲舒建寅的主張，不但獲得史實的支
持，同時因孔子說過「行夏之時」的話，也獲得聖人的支援。仲
舒的主張爲何能引起改曆的運動？除武帝卽位後大臣與搢紳不時
倡議之外，當與漢初的曆法情況有關，據《漢書‧律曆志》記

---

❷　以上的解釋是根據馮友蘭：《中國哲學史新編》，第二冊，頁一二
　　四，文字略有改變。

載：

> 三代旣沒，五伯之末，史官喪紀，疇人子弟分散，或在夷
> 狄，故其所記有《黄帝》、《顓頊》、《夏》、《殷》、
> 《周》及《魯曆》。戰國擾攘，秦兼天下，未皇暇也；亦
> 頗推五勝（五行相勝），而自以爲獲水德，乃以十月爲正，
> 色上黑。漢興，方綱紀大基，庶事草創，襲秦正朔。以北
> 平侯張蒼言，用《顓頊曆》，比於六曆，疏闊中最爲微
> 近。然正朔、服色未覩其眞，而朔晦月見，弦望滿虧多非
> 是。

這段記載告訴我們：（1）漢初流傳的曆法雖有六種之多，其實用
的價值都很低；（2）周以下歷經戰國至秦、漢，對混亂的曆法始
終未加整頓；（3）漢初採納張蒼的建言，用《顓頊曆》，《顓頊
曆》比之其他幾種曆法還是比較好的，但實用的價值仍然很低，
「弄得月盡月初見了月亮，到了月望，反而虧了；上下弦時却又
滿了」。「加以十月爲正，先冬後春，於四時之序又不相應[23]」。
在這種情形之下，仲舒可避免先冬後春缺點的建寅的主張，自然
受到重視。

武帝太初元年，臣子公孫卿、壺遂、司馬遷、兒寬等人，就
「今宜何以爲正朔，服色何上」的問題展開一場議論[24]，議論的
焦點是在三統說與五德說之間如何選擇，因這兩種學說，都有人
信仰。最後採取折衷的辦法，「取了三統說中的正朔（建寅）而

---

[23] 同前[20]，頁四四七。

[24] 見《漢書·律曆志》，頁九七四～九七五。

去其服色，取了五德說中的服色而去其正朔」❷，這樣建寅有助於解決曆法的混亂，採用五德中的土德尚黃，使秦亡漢興符合五德運行中的以土克水，把秦朝也做了一個交代，三統說不把秦看做一個朝代，是不合理的。太初改制不僅是一種折衷，當時的臣子們希望經由這次改制，從此爲「萬世則」，把三而復、五而復的史觀都打破了。

---

❷　同前❷，頁四四九。

第九章　尊儒運動的背景、眞相及其影響

　　董仲舒於〈賢良對策〉中所提「獨尊儒術、罷黜百家」的主張，已成爲學術史上一大公案，此一公案主要是由兩種極端相反的看法而形成：一種看法認爲仲舒的主張，加上孔子誅少正卯及孟子闢楊、墨，攻異端的儒家傳統，曾使「儒教專制統（合）一，中國學術掃地」！ ❶另一種看法認爲孔子在中國歷史文化中有崇高地位，決不可依「五四」以來流行的觀念來說：孔子初不過諸子之一，只因帝王的崇信，或因漢武帝曾罷黜百家、獨尊孔子，才有崇高的地位。孔子地位的形成，乃初由孔子原爲一上承六藝之學，下開諸子之學者，其人格直接感召其弟子❷。以上兩種看法，其爭執的焦點是在：前者認定儒家支持專制；後者認爲前一種看法是「侮辱孔子」，孔子在歷史上享有崇高地位，與專制帝王是否提倡，沒有關係。這兩種看法都可以獲得部分的史實來支持，但歷史現象是很複雜的，撇開主觀的成見，這兩種見解都未必能切合歷史眞相，基本上他們表達了兩種對立的意識形態，並非從歷史觀點探討問題。 在這一章裏， 不可能全面檢討這一公

---

❶　吳虞：《吳虞文錄》，頁七八～七九。

❷　唐君毅：〈孔子在中國歷史文化的地位之形成〉，見《中國史學論文選集》第二輯，頁三九、七一。

案，僅以仲舒〈對策〉爲中心，並涉及其主張的歷史背景與影響，盡可能在這一範圍之內，把此一公案的眞相呈現出來。

一、漢初學術的特性及儒者三類型

武帝時尊儒運動的興起，與漢初六、七十年間整個學術的發展是分不開的。要了解漢初的學術，首先應知這時期的各家思想本身都起了重大變化，非復先秦舊觀，這變化主要是由於兩個原因：一是「蠭出並作，各引一端，崇其所善，以此馳說，取合諸侯」❸ 的先秦諸子學，因國家的統一，喪失了客觀發展的環境；一是相應於政治的大一統，在專制體制下，學術思想的折衷、調和與混合，並爲思想的統一做準備，已是大勢所趨。因此，漢初所謂的道家、陰陽家、法家、儒家等，無一不是在不同程度上具有上述這些思想的特色。

大家都知道漢初實行的是黃老之術，這個時期的黃老又叫做道家❹，《史記》太史公自序中所謂的道家是「其爲術也，因陰陽之大順，采儒、墨之善，撮名、法之要，與時遷移，應物變化」。正是典型的大混合，與先秦的老學有絕大的不同。

陰陽家的創始人鄒衍，有人說他是儒家，也有人說他是道家，這都是各引一端各執所見的說法。《漢書・藝文志》中所見陰陽家言的書目，有兵家陰陽十六家，二四九篇，圖十卷，又有

---

❸　《漢書・藝文志》，頁一七四六。

❹　如《史記・魏其武安侯傳》：「太后好黃、老之言，而魏其、武安、趙綰、王臧等務隆推儒術，貶道家言」。「黃老」與「道家」即同義詞。文見頁二八四三。

術數之五行三十一家，六五二卷。此外，天文、曆譜、雜占、形法、醫經、房中，都和陰陽五行有很密切的關係。《呂氏春秋》、《淮南子》、《禮記》也都含有豐富的陰陽家思想，陰陽家在秦、漢之際實爲最風行的顯學，對帝王或學者，都具有相當大的吸引力。

至於法家，因在先秦諸子中最爲晚起，所以早就有人指出，公元前四世紀與三世紀之間的法家，乃三百年哲學思想的混合產物，如「法」的觀念，從「模範」的意義演變爲齊一人民的法度，是墨家的貢獻；法家注意正名責實，便和孔門的正名主義和墨家的名學都有關係；法家主張人君無爲，是老子以下無爲主義的影響。人物方面，愼到是老、莊一系的思想家，尹文的正名近儒，非攻偃兵近墨，韓非本是儒學大師荀卿的弟子❺。由於法家本身思想的混合與主張專制的特性，所以在各家中最能適應秦、漢統一帝國的需要。漢初表面上實行的是黃老，其間帝王誰不喜好刑名法術？離開法家根本無法了解秦、漢專制的本質。

在這個時代，思想上愈趨於混合的，其適應力也愈強，卽使在諸子中最保守最能堅持原則的儒家也不例外。如果《禮記・儒行》能代表這時代爲儒者塑造的理想典範，性格上顯然已混雜了墨、道兩家的成分❻，這時代的所謂儒者，在現實上所表現的，較之先秦不但起了重大變化，彼此之間也有很大差異。

下面一段是《漢書・儒林傳》敍說漢初學術概況的：

　　　　及高皇帝誅項籍，引兵圍魯，魯中諸儒尚講誦習禮，弦歌

❺　胡適：《中古思想史長編》，頁一四～一六。
❻　參看韋政通：《儒家與現代中國》，頁三一。

之音不絕，豈非聖人遺化好學之國哉！於是諸儒始得修其

經學，講習大射鄉飲之禮。叔孫通作漢禮儀，因為奉常，

諸弟子共定者，咸為選首，然後喟然興於學，然尚有干

戈，平定四海，亦未皇庠序之事也。孝惠、高后時，公卿

皆武力功臣。孝文時頗登用，然孝文本好刑名之言。及至

孝景，不任儒，竇太后又好黃老術，故諸博士具官待問，

未有進者❼。

從這段文字使我們知道，漢初在皇帝、太后喜好刑名、黃老的情
形下，儒家雖處於劣勢，但依然有重要的表現。據引文所提供的
線索，當時的儒家大抵可分爲三種類型：

（一）**經學之儒**　秦火之後，西漢初年，五經皆由口耳相
傳，遂產生所謂今文經學，〈儒林傳〉共列八家，卽言《易》者
有田生，淄川（屬山東省）人；言《書》者有伏生，濟南人；言
《詩》者有申培公，魯人，轅固生，齊人，韓嬰，燕人；言《禮》
者有高堂生，魯人；言《春秋》者有胡毋生，齊人，董仲舒，趙
人❽。這些人物，有的曾爲秦博士，如伏生，有的曾爲漢文帝、
景帝博士，如韓嬰、轅固生，古文化的大傳統於秦始皇時嚴重受
挫以後，他們在大傳統的傳承上，扮演着極重要的角色。

（二）**事功之儒**　這一類型的代表人物，前有叔孫通，後有
公孫弘，兩人皆爲正派儒生所輕視，但在西漢前期皆曾居高位，
事功方面又頗有表現。根據儒家建立的「內聖外王」的理想模
型，內聖基本上是爲了外王，外王才是儒家終極的關懷，因此儒

---

❼　見《漢書・儒林傳》，頁三五九二。

❽　同前註，頁三五九三。

家十分重視事功❾。但先秦儒家所說的一套治國平天下的事功，只有堯、舜、禹、湯、文、武、周公等聖王才能完成。漢的統一，乃平民爲天子，這是曠古未有的新局面，從此專制帝王成爲現實上的「聖王」，儒者的外王理想必須落實到專制帝王的身上，而專制帝王最關心的，是如何建立政治秩序，以鞏固其政權，因此儒者的事功，只有在這個目標下才能有其表現。無論你對叔孫通、公孫弘的評價如何，都不能不承認他們是在專制政體下，爲「事功之儒」塑造了新的典型。

　　叔孫通，魯人，秦、漢兩代皆爲博士，官拜太常。從他答秦二世言陳勝只是盜而非反，以及脫去儒服，換上漢王家鄉的楚服這兩件事來看，他爲人不但機警，且極能迎合其主的心理。他率領弟子百餘人降漢，過了幾年，仍未進用，弟子們不免抱怨，他望諸生耐心等待。漢王定天下後，諸侯共尊爲皇帝，是時「羣臣飲酒爭功，醉或妄呼，拔劍擊柱，高帝患之。」叔孫通等待的機會終於來了，他建議高帝，「願徵魯諸生，與臣弟子共起朝儀。」高帝同意，於是起程赴魯，徵得諸生三十餘人，另有「兩生不肯行」，且用話奚落他：「公所事者且十主，皆面諛以得親貴。今天下初定，死者未葬，傷者未起，又欲起禮樂？禮樂所由起，積德百年而後可興也！吾不忍爲公所爲。公所爲不合古，吾不行。公往矣，無汙我！❿」這兩位儒生所以輕視叔孫通，是因他對主子無所選擇，又擅於逢迎，是正派儒生所不屑爲的。其次又認爲，一個新的朝代要興禮樂，必先積百年之德。這兩位儒生腦子

---

❾　到了宋明時代的新儒家，這方面的觀念起了基本的變化，有關的討論見韋政通：《傳統與現代化》，頁一八～二一。

❿　以上均見《漢書・叔孫通傳》，頁二一二六。

裏所想的， 也許只有像主張「王公不致敬盡禮， 則不得亟見之
❶」和「格君心之非❷」的孟子，才配稱為儒者，只有像周公那
樣的聖王， 才能制禮作樂， 如果是根據這個標準， 自然會覺得
「公所為不合古」。這番話叔孫通聽了感覺完全不同， 他笑答
道：「若眞鄙儒也，不知時變！」能知時變，正是專制體制下事
功之儒性格的主要特徵。他制定朝儀， 從此「自諸侯王以下莫不
振恐肅敬」， 「竟朝置酒， 無敢讙譁失禮者」。就事論事，這不
能不說是儒者一大貢獻，雖然這貢獻主要為了劉氏基業，太史公
評論叔孫通「卒為漢家儒宗」， 「漢家」兩字，恐怕也有這個涵
義。

　　公孫弘，齊人，《史記・儒林傳》說他「以《春秋》白衣為
天子三公，封以平津侯，天下之學士靡然鄉風矣」❸。他早年貧
賤，晚年得志，武帝元光五年（前 130）拜為博士，年已七十，
六年後為丞相，三年後（前 121）卒於位，相當能獲得武帝的厚
遇。據《史記・平津侯傳》所載， 他所以能獲得武帝的厚遇，是
因：(1) 生活節儉，不重視財物，雖位極人臣，而「家無所餘」。
(2) 在天子之前表現得極為謙讓，汲黯告發他「位在三公，奉祿
甚多， 然為布被， 此詐也。」武帝以此問弘， 他坦然承認其言
「誠中弘之病」。(3) 他實際上行的是法家那一套，而又巧妙的
以儒家做招牌， 所謂「習文法吏事， 而又緣飾以儒術」也。(4)
叔孫通曾說「人主無過舉」，公孫弘頗能身體力行，故「每朝會
議」， 從「不肯面折庭爭」。在朝會上汲黯說他「齊人多詐而無

---

❶　《孟子・盡心上》。

❷　《孟子・離婁上》。

❸　見《史記・儒林傳》，頁三一一八。

情實，始與臣等建此議，今皆倍之，不忠。」上問弘，弘答：「夫知臣者以臣爲忠，不知臣者以臣爲不忠。」汲黯不了解忠於自己與忠於皇上之間常常是衝突的，專制帝王所要求的是絕對順從的「忠」，所以要做個忠臣常常要貶損自己的人格，出賣自己的良知，在這個角色上，公孫弘也塑造了一個典型。太史公以「外寬內深」形容其性格，可謂深知其人，這種人工於心機，表面上卻顯得寬厚，「謙讓」多半是僞裝的。但也只有這種人在專制體制裏才有機會爬上高位，在事功方面有所表現。公孫弘爲丞相後，由於他的建議，始爲博士置弟子五十人，武帝並下令天下郡國皆立學校之官，「自此以來，則公卿大夫士吏斌斌多文學之士矣」。由此開所謂「士人政府」之風，在中國史上不能不說是一件大事。

　　（三）**思想家之儒**　這一類型的代表人物，前有賈誼，後有董仲舒。與經學之儒相比，他們不守一經一家之言，而是在儒家的基礎上兼通諸子百家之書，這是他們能成爲思想家的基本條件。與事功之儒之相較，他們雖肯定大一統的專制，但有理想守原則，文帝起初很賞識賈誼的才華和見解，後爲功臣集團所忌，終「不用其議」，因而「意不自得」，只好渡湘水、弔屈原，作賦以明其志❹。武帝也很欣賞董仲舒的〈賢良對策〉，畢竟未獲重用，「公孫弘治《春秋》不如董仲舒」❺，但仲舒却被公孫弘「陰報其禍」❻，於是外放，終於「疾免居家」。後世這一型的儒者，能立言、立德，事功方面很少有表現的。

----

❹　《史記・賈生傳》，頁二四九二。

❺　《史記・儒林傳》，頁三一二八。

❻　《史記・平津侯傳》，頁二九五一。

　　賈誼，洛陽人，文帝召爲博士時，才二十多歲。漢興之後，內亂不休，法律和制度多承襲秦制，他是第一個主張「更化」和「改制」的儒者，所謂「更化」即「悉更秦之法」❶，注入政治、社會一種德教的新精神❶；改制是「改正朔、易服色、法制度、定官名、興禮樂」❶。這個主張於半世紀後，經董仲舒等人的相繼倡議，終於部分實現。他在著名的〈過秦論〉中，很深刻地檢討了秦之速亡，是因在取天下後，「其道不易，其政不改」，以及始皇對太子胡亥的教育教之不以其道。他所提的歷史教訓，對漢初雖未發揮立卽的影響，但對皇太子教育的反省，對中國政治却具有極爲深遠的意義。

　　他對新王朝最重要的貢獻，是爲求長治久安之道而上的〈治安策〉❷，有人稱之爲漢朝「建國的藍圖」❷。〈治安策〉有五個要點，卽制諸侯、攘匈奴、變風俗、傅太子，最後崇禮義德教、兼及禮貌大臣❷，「其中除了對付匈奴一項有點不切實際外，其他各項莫不由後來的史實證明其正確性」❷。他雖肯定大一統的專制，「但在他的官制中，却從道德、政治原則、才能、法制等方面，把政權安放在集體地有機體中去運行，決不許人君以個人的意志隨意加以干犯」❷。在這一點上，他就實際政制注入儒者

---

❶　同前⓮。

❶　傅樂成：《漢唐史論集》，頁一二。

❶　同前⓮。

❷　見《漢書・賈誼傳》。

❷　同前⓲，頁一一～一二。

❷　戴君仁：〈論賈誼的學術並及其前後學者〉，見《秦漢中古史研究論集》，頁六九。

❷　同前⓲，頁一二。

❷　徐復觀：《兩漢思想史》卷二，頁一三三。

理想的一套想法中，比董仲舒迎合專制的程度較淺。

二、尊儒運動的經過

　　作爲思想家之儒，仲舒的思想比賈誼複雜多了，除了《春秋》學成一家之言外，他所發展的思想系統，對漢初各家而言，確有百川歸海的氣勢，成爲西漢最具代表性的人物，也因爲如此，到了近世，有人把他看作「獨尊儒術」的功臣，也有人把他視爲「罷黜百家」的罪人，可謂譭譽集於一身。這兩種看法雖非毫無根據，但未免過分簡化，與歷史眞相頗有距離。

　　要了解武帝時尊儒運動的經過，須先推定仲舒〈賢良對策〉的年代，據《漢書・武帝紀》，〈對策〉在元光元年（前134），《資治通鑑》改爲建元元年（前140）。應從《武帝紀》，因〈對策〉中有云：「今臨政而願治七十餘歲矣」，劉邦稱漢王是在公元前206年，卽漢元年，過七十年是公元前136年，卽武帝建元五年，再過兩年，卽公元前134年，亦卽武帝元光元年，正是漢七十餘歲。王先謙（1842—1917）《漢書補注》說：「仲舒〈對策〉有『夜郎康居，殊方萬里，說德歸誼』之語，《西南夷傳》：夜郎之通在建元六年大行王恢擊東粵後，次年卽爲元光元年，是《漢書》載仲舒〈對策〉於元光元年，並不失之太後。……至《通鑑》之誤，更不足辨」。由〈對策〉內容，也可知它不是建元元年寫的。《漢書・董仲舒傳》說：「武帝卽位，舉賢良文學之士，前後百數，而仲舒以賢良對策焉」。也表明仲舒〈對策〉不是在武帝卽位的元年㉕。

___

㉕　《中國哲學史史料學》，頁一三〇～一三一。

　　我們大抵推定了仲舒〈對策〉的年代之後，還應了解尊儒運
動雖在武帝時推動，而這個運動的動因，早起於賈誼的時代，賈
誼改制、更化的主張，足以代表當時許多儒生的共同見解，這個
主張最大的意義，是在漢興之後，它可以解決如何與亡秦劃清界
線的問題，這個問題解決了，才能使漢朝的立國在廣大人民心目
中有一鮮明的標記。但從惠帝到景帝，由於內部權力結構不穩，
急需整頓，消耗了他們大部分的精力；草莽出身的功臣集團，只
知保護自己的利益，他們的文化素養，還不懂得「緣飾以儒術」
的意義； 再加上這一時期是以黃老作為政策的指導原則， 黃老
之術既可以收到「與民休息」的效果，又可以使統治階層滿足長
生、迷信等需要。基於這些複雜的原因，使上述的問題一直懸而
未決。

　　到武帝時， 解決這個問題的客觀條件已具備， 時機也漸成
熟：

> 至武帝之初七十年間，國家無事，非遇水旱，則民人給家
> 足，都鄙廩庾盡滿，而府庫餘財，京師之錢，累百鉅萬，
> ……太倉之粟，陳陳相因，……眾庶街巷有馬，阡陌之間
> 成羣❷。

國庫富裕， 人民生活無慮， 權力結構不穩的現象， 經景帝平定
吳、楚七國謀反（前 154），大抵算已解決，這幾點提供了使漢朝
走向「文治」的客觀條件。武帝為太子時，曾受儒術的教育，大
臣中也頗有幾位倡議儒術的，當然，當時君臣提倡儒術的動機並

---

❷　《漢書・食貨志》，頁一一三五。

不單純，但至少有一點是因儒家的文化資源較其他各家爲豐富，因此儒家「以古非今」的保守性格雖與武帝好大喜功的性格不合，但「儒家豐富的知識及其王道的政治理想，頗能抬高君主的身價，也頗能合乎有文采而好虛名的君主的心意」[27]。

武帝登基的當年（前140），即「詔丞相、御史、列侯、中二千石、二千石、諸侯相舉賢良方正直言極諫之士。丞相綰（衛綰）奏：『所舉賢良，或治申、商、韓非、蘇秦、張儀之言，亂國政，請皆罷』。奏可」。衛綰上奏，首先揭開「罷黜百家」的序幕，奏文中旣未排斥黃老，也未明言欲尊儒術，只是試探性的，因其時黃老的大護法竇太后仍在，不敢造次。

同一年，衛綰因病免相，由竇太后的堂姪竇嬰繼任，又任王太后的同母弟田蚡爲太尉，史載：

> 嬰、蚡俱好儒術，推轂趙綰爲御史大夫，王臧爲郎中令，迎魯申公，欲設明堂，令列侯就國，除關，以禮爲服制，以興太平。舉適諸竇宗室無行者，除其屬籍。諸外家爲列侯，列侯多尚公主，皆不欲就國，以故，毀日至竇太后。太后好黃老言，而嬰、蚡、趙綰等務隆推儒術，貶道家言，是以竇太后滋（益）不悅[29]。

竇嬰、田蚡推薦的趙綰、王臧都是魯國經學大師申公的弟子，申公是荀卿弟子浮邱伯的傳人，他們得意之後，就想把老師請出

---

[27]　同前[18]，頁四五。
[28]　《漢書・武帝紀》，頁一五五～一五六。
[29]　《漢書・竇田灌韓傳》，頁二三七九。

來，並獲得武帝的同意。是時申公已八十多歲，經過長途跋涉，在兩位弟子的陪伴下到了京師，見到年輕的皇帝，武帝詢以治亂之道，申公說：「為治者不在多言，顧力行何如耳」，武帝聽了沉默不語，「然已招致，即以為太中大夫，舍魯邸，議明堂事」⑳。

這班人在朝廷，一面「隆推儒術」，同時又「直言極諫」，招惹竇氏宗親，已弄得竇太后很不高興，大概是為了顧全皇帝的顏面，一時間並未發作。相反地，趙綰以為獲得皇帝的支持，於是有進一步的行動：

> 二年（前 139），御史大夫趙綰請毋奏事東宮，竇太后大怒，曰：「此欲復為新垣平耶」？乃罷逐趙綰、王臧，而免丞相嬰、太尉蚡㉛。

又據《史記・儒林傳》、《漢書・武帝紀》，趙、王二氏在此番因尊儒而起的宮廷鬥爭中，不只是被「罷逐」，最後的命運是「皆下獄，自殺」，「申公亦疾免以歸」，尊儒運動的第一波，因悲劇而暫告一段落。

直到武帝建元六年（前 135）竇太后去世，消除了尊儒運動的最大障礙，同時附於儒家的田蚡復出為丞相，自然使這個運動更能順利推展：

> 及竇太后崩，武安侯田蚡為丞相，絀黃老、刑名百家之

---

⑳　同前⑮，頁三一二一～三一二二。

㉛　同前㉙。

言，延文學儒者數百人，而公孫弘以《春秋》白衣為天子
三公，封以平津侯，天下之學士靡然鄉風矣㉜。

這段文字是《史記‧儒林傳》的記載，另據《漢書‧武帝紀》田
蚡為丞相的次年（前 134）「五月，詔賢良……於是董仲舒、公
孫弘等出焉」。照這個說法，他們兩人應該是應同一策問，可是
載於〈董仲舒傳〉的詔策不但長達三篇，內容也與此處的詔策不
同，因此可以推斷，他們不是同時受策的。根據王先謙所舉的證
據，可以確定仲舒〈對策〉不在建元元年（前140），但究竟該在
何年，是至今仍無法斷定的㉝。仲舒受策既不在建元元年，那末
〈董仲舒傳〉所說「及仲舒對册，推明孔氏，抑黜百家，立學校
之官，　州郡舉茂材孝廉，　皆自仲舒發之」，　其中「皆自仲舒發
之」一語，顯然是與事實不符。依照上文所引史料，這個運動的
「發之」者是衛綰，　熱心推動的人物，　武帝之外，　有竇嬰、田
蚡、趙綰、王臧，趙、王且因此犧牲性命。最後使這個運動成功
的是田蚡。當然，田蚡是因受武帝重用，才有此機會。從運動的
經過來看，仲舒〈對策〉最早也應在田蚡為丞相之後，因此他在
運動中扮演的角色，並不如後世想像的那樣重要。

　　董仲舒的歷史，司馬遷比班固更有資格做見證，《史記》不
但沒有為仲舒立傳，　其生平附於〈儒林傳〉中，　不過五〇〇多
字，雖推崇他的為學與做人，根本未提及〈賢良對策〉，似乎在
司馬遷的心目中，這件事在尊儒的歷史上並沒有多大價值。今天

㉜　同前⑮，頁三一一八。

㉝　戴君仁：〈漢武帝抑黜百家非發自董仲舒考〉，見《孔孟學報》第
　　十六期，頁一七四。

我們仍要感激班固，他在〈董仲舒傳〉裏保留下這篇與賈誼〈治安策〉同樣重要的儒家文獻，它在一般通史裏也許並不重要，在思想史中却意義重大，因爲從這裏我們可以看出一代大儒如何在專制體制下縱談他的理想與現實，以及像武帝這樣一位嚮往儒術的君主，對儒家道理所能接受的程度。武帝雖覺得仲舒說得有道理，但終究未能重用他。武帝眞正欣賞的是公孫弘之流的儒生，而公孫弘在仲舒看來不過是一個「諛儒」。〈賢良對策〉在近代最受重視的是最後提出「獨尊儒術，罷黜百家」的一小節，這在當時，或許「只是暗合於實施的政策」❸ 而已。這一小節文字，在思想史上仍具代表性，因爲它把這個運動所要表達的理念，最清楚最完整地表現出來。

三、董仲舒〈對策〉的分析

仲舒的〈賢良對策〉涉及文化、政治、社會、教育等各方面的問題，可代表他儒家思想的一個綱要，內容雖受策問形式的限制，其所應答多有越出策問的範圍。〈對策〉三問三答，篇幅都很長，這可以說明仲舒所陳述的一套古今治國的大道理，很能滿足武帝「誇大而多欲」的心理，因此引起他很高的興趣。前文說過「儒家豐富的知識及其王道的政治理想，頗能抬高君主的身價，也頗能合乎有文采而好虛名的君主的心意」，在這場冗長的問答中，可以得到驗證。

（一）武帝於第一次策問中，提出下列幾個問題：（1）從前五帝三王因實行改制作樂之道，使天下太平，後世的君主想效法

---

❸ 同前❸，頁一七六。

五帝三王的很多，爲什麼都失敗了呢？失敗的原因，是因這些君主所作所爲不當呢，還是天命另有所屬？（2）那些「務法上古」的君主，是否無益於實際？三代受命的聖王，其受命的符驗是什麼？災異之變，又因何而起？（3）有關性命、夭壽、仁鄙的道理是什麼？（4）要怎樣才能實現「德潤四海」、「延及羣生」的先王之道呢？

策問劈頭就說：「朕獲承至尊休德，傳之無窮，而施之罔極，任大而守重，是以夙夜不皇康寧，永惟（思）萬世之統，猶懼有闕」。可知武帝最關心的是上述第一個問題——如何長保劉氏的基業，不過他用歷史來掩飾。仲舒當然了解皇帝的心意，所以說「夫人君莫不欲安存而惡危亡，然而政亂國危者甚衆，所任者非其人，而所繇（由）者非其道」。如何才能使所任者得其人呢？「故爲人君者，正心以正朝廷，正朝廷以正百官，正百官以正萬民，正萬民以正四方」。如何才能使所由合於道呢？」「道者，所繇適於治之路也，仁義禮樂皆其具也。故聖王已沒，而子孫長久安寧數百歲，此皆禮樂教化之功也」。所以長治久安之道，是在國家的領導者必須成爲道德的典範，同時又能實行禮樂教化，依照儒家的邏輯，前者乃後者力量的泉源。衡諸孔、孟的傳統，仲舒所言，可說是標準答案。

關於受命的符驗，仲舒認爲「天下之人同心歸之，若歸父母，故天瑞應誠而至」，也就是說必須先使「人歸」，然後才能獲得「天與」，所以「受命之符」，「皆積善累德之效」。「及至後世，淫佚衰微，不能統理羣生，諸侯背畔，殘賊良民以爭壤土，廢德教而任刑罰」，是囘答「後世人君想效法五帝三王，爲何都失敗」之問的，「刑罰不中，則生邪氣；邪氣積於下，怨惡蓄

於上，上下不和，則陰陽繆戾而妖孽生矣，此災異所緣而起也」，
這是說災異是因人禍而起。

　　針對第三個問題，所謂性命之情，仲舒答道：「臣聞命者天
之令也，性者生之質也，情者人之欲也」。關於夭壽、仁鄙，仲
舒說：「或夭或壽，或仁或鄙，陶冶而成之，不能純美，有治亂
之所生，故不齊也。……故堯、舜行德則民仁、壽，桀紂行暴則
民鄙、夭」。夭壽是命的問題，仁鄙是性的問題，要修性而正
命，在仲舒看來，是取決於政治的行德或行暴。「今廢先王德教
之官，而獨任執法之吏治民」，在「虐政用於下」的現況下，欲
仁、壽，而去夭、鄙，這怎麼可能呢？仲舒念茲在茲，就是要以
儒家德教的精神，改變秦一條鞭的酷法之治，所以在回答上述第
四個問題時，不但抨擊秦是「以亂濟亂，大敗天下之民」，也批
評了武帝當時的政治受了秦的「遺毒」，「使習俗薄惡，人民囂
頑」，「雖欲善治之，無可奈何」！因而繼賈誼之後，再度提出
更化的理想，希望武帝能推行禮樂教化，因為這是唯一「適於治
之路」。

　　（二）武帝的第二次策問，是就儒家所宣說的歷史上，有兩
種不同的統治類型，都同樣獲得天下太平的效果，其一是虞舜的
「垂拱無為」，其二是「周文王至於日昃不暇食」。武帝認為歷
史上的帝王之道，應該是「同條共貫」的，為何有一勞一逸的不
同？所以他懷疑「帝王之道豈異旨哉」？假如真是這樣，那麼法
先王之道，究竟要效法那一種呢？其次，武帝自認為已做到「夙
寤晨興，惟前帝王之憲」，「勸孝弟，崇有德」，「問勤勞，恤
孤獨，盡思極神」，而實際上卻未收到效果，這又是為什麼呢？

　　仲舒對前面一個問題的答覆是：所謂虞舜「垂拱無為，而天

下太平」，並不是僅靠「垂拱無爲」就能達到的，而是堯受命後，即「務求賢聖，是以得舜、禹、稷……衆聖輔德，賢能佐職」，於是「敎化大行，天下和洽」。後來傳位給舜，「以禹爲相」，又是繼堯的統業，才能做到「垂拱無爲而天下治」。文王不同，當天下百姓「去殷而從周」時，「紂尙在上，尊卑昏亂，百姓散亡，故文王悼痛而欲安之，是以日昃而不暇食也」。文王也是「師用賢聖」，才獲得「天下歸之」。由此看來，帝王的條貫是相同的，而所以一勞一逸，是因所遭遇的時代以及客觀的環境不同所致。

對後面一個問題，因涉及事實和皇帝的尊嚴，不能不先讚美幾句：「今陛下幷有天下，海內莫不率服，廣覽兼聽，極羣下之知，盡天下之美，至德昭然」。語氣一轉：「然而功不加於百姓者，殆王心未加焉」。因此「願陛下因用所聞，設誠於內而致行之」，這是說作爲一個人君，在了解先王之道後，最重要的是做到誠於內而力行於外，可見仲舒仍以聖君期待於武帝。然而治平天下之事，至多至雜，在上的人君縱然「夙寤晨興，憂勞萬民」，仍無濟於事，必須有好的吏治來貫徹良法美意，可是「今吏旣無敎訓於下，或不承用主上之法，暴虐百姓，與姦爲市，貧窮孤弱，寃苦失職，甚不稱陛下之意」。如此腐敗的吏治必須改革，改革之道，又必須從養士着手，先養士而後有賢可求。如何才能養士呢？「故養士之大者，莫大虖太學，太學者，賢士之所關（由）也，敎化之本原也。……臣願陛下興大學，置明師，以養天下之士，數考問以盡其材，則英俊宜可得矣」。除建議太學養士之外，選吏的制度也要改變，他指出當時選吏制度的缺點是：「長吏多出於郎中、中郎，吏二千石子弟選郎吏，又以富訾，未必賢

也」。儲備長吏既出於高官富豪之家，是與皇上求賢的宗旨不合的，因此建議「使諸列侯、郡守、二千石各擇其吏民之賢者，歲貢各二人以給宿衞（卽郞吏），且以觀大臣之能，所貢賢者有賞，所貢不肖者有罰。夫如是，諸侯、吏二千石皆盡心於求賢，天下之士可得而官使也」。改革的重點有二：一是廣開賢路；二是加強考核，如此可避免特權階級壟斷吏治。

　　（三）武帝第三策也包括兩個問題（1）他希望從天人之應、陰陽之化的角度，更有系統更完整地了解歷史興亡之道及先聖之業。（2）有人說道是永恒不變的，三王之敎當然是表現道的，但各家祖述的有所不同，且皆有所失，那一種說法是對的呢？這兩種說法用意難道有不同嗎？

　　關於（1）武帝策問一開始便說：「善言天者必有徵於人，善言古者必有驗於今」，假如言天道不能由人事上驗證，言先王之道不能由當前的政務中來實現，那末言天言古有什麼意義？武帝之問是包含着這種疑惑的。這個問題觸及仲舒的基本信念：奉天法古。爲何必須奉天？天人之際又如何驗證？仲舒說：「天者羣物之祖也，故徧覆包函而無所殊，建日月風雨以和之，經陰陽寒暑以成之。故聖人法天而立道，亦溥愛而無私，布德施仁以厚之，設誼立禮以導之。春者天之所以生也，仁者君之所以愛也；夏者天之所以長也，德者君之所以養也；霜者天之所以殺也，刑者君之所以罰也。繇此言之，天人之徵，古今之道也」。爲何又必須法古？「古者修敎訓之官，務以德善化民，民已大化之後，天下常無一人之獄矣。今世廢而不修，無以化民，民以故棄行誼而死財利，是以犯法而罪多，一歲之獄以萬千數。以此見古之不可不用也」。在這個意義下的聖人之業又如何？「天令之謂命，命非

聖人不行；質樸之謂性，性非敎化不成；人欲之謂情，情非度制
不節。是故王者上謹於承天意，以順命也；下務明敎化民，以成
性也；正法度之宜，別上下之序，以防欲也；修此三者，而大本
舉矣」。至於堯、舜所以興，是因「堯兢兢日行其道，而舜業業
日致其孝，善積而名顯，德章而身尊，此其寖明寖昌之道也」。
桀、紂之所以亡，是因「桀、紂暴慢，讒賊並進，賢知隱伏，惡
日顯，國日亂，晏然自以如日在天，終陵夷而大壞，……此其寖
微寖滅之道也」。

　　關於 (2)，仲舒答道：「夫樂而不亂復而不厭者謂之道；道
者萬世無弊，弊者道之失也。先王之道必有偏而不起之處，故政
有眊（不明）而不行，舉其偏者以補其弊而已矣。三王之道所祖
不同，非其相反，將以捄（救）溢扶衰，所遭之變然也」。仲舒
因言及道，所以趁機提出「王者有改制之名，無變道之實」的觀
念，「道之大原出於天，天不變，道亦不變」，而正朔、服色等
是可以改的。

　　仲舒的答問，到「今漢繼大亂之後，若宜少損周之文致，用
夏之忠者」，應該是結束了，以下約一千二百字左右，越出武帝
所問的範圍，尤其是引起近人爭議的最後一段：

　　　《春秋》大一統者，天地之常經，古今之通義也。今師異
　　　道，人異論，百家殊方，旨意不同，是上無以持一統；法
　　　制數變，下不知所守。臣愚以為諸不在六藝之科、孔子之
　　　術者，皆絕其道，勿使並進。邪辟之說滅息，然後統紀可
　　　一，而法度可明，民知所從矣。

這一段文字的內容，與三次策問的問題都沒有直接的關係，除非有證據證明這一段話不是仲舒說的（附帶一提：《春秋繁露》裏並無類似的觀念）， 否則我們就只能了解為仲舒把握了這難得的機會，向皇帝推銷他蓄之已久的想法，雖然類此的想法，並非第一次提出，因在仲舒〈對策〉之前，田蚡為丞相時，已開始推行「絀黃老、刑名百家之言，延文學儒者數百人」的政策。

但因仲舒在西漢思想史上居於代表性的地位，因此在近世的反儒家運動中，遂將這一部分言論，從歷史的脈絡中抽離出來，成為攻擊的焦點之一。攻擊的理由是因他主張統一思想，同時又要禁絕異端邪說，因而與李斯的禁書奏議相提並論❸。就思想的層次而言，儒家縱然有一百個理由應享有獨尊的地位❸，然因此而主張統一思想，總是可議的。如果就歷史的層次來看，一個儒者既然肯定了大一統的專制，那末提出這種主張就毫不足怪，這

❸ 《史記‧秦始皇本紀》：「丞相臣斯昧死言：古者天下散亂，莫之能一，是以諸侯並作，語皆道古以害今，飾虛言以亂實，人善其所私學，以非上之所建立。今皇帝並有天下，別黑白而定一尊。私學而相與非法教，人聞令下，則各以其學議之，入則心非， 出則巷議，夸主以為名，異取以為高，率羣下以造謗。如此弗禁，則主勢降乎上，黨與成乎下。禁之便。臣請史官非秦記皆燒之，非博士官所職，天下敢有藏《詩》、《書》、百家語者，悉詣守、尉雜燒之。有敢偶語《詩》、《書》者棄市，以古非今皆族，吏見知不舉者與同罪。令下三十日不燒，黥為城旦。所不去者，醫藥卜筮種樹之書。若欲有學法令，以吏為師」。（頁二五五）把李斯禁書議與董仲舒罷黜百家議相提並論的，如胡適：《中古思想史長編》，頁六八九， 另頁一九七～二〇二可參考。言二者之異同的，有余英時：《歷史與思想》，頁三八。

❸ 關於儒家所以能獨尊的原因，可參看韋政通：《中國思想史》上冊，頁四五七～四五九。

種主張縱然不由田蚡、董仲舒提出來，也必定有其他的人建議，因官方要求統一的思想，與專制體制的形成和穩定是分不開的❸。

總起來看，〈天人三策〉的內容，毫無疑問是堅守着儒家的立場，措詞雖比賈誼〈治安策〉委婉，仍能表現思想家之儒的氣概。賈誼是以時事爲立論的依據，仲舒雖一再評及現實政治，他主要的立論依據仍是儒家的道統，在這一點上，他比賈誼更能表現儒家的理想和精神。如果說賈誼是爲漢朝設計了一幅建國的藍圖，那末仲舒是希望把漢朝建設爲一個「儒吏之國」。

四、獨尊儒術的真相

根據前文二、三兩節，我們已知道尊儒運動的經過，也分析了董仲舒〈賢良對策〉的內容，接下去我們要揭開所謂「獨尊儒術」的眞相。近世反儒家及責難董仲舒的人，只注意到儒家經由董仲舒對專制的支持，並沒有進一步探討儒家在武帝朝並沒有受到眞正尊重這個史實，即使在表面上能受到尊重與重用的，也只是前文說過的那種「事功之儒」，而非思想家之儒。

在武帝朝中，第一個膽敢當面揭穿其以儒術爲緣飾的假面具的，當推列於九卿之位的汲黯，史載：「黯爲人性倨，少禮，面折，不能容人之過。合己者善待之，不合己者不能忍見，士亦以此不附焉。然好學、游俠、任氣節，內行脩絜，好直諫，數犯主之顏色」❸。其「犯主」最著名的一個例子，是當「天子方招文

---

❸　董仲舒要求統一思想功過的檢討，可參看徐復觀：《兩漢思想史》
卷二，頁四二七～四二八。

❸　《史記‧汲黯傳》，頁三一〇六。

學儒者」，不禁得意忘形地說，他要如何施仁義，這位「不能容人之過」的大臣，毫不客氣地指責他：「陛下內多欲而外施仁義，奈何欲效唐、虞之治乎」！這種話即使普通人也受不了，何況天子之尊？因既言施仁義，總不能當面發作，使自己更難堪，只好帶着怒色罷朝。事後，武帝告左右：「甚矣，汲黯之戇（愚）也」，可見在他心目中，只有公孫弘之流的「諛儒」才是夠聰明的。朝中同僚都責難汲黯，也為他的安全擔心，汲黯却說：「天子置公卿輔弼之臣，寧令從諛承意，陷主於不義乎？且已在其位，縱愛身，奈辱朝廷何」❸❾！史書上說他學黃老之言，但在上述言行中所表現的強烈道德感，頗有〈儒行〉所說「身可危也，而志不可奪」的儒者之風。「內多欲」道出武帝好大喜功的人性根源，「外施仁義」說明其不過是以儒術作為專制的包裝，此言對武帝的性格不但一語中的，可謂千古定評。

武帝既掛着尊儒的招牌，又要施仁義，朝中自然不能不用一些儒生，像公孫弘可以說是「緣飾以儒術」的最佳樣板，也只是給他高官厚祿，並不重視他的議論。如弘「為內史數年，遷御史大夫。時又東置蒼海、北築朔方之郡。弘數諫，以為罷弊中國以奉無用之地，願罷之。於是上（武帝）乃使朱買臣等難弘置朔方之便。發十策，弘不得一，弘乃謝曰：『山東鄙人，不知其便若是，願罷西南夷、蒼海，專奉朔方。』上乃許之」❹⓿。在公孫弘與朱買臣之間，武帝寧取朱買臣，公孫弘雖貴為御史大夫，竟為朱買臣鼠輩所摧辱。

另一例子發生在博士狄山與法吏張湯之間。匈奴向漢要求和

---

❸❾　以上均見前註書同頁。

❹⓿　《漢書・公孫弘傳》，頁二六一九。

親，在御前會議上，狄山主張接受匈奴的要求，武帝要他說出理由，狄山根據高帝以來的史實，細述用兵與和親的利弊得失，然後說：「今自陛下興兵擊匈奴，中國以空虛，邊大困貧。由是觀之，不如和親。」他的見解大抵能代表一般儒生的看法，無論如何，對這樣一個關係到國計民生的大問題，總應該有商量的餘地，可是當武帝問張湯的意見時，湯竟然說：「此愚儒無知。」這是人身攻擊，不是討論問題，狄山也以牙還牙：「臣固愚忠，若御史大夫湯，乃詐忠」，並提起湯治淮南、江都案的往事，有挑撥張湯與武帝之間感情的嫌疑。在這場爭論中，武帝明顯偏袒張湯，武帝假如重視儒家，張湯如果不是恃寵而驕，他怎敢在御前如此出言傷人。狄山爭論的結局，是被迫守邊，讓匈奴斬去頭顱❶。

　　當然，武帝不重用儒生，與儒生不能滿足現實政治的需要有很大的關係。由於漢初數十年間，叛亂一直是朝廷最大的隱憂，因此嚴密防止叛亂遂成為武帝朝的首要之務。此外，因武帝好大喜功，不斷向外用兵，為了籌措戰費，需盡量開發財源❷。這兩大任務，都不是坐而論道的儒生能完成的。復因儒者「貴以德而賤用兵」，又不尚功利，甚至對這兩大政策持反對態度。能徹底執行兩大政策，並滿足武帝需要的是法家，因此秦以後一度消沉的法家，此時重又受到重用，於是出現了大批的酷吏與計臣。武帝時代的丞相多用儒家，那只是為了裝璜門面，政治實權多操於御史大夫及廷尉之手，如張湯、杜周、桑弘羊曾為御史大夫，趙禹、張湯、杜周曾為廷尉，這些武帝朝的紅人，都是法家。他們

---

❶　《漢書·張湯傳》，頁二六四一～二六四二。

❷　參看前❸之書，頁二六、四六。

辦事認眞，能力高強，不論是理政事、搞特務、管財政，都有很好的成績。更重要的是，唯皇帝之命是從，雖處處標榜依法從事，他們心目中的法，就是皇帝的命令❸，且舉一明顯的例子：《漢書・杜周傳》：「客有謂周曰：『君爲天子決平，不循三尺法，專以人主意指爲獄，獄者固如是乎？』周曰：『三尺安出哉？前主所是著爲律，後主所是疏爲令，當時爲是，何古之法乎！』❹」在這種情形下，自然會產生大批酷吏，製造無數寃獄，雖貴爲丞相，亦所不免。由此可知，眞正能與專制統治水乳交融、交利共存的，是法家❺。

漢朝的皇帝多用法家，到武帝曾孫宣帝的時代，這情形並沒有多大改變，以下是元帝爲太子時與宣帝很著名的一席對話：

八歲，立爲太子，壯大，柔仁好儒，見宣帝所用多文法吏，以刑名繩下，大臣楊惲、蓋寬饒等坐刺譏辭語爲罪而誅。嘗侍燕，從容言：「陛下持刑太深，宜用儒生」。宣帝作色曰：「漢家自有制度，本以霸王道雜之，奈何純任德教，用周政乎？且俗儒不達時宜，好是古非今，使人眩於名實，不知所守，何足委任」！乃歎曰：「亂我家者，

❸　同前註。

❹　《漢書・杜周傳》，頁二六五九。

❺　至於儒家與專制的關係，如余英時所說：「我們決不能在先秦儒學與三綱五常之間劃等號。先秦儒學一方面雖然爲漢代官方的意識形態提供了思想資料，但另一方面也同樣爲非官方的、批判性的意識形態提供了理論的根據」。（〈意識形態與中國思想史〉，頁一九）董仲舒的〈對策〉就包涵這兩方面，近人批評儒家者，只注意到它對專制支持的一面，而忽略了批判的一面。

太子也」⑯。

這一席話已在尊儒運動開始約八、九十年之後，對所謂「獨尊儒術」之說，真是一大諷刺。宣帝所說「以霸王道雜之」，才是接近歷史真相的。所謂「雜」還不只是儒、法兼備，而是在漢代稍微有點名望的朝臣中，根本沒有純儒純法的人物，所以根據「漢家」的歷史，有人說儒家法家化，也有人說法家的儒化，皆可言之有據⑰，這種現象正是前文第一節所說漢初學術特性「實化」於歷史的表現。

五、尊儒運動的影響

武帝時代的尊儒運動，主要的作用雖在緣飾，時日一久，仍然產生了不少實際的效果，最主要的原因，是運動中所推崇的儒術，其範圍實包括古來歷史文化的傳統，儒者憑藉其豐富的文化資源，足以應付當時政治、社會各方面的需要。對漢而言，更化是歷史性的重要任務，統治集團雖不能充分認識它的意義，但崇儒政策推行之後，在人才培養和人才選拔方面，還是起了相當的變化，而變化的大方向是能與更化相應的。對戰國以來長期的分裂與戰亂而言，社會急需重新整合，黃老之治只是沒有辦法中的辦法，是一過渡現象，法家能鞏固君權，却無法提供調整社會結構和使社會長治久安的資源，為了滿足這些需要，都必須依賴廣

---

⑯　《漢書・元帝紀》，頁二七七。

⑰　言儒學法家化的，見余英時：《歷史與思想》，頁三一～四六。言法家儒化的，見傅樂成：《漢唐史論集》，頁六〇～六三。

義的儒家⑱。

　　尊儒運動當然不是爲了要自覺地解決這些問題才發動的，但從它的演變及影響來看，却是朝滿足這些需要在發展。推動歷史的因素很複雜，某種政策一旦推行——如立五經博士、興太學——就會循着它本身的規律發展下去，由政策而形成制度，這種客觀情勢的演變，並不是個人意志能控制得了的。

　　尊儒運動主要的影響有兩方面：

　　第一、教育推廣及育才的制度化　尊儒運動中第一項具體的措施，是設立五經博士。博士最早設置於六國之末，與齊稷下學宮雖有淵源上的關係，但至秦設博士乃太常的屬官，爲官僚系統中之一員，與一面自由講學一面又自由議政的稷下先生不同⑲。文帝時承襲秦制有博士七十餘人，他們的專長並非專注於某一家或某一方面，有人稱之爲「雜學博士」⑳。五經博士設立時，「初《書》惟有歐陽，《禮》后，《易》田，《春秋》公羊而已㉑」。可見人數很少。五經博士以教學爲主，因此有弟子員，最初五十人，興太學後，才使師生有固定校舍。興太學本爲賈誼、董仲舒的理想，仲舒於〈對策〉也曾向武帝提出，後來再度提議立學校之官並促其實現的，乃公孫弘爲丞相時。這是中國最

---

⑱　廣義的儒家包涵着儒家所承藉的歷史文化傳統而言；狹義的儒家是指孔、孟所創發的仁義心性的儒學。就前者的特色而言，可稱之爲經學之儒，就後者的特色而言，可稱之爲思想家之儒。漢人心目中的儒家比較偏重於前者。

⑲　關於博士制的演變，請看余英時：《中國知識階層史論》（古代篇），頁七一～七六。

⑳　同前㉔，頁四二七。

㉑　《漢書‧儒林傳贊》，頁三六二〇～三六二一。

早的國立大學❷。太學終武帝之世，並未擴充，「昭帝時舉賢良
文學，增博士弟子員滿百人，宣帝末增倍之。」元帝好儒，更增
至千人，成帝末，有人說孔子布衣尚且有三千弟子，官辦太學的
人數比較起來實在嫌少，於是也增加弟子員爲三千人❸。

　　太學設於京師，未興太學之前，蜀郡太守文翁已創立學官於
成都市，招收各縣子弟爲學官弟子，武帝時設太學後，遂將郡國
學官推廣到全國，從此培育人才有了一定的制度。人才主要的出
路是任朝廷命官，普設學校是任官前的制度，此外還有在職中的
制度及退任後的制度，合而言之曰文官制度❹，學校制度乃文官
制度的基礎。

　　這套制度是否已實現仲舒希望的「儒吏之國」呢？五經博士
設置後，的確使不少儒生借徑於經術，昇上政治的高位，這些人
物在朝中多半和法家人物一樣，爲爭結帝王之歡而失大臣之風，
在實際的貢獻上反不及法家人物❺，在當時被尊爲「儒宗」的，
骨子裏頭很少眞儒精神，《漢書‧匡張孔馬傳贊》說：「自孝武
興學，公孫弘以儒相，其後蔡義、韋賢、玄成、匡衡、張禹、翟
方進、孔光、平當、馬宮及當子晏咸以儒宗居宰相位，服儒衣
冠，傳先王語，其醞藉可也，然皆持祿保位，被阿諛之譏。彼以
古人之迹見繩，烏能勝其任乎！」在專制體制裏，儒家內聖外王
的理想，根本不可能實現，「古人之迹」成爲滿足帝王虛榮心的

---

❷　同前❺，頁六九五。

❸　《漢書‧儒林傳》，頁三五九六。

❹　漢代建立的文官制度，可參看薩孟武：《中國社會政治史》第一
　　冊，頁二五五～二八二。

❺　參看前❽之書，頁三四。

口號，讀書人要想平步青雲，「被阿諛之譏」是最低的代價，在實際政治中，儒家或儒術只是招牌的作用，漢以來偶有眞儒，不是屈居下位，就是寒苦終生。李覯（1009—1059）說：「孔子之言滿天子，孔子之道未嘗行！……師其言，不師其道！故得其言者爲富貴，得其道者爲餓夫」❺❻！由此了解孔學在歷史上的命運，雖不中亦不遠矣。

第二、士人宗族逐漸發展　士在周代屬於貴族的下層，封建制度解體後，春秋、戰國時隨着雄霸並峙、社會流動的情勢，原屬固定階級的士逐轉變爲周遊列國的遊士，所謂諸子百家，大都屬於這類人物，他們不單是三代文化的繼承者，也是中國文化思想的創新者。秦、漢大一統的局面出現之後，士的處境起了根本的變化，一部分被吸入官僚系統（指秦與漢初的「雜學博士」），另一部分成爲貴胄的賓客（如呂不韋與淮南王的門客），從此戰國稷下「不治而議論」的風氣逐漸煙消雲散，據《鹽鐵論・晁錯篇》載：

> 日者淮南、衡山修文學，招四方遊士，山東儒、墨咸聚於江淮之間，講議集論，著數十篇。然卒於背義不臣，謀叛逆，誅及宗族。

這是武帝寵臣桑弘羊的話，他在未任御史大夫前，主持財政大計，成效卓著，他的話很能代表當道的看法，遊士既被看做「背義不臣」、「謀叛逆」，他在歷史上的命運已經告終。自立五經博士及公孫弘以白衣爲天子三公，從此爲士開闢了一個新的歷

❺❻　李覯：《李泰伯先生全集・潛書》，頁六五二。

程。《漢書・儒林傳贊》：

> 自武帝立五經博士，開弟子員，設科射策，勸以官祿，訖
> 於元始，百有餘年，傳業者寖盛，支葉蕃滋，……大師衆
> 至千餘人，蓋利祿之路然也。

這新的歷程即「利祿之路」，此路一開，不但太學生人數越來越
多，民間私人敎學的風氣也日漸普遍[57]，西漢後期像公孫弘那樣
平步青雲的人物已不稀奇。士人既在政治上得勢，自然會擴充家
族的財勢，所以自武帝崇儒政策推行後，士人宗族便逐漸發展[58]，
取代了傳統封建宗族的勢力，形成了一個與專制皇帝共治（或共
禍）天下的士大夫階層[59]。

---

[57] 參看前[49]之書，頁一一一～一一二。

[58] 同前[49]，頁一一四。

[59] 皇帝與士大夫共治天下，據李燾：《續資治通鑑長編》卷二二一：
「熙寧四年三月戊子，上召二府對資政殿，文彥博言：『祖宗法制
具在，不須更張，以失人心。』上曰：『更張法制，於士大夫誠多
不悅，然於百姓何所不便』？彥博曰：『爲與士大夫治天下，非與
百姓治天下也』。」

第十章　董仲舒處理儒家與專制關係的理論

一、董仲舒儒學的新課題

西漢董仲舒所代表的儒家，與先秦孔、孟、荀各自建立的原始儒家的典範，有很大的不同，這不同可從兩方面來解釋：一方面是因時代及處境不同；另一方面是因思想背景不同。

在時代方面，孔、孟、荀經歷的是五霸七雄分裂的局面，在這局面下才能促使「蠭出並作，各引一端，崇其所善，以此馳說，取合諸侯」❶的諸子學的興起。由於列國並陳，使他們不但在政治上有較多選擇的自由，也因缺乏政治壓力感，使他們比較能從容地獻身於思想創造性的工作。而仲舒面臨的却是一個大一統的專制時代，這對一個懷抱理想的儒者而言，形成鉅大的政治壓力感❷，他在政治上已沒有選擇的自由，他必須面對並思考儒家在專制體制下如何生存如何適應的問題。

---

❶ 班固：《漢書・藝文志諸子略》，新校本（下同），頁一七四六。

❷ 有關這方面問題的探討，可參閱徐復觀：〈兩漢知識份子對專制政治的壓力感〉，見《周秦漢政治社會結構之分析》，頁二八一～二九四，六十三年，臺灣學生書局。

　　思想背景方面，孔、孟、荀都是在保存傳統歷史文化的前提
下求新求變，他們從事的是傳統更新的工作，又生存在言論思想
都相當自由的時代，因此一旦遭遇不同的思想或學派，可以毫不
猶豫地根據自己的立場與觀點加以評論或駁斥。仲舒的時代，先
秦百家爭鳴的局面，經秦漢之際，因思想日趨於混合、雜交而結
束； 同時爲相應於政治的統一， 也正爲要求思想的統一做準備
❸。在這趨向於混合、統一的過程中，陰陽家儼然成爲思想的主
調， 它不但提供當時最具代表性的世界觀， 而且根據「陰陽消
息」、「天人變應」的原理來解釋宇宙現象和人類歷史❹。仲舒
在《公羊春秋》的基礎上，所以能發展出一套天人感應的思想系
統，主要是由於他承藉了極具繁衍性的陰陽家思想，這雖使他取
得「推陰陽爲儒者宗」❺的歷史地位，但與先秦儒家相比，不僅
思想的形貌有很大的改變，卽連價值的根源也有所不同，仲舒把
先儒決之人心性的，皆反轉去決之於天，相對於先秦儒家發展的
人文思想而言，無異是乾坤倒轉❻。

　　以上兩點似乎已夠說明時代與環境對一個思想家的影響，這
種影響對一般儒生來說，根本引不起後人的關切，可是對被史家
推「爲羣儒首」❼，處於一代儒宗地位的董仲舒，却構成嚴重的
問題，因他爲適應專制而傾向「法家化」的言論，以及因限制君
權而援引陰陽家的學說（當然，陰陽家在仲舒的思想裏，不只是

❸　秦、漢之際的思想趨向，可參閱章政通：《中國思想史》上冊，頁
　　三八九～三九六，六十八年，臺北大林出版社。

❹　王夢鷗：《鄒衍遺說考》，頁四九，五十五年，臺灣商務印書館。

❺　班固：《漢書・五行志》，頁一三一七。

❻　此一現象，於前註❸之書中，曾有分析，見該書頁四六四～四六五。

❼　《漢書・董仲舒傳》，頁二五二六。

爲了這一個目的），已成爲近人責難的焦點。

　　來自這兩方的責難，就思想或理論的層次來看，不能說沒有一點道理，問題在採取這樣的觀點，不免對仲舒的思想系統表現排拒的態度，因此不能也不願進一步了解他在西漢儒學史上所代表的意義。評論歷史人物，在歷史層次上多做些了解是有必要的，在這個層次上，我們要問：從漢初到武帝這段期間，在思想上有沒有比仲舒更傑出的儒者？有沒有比仲舒更忠於儒家理想的？

　　要回答這個問題，不能不把這段期間的儒者做點比較。這期間具有代表性的儒者可分爲三個類型：（1）經學之儒，《史記・儒林傳》中所列的申培公、轅固生、韓嬰（以上言《詩》）、伏生（言《尚書》）、高堂生（《禮》）、田生（《易》）、胡毋生（《春秋》）皆屬之。經學之儒雖亦懷有經世之志，但其主要貢獻則在經典的研究與經義的傳承上。（2）事功之儒，可以叔孫通、公孫弘爲代表，這一類型的儒者，在朝廷能建功，又享有高官厚祿，但在堅守原則的儒者心目中，不免被視爲曲學阿世之徒。（3）思想家之儒，漢初百年間，這一型的儒者，前有賈誼，後有董仲舒，二人都有經學的底子，但在博通諸家之書後，皆已突破經生的格局，而成一家之言。他們雖肯定大一統的專制，却認爲在現實的政制之上，應有更高的文化理想，故主張以儒家的仁義立國。基於對秦的失敗有深切的反省，因此對漢當改制、更化，二人也有一致的見解。所不同者，是賈誼立論傾向於現實問題的解決，如制諸侯、攘匈奴、變風俗、傅太子、禮貌大臣等，這些見解，乃賈生向文帝提供的一套頗具實效的建國藍圖，目的在使漢朝能成爲一名符其實的新朝代，不再是舊朝代的延續❽。

---

　　❽　傅樂成：《漢唐史論集》，頁一一～一二，六十六年，臺北聯經。

到仲舒的時代，漢帝國國力已強盛，制諸侯、傅太子等現實問題
已相繼解決，作爲漢初六、七十年官方意識形態的黃老治術也已
到尾聲，因此，對改制、更化已較前提供了更有利的客觀條件，
如以仲舒的〈賢良對策〉與賈誼的《治安策》相比，仲舒不但有
更明確的儒家立場，且對賈誼重視的德教，從理論上予以充實。
更重要的是，他提出「萬世無弊」的「道」，作爲現實統治的最高
主導原則，並由三代以降的歷史說明這個主導原則的必要，對儒
者而言，必須使專制帝王先接受這個大前提，然後進言方有理據，
對專制政體下所產生的種種弊端，才有機會發揮其批判作用。

　　從以上的比較中，已大抵可以看出仲舒的思想在西漢儒學史
上，不僅有其突出的意義，且足以代表這一時期儒學在思想方面
所可能達到的最高水平。因此，仲舒思想所以與先秦儒家不同，
主要當歸咎於時代的要求和環境的因素，以及這些因素使儒家面
臨了與往昔不同的新課題。大一統的專制，使任何一個懷抱理想
的儒者都必須面對的事實，在這不可能改變的事實之前，某種程
度的「法家化」，實是爲了使儒家的道有機會能成爲現實統治的
主導原則，以及使儒生能大量進身朝廷必須付出的代價。衡諸武
帝以後的史實，元帝以下各朝，儒家出身的人物，已漸成爲朝臣
的主幹，到東漢，光武帝提倡儒學，表章節行，明、章二帝繼之，
於是儒學大興。顧亭林稱「三代以下，風俗之美，尚無於東京者」
❾。由此可知，儒家在漢代爲適應專制所付出的代價，史實說明
確也收到相當績效。西漢時儒者紛趨於法家化，到了東漢，竟然
出現了「法家的儒化」現象❿，這也足以說明所謂「代價」並非

------

❾　顧炎武：《日知錄》「兩漢風俗」條。

❿　見前註❽之書，頁六〇。

純屬於負數的。

　　適應專制之外，仲舒的另一課題，是如何在集權體制下，依然能延續儒家的理想，並對朝政發揮抗議或批判的精神，以盡儒者的職責。法家化的適應與儒家理想的維護，是兩個互相排斥的因素，如何協調這兩個因素，遂形成仲舒思想內部的重要問題，事實上，仲舒春秋學的一些基要部分，就是以這兩個因素的緊張關係為軸而展開的 ❶。

　　值得注意的是，仲舒在上述的課題中，還有比抗議或批判更深一層的思考，他想到如何限制君權的問題，這是根絕專制弊害最重要的一個問題。先秦儒家還沒有遭遇到這個問題，根據內聖外王的一套理論，他們只是從理想的觀點，設想一國之主，應經由內聖的工夫而成為一個聖君，仲舒深知完全依賴這種設想來對付「獨制於天下而無所制」❷ 的專制君主，是不切實際的，所以提出以天的權威來限制君的意志的一套「天人相與」的災異理論 ❸，而這套理論是承藉於陰陽家的傳統發展出來的，把這套理論如逕斥之為「妖言」、「假冒之儒學」❹，就無法了解它在政治思想史上的重要意義。

---

❶　參考荒木見悟：〈中世的思想〉，見張昭譯：《中國思想史》，頁一二三，七十年，臺北儒林圖書公司。

❷　此乃李斯上秦二世胡亥書中語，見《史記・李斯傳》，新校本，頁二五五四。

❸　參考蕭公權：《憲政與民主》，頁六八，七十一年，臺北聯經出版事業公司。

❹　見勞思光：《中國哲學史》第二卷，第七、一八等頁，一九七一年，香港中文大學崇基書院。

二、「同體異用」理論模式的建立

適應大一統的專制是時代的要求，對專制的抗議或批判是儒學的要求，如何協調這兩個互相排斥的因素，並發展出一套足以滿足這雙重要求的理論，是仲舒春秋學的主要目的之一。

《春秋》原不過是一部魯史，用編年體記錄從魯隱公元年（前 722）到哀公十四年（前 481）間史事，後因孔子修《春秋》，賦予微言大義，才使這部平常史書提昇到儒家經典的地位，在學術上享有極高的權威。仲舒的思想本脫胎於《公羊春秋》，因此他利用《春秋》來發展上述的理論，可謂順理成章，更何況傳統春秋學中多層而又複雜的涵義，極有利於仲舒的自由發揮與自由取用。

漢武帝時代已完成了國家的統一體制，此刻最迫切的需要的，就是有一套支持這個體制的理論，仲舒根據《春秋·公羊傳》大一統的觀念發展的理論，就正好能滿足這個需要⑮。另一方面，孟子曾說：「孔子成《春秋》而亂臣賊子懼」，又說：「《春秋》天子之事」⑯，前一說涵有撥亂反正之義，後一說是說孔子通過《春秋》的褒善貶惡，以代替天子的賞罰。與孟子同時期的莊子也說：「《春秋》經世，先王之志」⑰，使《春秋》不僅是表現道德裁判（褒善貶惡）的史書，而是一部代表先王政治理想的經典。在這個觀念的方向上，仲舒不僅能建立起批判專制的標準，

---

⑮　參考宇野精一主編，洪順隆譯：《中國思想之研究》「儒家思想」
　　㈠，頁一一二，六十六年，臺北幼獅文化事業公司。

⑯　《孟子·滕文公下》。

⑰　《莊子·齊物論》。

且能爲自己的批判言論找到深厚的權威爲其依據。著名的〈賢良對策〉，就是仲舒運用他獨特的春秋學，同時滿足了適應與批判這雙重要求的傑作。

　　仲舒在孟子「《春秋》天子之事」及《公羊傳》「制《春秋》之義，以俟後聖」⑱的基礎上，發展出「孔子立新王之道」⑲的觀念，此後逐有「《春秋》爲漢制法」的傳說⑳。《春秋》立新王之道，這個「道」在仲舒也有雙重的涵義，即以〈賢良對策〉之言爲例，當仲舒說「《春秋》大一統者，天地之常經，古今之通誼也」㉑時，這大一統的新王，自然就落實在武帝的身上，不但肯定其強大的君權，且予以理論的支持。好，《春秋》旣有如此重大的功效，那末它就應該與堯、舜、禹、湯、文、武、周公之創制立法，定爲一朝王官之學者有同樣平等的地位，而不該下與墨翟、老聃那些僅屬於社會私家言者爲伍㉒，因此仲舒緊接着就建議武帝「諸不在六藝之科孔子之術者，皆絕其道，勿使並進」㉓，也就是說，只有「六藝之科、孔子之術」才有資格立博士之官，在這裏，仲舒欲使儒家之道成爲現實統治的主導原則的企圖，是極爲明顯的。這個目的一旦達成，那麼根據先秦儒學，對現實政治的一切批判才有充分施展的餘地，仲舒向武帝所上的

⑱　見《公羊傳》哀公十四年。

⑲　賴炎元：《春秋繁露今註今譯》，頁一九，七十三年，臺灣商務印書館。

⑳　參閱錢穆：《兩漢經學今古文平議》，頁二四五～二四六，四十七年，香港新亞研究所。

㉑　同前註❼，頁二五二三。

㉒　參考前註⑳之書，頁二四六。

㉓　同前註㉑。

策文中，對這種技巧的運用，已起了示範性的作用。

　　上引〈賢良對策〉之言，僅是活用《春秋》之道的一個例子。若問《春秋》立新王之道，這「道」本身究竟有什麼內容，就必須深入仲舒獨特的春秋學的基本理論，這套理論竟然很巧妙地能爲適應與批判這雙重要求提供共同的根據。這套理論是由「天」與「古」這兩個觀念展開的：

　　　《春秋》之道，奉天法古。是故雖有巧手，弗修規矩，不能正方圓；雖有察耳，不吹六律，不能定五音；雖有知（同智）心，不覽先王，不能平天下；然則先王之遺道，亦天下之規矩六律巳！故聖者法天，賢者法聖，此其大數也；得大數而治，失大數而亂，此治亂之分也；所聞天下無二道，故聖人異治同理也，古今通達，故先賢傳其法於後世也。《春秋》之於世事也，善復古，譏易常，欲其法先王也㉔。

這段文字主要在經由解釋賦予抽象的「《春秋》之道」以具體的內涵，並說明爲什麼《春秋》所闡揚的先王之道，仍能適用於新的時代（所謂「立新王之道」）。首先仲舒以「奉天、法古」來界定《春秋》之道，旨在表明「天」與「古」是他發展春秋學所依據的兩個基本範疇，在應用上又是評論世事所根據的價值標準。其次以正方圓的規矩、定五音的六律爲喻，以說明「天」與「古」具有準則的意義，而這個準則就是先王治天下所曾奉行效法的。最後又指出「天」與「古」不只是治天下的準則，而且在

_____

㉔　同前註㉚，頁一一。

歷史之流裏，也是永恒的常道，旣是常道，所以能行於古者，亦必能行於今，後世君主欲治理天下，均應奉行天道、效法先王。

以上引文對「奉天」、「法古」這兩個範疇，事實上只說明了「古」何以當法，至於「天」何以當奉，還要看另一段：

> 臣聞天者羣物之祖也，故徧覆包函而無所殊，建日月風雨以和之，經陰陽寒暑以成之。故聖人法天而立道，亦溥愛而亡私，布德施仁以厚之，設誼立禮以導之㉕。

「天」之所以當奉（「奉」與「法」同義），是因天代表「溥愛而亡私」的德，「聖人法天而立道」，所立之「道」的內容，也必是這個意義的德。上面的話是仲舒對武帝說的，因此「聖人法天」云云也有鼓勵武帝行仁政的意思。直接要求專制帝王行仁政，很難打動對方的心意，經由天來說，情況就不一樣，因爲天除了「溥愛而亡私」的涵義之外，還有天子受命於天的一面，這一意義的天就成爲天子權力合法性的信念，「臣聞天之所大奉使之王者，必有非人力所能致而自至者，此受命之符也」㉖，這種話武帝聽來一定很高興，因此會由衷地感到天是可信的，天意是可欲的。旣然如此，又怎麼能自我矛盾地去否定由「法天」而「布德施仁」這方面的功效呢？仲舒在這裏，把大一統專制的現實需求與儒家所理想的願望，本屬於兩個互相排斥的因素，竟然在「天」的範疇裏予以統合，如此巧妙的思考，可稱之爲「同體異用」的論式。這個論式也同樣適用於「古」的範疇。下面兩節

㉕ 同前註❼，頁二五一五。

㉖ 同前註❼，頁二五〇〇。

將分別就這兩個範疇，把這個論式做進一步的展示。

三、由「天」的範疇展示「同體異用」的論式

從「天」來展示「同體異用」的論式，也就是如何運用天這個共同體，同時達到適應（專制要求）與批判（儒家要求）的雙重目的。仲舒之所以能朝這方面發展他的理論，最主要的關鍵，是因天這個概念在長期演變的過程中，已具有複雜的涵義，他可以取用不同意義的天，來達到他的目的。例如天命，「惟王受命」、「我受天命」㉗本是很古老的觀念，這個觀念固然有利於君權的合法性，但從《書經・召誥篇》、《詩經・文王篇》的記載來看，却反映出相同的思想，即都以天收回大邦殷所受的天命這件事（所謂「天命靡常」），作爲一面歷史的鏡子，以警誡周王朝的子孫，希望周王朝新受天命的王者，必須趕緊修明自己的德行（即仁愛百姓），方能「祈天永命」，以鞏固新的王朝㉘。所以在中國傳統裏，從這個時代開始，就已杜絕了絕對的君權天授說，天授命於王，但要繼續保持天命的眷顧，必須靠王者是否能敬德（所謂「皇自敬德」）爲其條件。仲舒在〈賢良對策〉中，不是順着孔、孟天人合德的思想答覆武帝之間，他是復活並利用了這個古老的傳統來表達他的見解，他對武帝說：「王令之謂命，命非聖人不行」㉙。又說：「爲政而宜於民者，固當受祿於天。

㉗　《書經・詔誥篇》。

㉘　參考楊慧傑：《天人關係論》，頁三二～三四，七○年，臺北大林出版社。

㉙　同前註㉕。

夫仁、誼、禮、知、信五常之道，王者所當修飭也；五者修飭，故受天之祐，而享鬼神之靈，德施於方外，延及羣生也」❸。仲舒所說的「聖人」，不依賴內聖的工夫，而是在「布德施仁」、「設義立禮」的教化來表現的。「五者修飭」的目的旣在「德施於方外」，所以也是教化的意義。仲舒的整個系統，對儒家內聖方面的心性之學沒有貢獻，他的人性論也只不過是爲激勵現實的統治者施行教化建立人性上的根據❸。仲舒旣由「德、命相符應」的傳統立言❸，所以在肯定眞命天子的同時，也給予天子一重道德上的限制，就在這重道德的限制上，他才能直言不諱地批評武帝「教化不立」、「王心未加」，批評當時朝廷「廢先王德教之官，而獨任執法之吏治民」❸的錯誤政策。「任德教而不任刑」本是儒家一貫的要求，而仲舒却以「陽爲德，陰爲刑，刑主殺而德主生」的陰陽家說詞，來證明這個要求乃是天意，所謂「王者承天意以從事，故任德教而不任刑」❸。他所以要運用這種策略，是因漢初長期在陰陽家的宇宙觀籠罩之下，只有把自己的主張託爲天意，才具有說服力，才有可能打動帝王的心意，並不是他存心要復古。

　　天命之外，再以「大一統」爲例。這個觀念見於《春秋》隱公元年《公羊傳》，《春秋》原文：「元年，春王正月」，《公羊傳》的解釋：「曷爲先言王而後言正月？王正月也。何言乎王

---

❸　同前註❼，頁二五〇五。

❸　參考前註❸之書，頁四八三。

❸　《春秋繁露‧三代改制質文》：「故天之命無常，唯命是德慶」。見前註❶之書，頁一七五。

❸　以上引文，順序見前註❼之書，頁二五〇三、二五一一、二五〇二。

❸　同前註❼，頁二五〇二。

正月？大一統也」。仲舒的解釋：「何以謂之王正月？曰：王者必受命而後王，王者必改正朔、易服色、制禮樂，一統天下，所以明易姓非繼人，通以己受之於天也」❸。《公羊傳》的「大一統」，本是代表一種政治的理想❸，而仲舒却施以由君權統一國家的新解釋，所謂「易姓非繼人，通以己受之於天也」，卽肯定西漢劉姓得天下並非繼承前王，而是受之天命。相應着大一統專制的需要，他承襲了賈誼「強幹弱枝」的主張，以君主爲頂點的集權體制，乃是爲了國家的長久安定。沒有國家的安定，民生的安寧得不到保障，所以對「宜安養人民之君主」而言，國家的統一是絕對必要的❸。

以上的言論，當然是適應專制的，但仲舒又說：「是故《春秋》之道，以元之深正天之端，以天之端正王之政，以王之政正諸侯之卽位，以諸侯之卽位正竟（境）內之治，五者（元年、春、王、正月、公卽位）俱正，而化大行」❸。是在轉化「大一統」之義的同時，在王政之上又加上一重「天之端」以端正王之政，天之端卽天之始，指四時循環中的「春」，「春者天之所爲也，正者王之所爲也，其意曰：上承天之所爲，而下以正其所爲，正王道之端云爾」❸。所以「以天之端正王之政」，就是要君王法天之所爲以行王道，這又滿足了儒家的要求。

仲舒的思想最爲近人詬病的，除了主張統一思想之外，就是

---

❸　同前註⓳，頁一七四。

❸　參閱徐復觀：《兩漢思想史》卷二，頁三四一，六十五年，臺灣學生書局。

❸　參考前註⓫之書，頁一二〇。

❸　同前註⓳，頁一四五。

❸　同前註❼，頁二五〇一～二五〇二。

三綱的倫理觀。從近代自由、民主的價值觀來看中國傳統三綱的倫理，這兩個價值系統，當然有相當程度的對立，所以在引進新的價值觀的同時，二者之間發生衝突是不可避免的。但是要了解三綱的歷史意義，不妨先排除評價的觀點。

　　了解三綱的歷史意義，要從兩方面來觀察：一方面它是相應着大一統的專制——以君主爲頂點的集權體制而產生的倫理價值系統，這套價值系統成爲集權體制的一部分（核心部分）之後，支持強大君權的理論才算完備，因爲它對維護這個體制的秩序以及保障這個體制的安全，遠比天命說與大一統的觀念更具有實質的意義。正因它是相應着中央集權體制而產生，所以有將道德隸屬於政治目的的傾向❹，如果說董仲舒使「儒家政治化」了，其根本原因也在此。

　　另一方面也應當了解，三綱倫理觀的出現以及它制度化的過程，絕非單靠政治的權威所能完成的，這個過程也是儒家倫理思想經過秦漢歷史演變的結果，也就是說，三綱在迎合專制需要的同時，也促成儒家倫理新的發展，專制與儒家之間是一種交利共存的關係。從文獻上，三綱的觀念雖發軔於韓非❹，但這個觀念在歷史上出現，主要的關鍵是在大一統的政制，大一統的專制出現之後，縱然法家不提供這個觀念，儒家本身也必然會發展出來。

　　仲舒說：「天爲君而覆露之，地爲臣而持載之；陽爲夫而生之，陰爲婦而助之；春爲父而生之，夏爲子而養之；王道之三綱

---

❹　同前註⓯，頁一二六。

❹　如《韓非子・忠孝篇》：「臣事君，子事父，妻事夫，三者順則天下治，三者逆則天下亂」。

可求之於天」❷。這一段文字，僅說君臣、父子、夫婦這三種人倫關係都有天道的根據，所謂「仁義制度之數，盡取之天」。此外，仲舒又以君、父、夫爲陽，臣、子、婦爲陰，然後再配入陽尊陰卑，陽貴陰賤，陽善陰惡的二元價值觀，這才能迎合專制的需要，並爲中央集權體制提供倫理的基礎。

由於「君臣、父子、夫婦之義，皆取諸陰陽之道」，自然會使人想到仲舒是以陰陽家的天論爲三綱的形上學根據。其實《易經・繫辭傳》的天道論中，陰陽、尊卑、貴賤這些組成三綱倫理的基本概念，早都已齊備（當然，這也可能已經受了陰陽家的影響），尤其是「天尊地卑，乾坤定矣；卑高以陳，貴賤位矣」。「乾、陽物也；坤、陰物也」。「夫乾、天下之至健也。……夫坤、天下之至順也」。這些言論使《繫辭傳》的天道論過渡到三綱的倫理，是極具啓發性的。如果再配合着秦漢之際忠孝混同的歷史線索來看❸，那末，儒家的倫理思想演變爲三綱，是一點也不足爲奇的。五倫在先秦原本只是一種倫理學，五倫說演變爲三綱，才使它具備正統禮教的權威性與束縛性，所以代表新的發展❹。

三綱的倫理完成之後，它旣滿足了大一統專制的需要，又使儒家倫理達成它的歷史使命，而三綱之理又是「盡取之天」的，所以這一發展依舊未曾越出「同體異用」的論式。

---

❷　同前註❶，頁三二一。

❸　秦漢之際忠孝混同問題的探討，可參閱韋政通：〈中國孝道思想的演變及其問題〉，此文原載《現代學苑》月刊六卷五期，又見《現代化與中國的適應》附錄，六十五年，臺北牧童出版社。

❹　參考賀麟：〈五倫觀念的新檢討〉，特別是該文的第四點，見《文化與人生》，頁一八～一九，六十二年，臺灣地平線出版社重印。

四、由「古」的範疇展示「同體異用」的論式

　　「《春秋》之道，奉天法古」，由「天」的範疇展示「同體異用」論式已如上述，下文將由「古」來展現同一論式。仲舒說：「齊桓、晉文不尊周室不能霸，三代聖人不則天地不能至王❹」。法古也就是法天。「天」與「古」都是先王治天下的準繩，爲何要分爲兩個範疇？蓋因「天道遠，人道邇」，「古」是透過歷史來講述的，是三代聖王治理天下的具體表現，足以印證天道實現於歷史的眞實性（當然，這些說詞都是理想主義的）；在「古」之外，所以又必須再有「天」，是利用宗教信仰的心理，以加強先王之道的權威性。法「古」或法「天」，在終極的意義上都是法「道」，「道」可以經由「天」來表現，也可以經由「古」來表現（也是「同體異用」）；道可以用來支持現實的大一統專制，也可以提供褒貶譴責專制的理想標準。用仲舒自己的話來說就是：「天之道，有倫、有經、有權❹」。爲專制定理想是「經」，使專制合法化是「權」，仲舒爲了解決在新時代裏儒家面臨的新課題而苦心經營的春秋學，很可能曾受到孔、孟經權說的啓發。

　　崇古本是先秦儒家一個重要的價値取向，仲舒的法古除此之外，還有很強烈的現實意義。他在〈賢良對策〉的前兩策反復陳述古先王之道（重點在禮樂敎化），遂引起武帝「善言古者必有驗於今」的質疑，仲舒回答：「夫古之天下亦今之天下，今之天

---

❹　同前註⓲，頁二五五。

❹　同前註⓲，頁三〇八。

下亦古之天下」[47]。古與今在時間上雖不同，但作爲當行之道並無不同，所謂「道者萬世亡弊，弊者道之失也[48]」。所以只要是根據道的標準，就可以評判任何世代政治的得失，孔子修《春秋》曾這樣做過，仲舒對漢初的政治也是如此。

《春秋繁露・三代改制質文》，通常只注意到它代表董仲舒的歷史觀或歷史理論，這種了解並不錯，但僅能觸及其表層的意義。如把它當作是從「古」的範疇來展示「同體異用」的論式，就能發現這篇文章還有更深一層的涵義：改制與質文雖都是透過終而復始的循環史觀來表達，但意義不同，作用也不同，改制說是假藉《春秋》爲漢朝的歷史定位，使漢能成爲繼承夏、商、周三代的大統；質文說是以三代質文遞變、補偏救弊的文化觀，爲漢朝提供以儒家之道爲主導原則的文化理想。前一說滿足了大一統專制的需要，後一說恰是「諸不在六藝之科孔子之術者，皆絕其道」一主張的理論根據。

政制指改正朔、易服色之類，一個新朝代（新王）的興起，所以必須改制，仲舒是以三正、三統的史觀來加以說明的。漢初因驕衍「五德轉移，治各有宜」的說法，曾爲漢究竟是水德、土德、或火德而爭論不休，仲舒另立三正、三統說替代五德說，希望從此能平息這場爭論。所謂三正是因以往的曆法中有三種不同的正月（歲首），以十一月爲正月者又稱子月，以十二月爲正月者又稱丑月，以十三月（即元月）爲正月者又稱寅月。仲舒認爲每一個朝代都必須重新規定以這三個月中的某月爲正月，此之謂「改正朔」。若以子月爲正月，曆法上稱爲「建子」，建子則

---

[47]　同前註[7]，頁二五一九～二五二〇。

[48]　同前註[7]，頁二五一八。

「天統氣始施化物，物始動，其色赤」，所以建子的朝代就以赤為上色（「尚赤」），此之謂「易服色」，又叫做「正赤統」。若以丑月為正月，曆法上稱為「建丑」，建丑則「天統氣始蛻化物，物初芽，其色白」，所以建丑的朝代就以白為上色（「尚白」），易服為白色，又叫做「正白統」。若以寅月為正月，曆法上稱為「建寅」，建寅則「天統氣始通化物，物見萌達，其色黑」，所以建寅的朝代以黑為上色（「尚黑」），易服為黑色，又叫做「正黑統」❹。

　　以上是簡化的三正、三統說，依仲舒，夏為黑統、建寅，商為白統、建丑，周為赤統、建子。繼周者假託為《春秋》（所謂「王魯」，作《春秋》的孔子就成為「素王」），當為黑統、建寅。雖未明言是漢，但可推想仲舒之意：漢朝如要成為繼承三代的正統，就必須照三正、三統從事改制。史實證明，武帝太初改制，曆法方面接受了仲舒「建寅」的說法，而服色方面，則從五德主張漢為土德之說，故服色尚黃❺。

　　改制說的政治作用只不過是為漢朝的歷史定位，使專制君主有「天之所大顯」的滿足。仲舒更關心的問題，是先王之道如何落實到漢代的現實政制之中，成為漢代文化建設的主導原則。所以仲舒說：「改正朔，易服色，以順天命而已；其餘盡循堯道，何更為哉！故王者有改制之名，亡變道之實❺」。可是單向地或主觀地向專制帝王宣揚先王之道，不但缺乏說服力，還可能引起

❹　參考馮友蘭：《中國哲學史新編》，頁一二三～一二四，一九六四年。

❺　顧頡剛編著：《古史辨》第五冊，頁四四九。

❺　同前註❼，頁二五一八。

對方疑竇，如武帝在第二次問對中，就提出「稽諸上古之不同，考之于今而難行」的問題，董仲舒爲解武帝之惑，卽曾以質文說爲對，可見它是爲了宣揚實行先王之道所提供的理論根據，恰好質文說又有悠久的傳統深厚的權威做支柱，足以增強其說服力。

　　質文的討論始於孔子，所謂「文質彬彬，然後君子❺❷」，是以文質並勝爲君子應有的理想。當他說「先進於禮樂，野人也，後進於禮樂，君子也。如用之，則吾從先進❺❸」，使質文具有了經世的涵義。「野人」就是質勝文的人，意謂：先把握禮樂的實質而後講求禮樂文飾的人，是質勝文的人，先熟練禮樂文飾而後探索禮樂實質的人，是文勝質的人。我若見用於世，不能卽時實現文質並勝的理想，則願追隨野人，從質勝文做起❺❹。「周監於二代，郁郁乎文哉，吾從周❺❺」，是說周覺得夏殷二代的禮制，其質尚可，不妨因襲，其文則有固陋的缺失，因此須增益文飾，以救其偏，使文與質得其平衡❺❻。質是什麼？「人而不仁，如禮何！人而不仁，如樂何❺❼」！質就是仁，在究極的意義上，仁又與道相同。

　　了解了孔子的質文說，就可以知道仲舒對武帝說的話是確有所本的：

---

❺❷　《論語・雍也篇》。

❺❸　《論語・先進篇》。

❺❹　陳大齊：《孔子言論貫通集》，頁一一八，七十一年，臺灣商務印書館。

❺❺　《論語・八佾篇》。

❺❻　同前註❺❹，頁一一六。

❺❼　同前註❺❺。

道者萬世亡弊，弊者道之失也。先王之道必有偏而不起之
處，故政有眊（不明）而不行，舉其偏者以補其弊而已
矣。三王之道所祖不同，非其相反，將以捄（救）溢扶
衰，所遭之變然也。……然夏上忠，殷上敬，周上文者，
所繼之捄，當用此也。……繇是觀之，繼治世者其道同，
繼亂世者其道變。今漢繼大亂之後，若宜少損周之文致，
用夏之忠者❺⑧。

「三王之道所祖不同」，如夏上忠，殷上敬，周尙文。三王之道
行之旣久，「必有偏而不起之處，故政有眊而不行」，所以「考
之於今而難行」者，是因「道之失」，並非道不能行。道失，就
要「舉其偏者以補其弊」，如忠之失，救之以敬，敬之失，救之
以文，就質文言，質文當互補互救，不使有偏。「今漢繼大亂之
後」，大亂是因周文之弊，故繼周者「宜少損周之文致，用夏之
忠者」，卽應以質救文。仲舒這番話不但提示了漢代文化建設的
大方向，且欲以萬世無弊的道爲其主導原則，是再也明顯不過
的。

五、結　　論

　　董仲舒的儒學與先秦儒學之所以不同，主要導因於在大一統
的專制體制下，儒家面臨了必須解決的新課題：第一是儒家在這
個體制下如何生存如何適應的問題；第二是如何在這個體制下仍
能延續儒家的理想，並對朝政發揮批判的作用。前者是時代的要

---

❺⑧　同前註❼，頁二五一八～二五一九。

求， 後者是儒家的要求， 這兩個要求基本上是互相衝突的， 因此，如何協調這兩個因素，並發展出一套足以滿足這雙重要求的理論，就成爲仲舒發展儒學最重要的工作之一。

仲舒的儒學脫胎於《公羊春秋》，他自己發展出來的一套春秋學，是以「天」與「古」（所謂「《春秋》之道，奉天法古」）作爲基本範疇。仲舒認爲天是「徧覆包函而無所殊」的，因此他希望漢武帝「法天而立道」，也能「溥愛而亡私」地去佈施仁政、推行教化，以達到儒家的要求。另一方面，天也有天子受命於天的涵義，這一意義的天，就成爲天子權力合法性的信念，而滿足了專制的要求。這兩種要求本是互相排斥的，仲舒在「天」的範疇裏予以統合，建立了「同體異用」的理論模式，作爲解決漢代儒家新課題的依據。「同體異用」的觀念藉用自宋儒胡宏（五峯），五峯用它來解天理人欲的矛盾。仲舒在字面雖未曾提到它，但他有「異治同理」的觀念，與「同體異用」的意義可以相通，假如他沒有意識到這個觀念的效用，很難從理論上解決儒家與專制之間的衝突。

有了理論模式，然後能進一步從「天」、「古」這兩個基本範疇出發， 考驗它應用的效果。 從「天」出發， 首先以天命爲例，在上古的天命觀念中，「惟王受命」、「我受天命」雖有利於君權的合法化，但也有「天命靡常」、「惟德是依」的觀念，仲舒因根據這個傳統立言，所以在肯定眞命天子的同時，也給予天子一重道德上的限制，就在這重道德的限制上，他才能直言無諱地批評朝廷與當今皇上。其次，再以大一統爲例，仲舒一方面把公羊家的「大一統」施以由君權統一國家的新解釋，一方面又在王政之上加上一重「天之端」以正王之政，「以天之端正王之政」，

也就是要君王法天之所爲以行王道，這又滿足了儒家的要求。最後，「盡取之天」的三綱倫理是相應着以君主爲頂點的集權體制而產生的價值系統，這套價值系統對支持強大君權，發揮了極大的功效。通常攻擊董仲舒的人，只注意到這一面，而不知五倫說演變爲三綱，才使它具備正統禮教的權威性與束縛性，才可能在實際的生活中發生力量，所以它代表儒家倫理的新發展。

　　從「古」的範疇來展示「同體異用」的論式，是通過改制說與質文說來了解的，改制說爲漢朝在中國歷史上定位，使漢能成爲繼承夏、商、周三代的正統；質文說是以三代質文遞變、補偏救弊的文化觀，爲漢朝提供以儒家之道爲主導原則的文化理想。前一說對重刑罰不重德教的專制起了「緣飾」的作用，後一說則爲儒家獨尊的主張提出理論的根據。

　　就以上所說的來看，把「同體異用」的理論模式，應用到解決儒家新課題上，它的理論效果是毋庸懷疑的。近世批評董仲舒者，多半只偏向於第一課題，把他的思想視爲專制的護符，而忽略了更重要的第二課題——在專制體制下如何延續並弘揚儒家的理想，在如此客觀條件下，先秦儒學被庸俗化甚至遭到歪曲，自然是很難避免。能同情了解董仲舒思想的學者，幾無不知他面對的兩大課題，但本章的主要目的，並不在陳述這兩大課題以及互相衝突的雙重要求，而是以此爲重要線索，從他思想的深層結構中，找出他處理儒家與專制關係的一套理論，並使這套理論因運用適當的概念或思考，而使它的意義更加彰顯。

引 用 書 目

（一）書籍

(1) 易經

(2) 左傳

(3) 國語

(4) 春秋公羊傳

(5) 禮記

(6) 大戴禮記

(7) 孝經

(8) 論語

(9) 孟子

(10) 荀子

(11) 墨子

(12) 莊子

(13) 韓非子

(14) 呂氏春秋

(15) 淮南子

(16) 內經

(17) 司馬遷　史記（新校本）

(18) 班　固　漢書（新校本）

(19) 王　充　論衡

(20) 歐陽詢等　藝文類聚

(21) 佚 名 古文苑

(22) 李昉等 太平御覽

(23) 李 覯 李泰伯先生全集

(24) 朱 熹 朱子語類

(25) 陸九淵 象山先生全集

(26) 李 燾 續資治通鑑長編

(27) 馬端臨 文獻通考

(28) 李 顒 李二曲先生全集

(29) 王鳴盛 十七史商榷

(30) 四庫全書總目提要

(31) 吳 虞 文錄

(32) 顧頡剛 漢代學術史略，六十一年，啓業書局，臺北重印。

(33) 顧頡剛編 古史辨第五冊， 五十九年， 明倫出版社， 臺北重印。

(34) 胡 適 中國中古思想史長編，六十年，胡適紀念館，臺北。

(35) 賀 麟 文化與人生，六十二年，地平線出版社，臺北重印。

(36) 謝扶雅 當代道德哲學，四十四年，亞洲出版社，香港。

(37) 蕭公權 中國政治思想史，四十三年，中華文化出版事業委員會，臺北。

(38) 蕭公權 憲政與民主，七十一年，聯經出版事業公司，臺北。

(39) 費孝通 鄉土中國，五十六年，綠洲出版公司，臺北重印。

(40) 楊鴻烈 中國法律思想史，五十三年，商務印書館，臺一版。

(41) 薩孟武 中國社會政治史，第一冊，五十五年修正再版，三民書局經售。

(42) 侯外廬主編 中國思想通史， 第二卷， 兩漢思想， 一九五七年，中國史學社印行，北京。

(43) 馮友蘭 中國哲學史新編，第二冊，一九六四年，北京。

(44) 王夢鷗　鄒衍遺說考，五十五年，商務印書館，臺初版。

(45) 徐復觀　中國人性論史（先秦篇），五十二年，東海大學，臺中。

(46) 徐復觀　中國思想史，卷二，六十五年，學生書局，臺北。

(47) 勞思光　中國哲學史，第一卷，一九六八年，香港中文大學崇基學院。

(48) 王家儉　魏源年譜，五十六年，中央研究院近代史研究所。

(49) 陳大齊　孔子言行貫通集，七十一年，商務印書館，臺北。

(50) 賴炎元　春秋繁露今註今譯，七十三年，商務印書館，臺北。

(51) 余英時　歷史與思想，六十五年，聯經出版事業公司，臺北。

(52) 余英時　史學與傳統，七十一年，時報文化出版事業公司，臺北。

(53) 余英時　論戴震與章學誠，六十六年，華世出版社，臺一版。

(54) 余英時　中國知識階層史論（古代篇），六十九年，聯經出版事業公司，臺北。

(55) 李　杜　中西哲學思想中的天道與上帝，六十七年，聯經出版事業公司，臺北。

(56) 陳鼓應　老子今註今譯，五十九年，商務印書館，臺北。

(57) 許倬雲　西周史，七十三年，聯經出版事業公司，臺北。

(58) 傅樂成　漢唐史論集，六十六年，聯經出版事業公司，臺北。

(59) 楊慧傑　仁的涵義與仁的哲學，六十四年，牧童出版社，臺北。

(60) 楊慧傑　朱熹倫理學，六十七年，牧童出版社，臺北。

(61) 楊慧傑　天人關係論——中國文化一個基本特徵的探討，七十年，大林出版社，臺北。

(62) 黃俊傑　春秋戰國時代尚賢政治的理倫與實際，六十六年，問學出版社，臺北。

(63) 韋政通　中國思想史，上冊，六十八年，大林出版社，臺北。

(64) 韋政通　傳統的透視，五十四年，自由太平洋文化事業公司，臺北。

(65) 韋政通　荀子與古代哲學，五十五年，商務印書館，臺北。

(66) 韋政通　中國文化概論，五十七年，水牛出版社，臺北。

(67) 韋政通　先秦七大哲學家，六十三年，牧童出版社，臺北。

(68) 韋政通　儒家與現代中國，七十三年，東大圖書公司，臺北。

(69) 韋政通　傳統與現代化，五十七年，水牛出版社，臺北。

(70) 韋政通編　中國哲學辭典，六十六年，大林出版社，臺北。

(71) 韋政通主編　中國哲學辭典大全，七十二年，水牛出版社，臺北。

(72) 項退結編譯　西洋哲學辭典，六十五年，先知出版社，臺北。

(73) 宇野精一主編、洪順隆譯　中國思想之研究（一）儒家思想，六十六年，幼獅文化事業公司，臺北。

(74) 中國哲學史史料學，七十四年，崧高書社，臺北。

(75) 周伯戡譯著　社會思想的冠冕——韋伯，七十二年，時報文化出版事業公司，臺北。

(76) 韋伯著、康樂編譯　支配的類型，七十四年，允晨文化實業股份有限公司，臺北。

（二）論文

(1) 賴炎元　董仲舒生平考略，1974—75年，南洋大學學報第八及第九期，新加坡。

(2) 戴君仁　漢武帝抑黜百家非發自董仲舒考，孔孟學報，第十六期，臺北。

(3) 戴君仁　論賈誼的學術並及其前後的學者，大陸雜誌史學叢書第三輯第二冊，秦漢中古史研究論集。

(4) 唐君毅　孔子在中國歷史文化的地位之形成，中國史學論文選
集第二輯，六十六年，幼獅文化事業公司，臺北。

(5) 王樹槐　研究歷史應否運用道德的裁判，杜維運、黃俊傑編，
史學方法論文選集，六十八年，華世出版社，臺北。

(6) 余英時　意識形態與中國思想史。(此文在臺灣未正式發表)

(7) 傅偉勳　哲學與宗教──我在美國的教學經驗，中國論壇第一
九〇期，臺北。

(8) 傅偉勳　禪佛教、心理分析與實存分析，東吳大學哲學系編傳
習錄第四期，臺北。

(9) 郭正昭　孔恩及其科學革命結構論，中國科技史，六十九年，
自然科學文化事業公司，臺北。

(10) 陳弱水　「內聖外王」觀念的原始糾結與儒家政治思想的根本
疑難，史學評論第三期，臺北。

(11) 韋政通　朱熹論經、權，儒家與現代中國，七十三年，東大圖
書公司，臺北。

(12) 韋政通　中國孝道思想的演變及其問題，現代化與中國的適
應，附錄一，六十五年，牧童出版社，臺北。

年　表

（一）董仲舒生卒年皆不詳，其生平事跡列入本表者，僅供參考，未必都
　　　正確。

（二）本表上限始自劉邦稱帝。因《漢書·儒林傳》謂成帝末博士弟子員
　　　增至三千人，本書第九章言尊儒運動的影響時會涉及，故以成帝末
　　　爲下限。

（三）本表以本書涉及之西漢人物、事跡爲主，其次與西漢學術思想有關
　　　的人物、事跡，以及當時較重要事件，亦酌量列入。

（四）本表乃根據或參考下列文獻編成：

　　　(1)蘇輿：《春秋繁露義證》前面所附〈董子年表〉。(2)劉汝
　　　霖：《漢晉學術編年》（上）。(3)李威熊：《董仲舒與西漢學
　　　術》附〈西漢學術思想發展一覽表〉。(4)《資治通鑑》大字標點
　　　本第一册。(5)姜亮夫：《歷代名人年里碑傳總表》。(6)齊召南
　　　等：《國史年表》。(7)錢穆：《劉向歆父子年譜》。(8)臺灣明
　　　倫版：《中國文學論叢》附〈中國文學年表〉。(9)楊蔭深：《中
　　　國文學家列傳》附錄一：〈中國文學家籍貫生卒著作表〉。(10)柏
　　　楊：《中國歷史年表》上册。(11)《中國文學家籍貫年代簡表初
　　　稿》（四十七年四月東海大學中文系油印）。(12)本田成之：《中
　　　國經學史》附〈中國經學年表〉。(13)吉川幸次郎（李君奭譯）：
　　　《漢武帝》附年表。(14)《辭海》附錄：〈中外歷代大事年表〉。

高帝五年己亥（前 202）

　　　(1)項羽卒，西楚亡。

(2) 劉邦卽皇帝位。公元前 206 年，秦亡，項羽自立爲西楚霸王，立
　　劉邦（沛公）爲漢王，後劉邦勝，遂追認前 206 年爲高帝元年。

高帝六年庚子（前 201）

(1) 魯、高堂伯（生）以《禮》敎於魯，傳《士禮》十七篇，卽後世
　　之《儀禮》。

(2) 令博士叔孫通定朝儀，「人主無過擧」乃其名言，他是漢代在政
　　治上第一位得志的儒生。

(3) 令曹參（前？—190）爲齊相，曹參以黃老術治齊。

(4) 蕭何訂九章之律。

高帝七年辛丑（前 200）

(1) 賈誼生（一說六年生）。

(2) 公孫弘生。

(3) 韓信反，高帝被匈奴圍困於平城。

高帝十一年乙巳（前 196）

(1) 陸賈（前？—176）上《新語》，拜爲太中大夫。陸以客從高祖
　　定天下，會向高祖說：「馬上得之，寧可以馬上治之乎」？《新
　　語》被今人稱之爲「在文化上啓漢室政治集團之蒙」的書。

(2) 韓信、彭越被斬，淮南王英布反，三人皆高帝功臣。

高帝十二年丙午（前 195）

(1) 高帝過魯，以太牢祠孔子，魯申公（魯詩）從其師浮丘伯謁高
　　帝。

(2) 斬英布，燕王盧綰反，逃入匈奴。

(3) 高帝卒。

惠帝元年丁未（前 194）

惠帝二年戊申（前 193）

　　相國蕭何卒，曹參繼任。

惠帝四年庚戌（前 191）

(1) 春，舉孝弟力田。

(2) 自秦（前 213）燔滅詩書，下令：敢有挾書者、族，於是好古之
士，或藏之山崖屋壁，或以口授生徒。是年三月，惠帝除挾書
律。

惠帝六年壬子（前 189）

(1) 曹參卒後，以王陵爲右丞相，陳平爲左丞相，二人皆高帝功臣。

(2) 張良卒。

呂后元年甲寅（前 187）

(1) 浮丘伯在長安，楚元王聞之，遣子郢客、申培往受教。

(2) 春，廢秦誅三族罪。

文帝元年壬戌（前 179）

(1) 賈誼召爲博士，任太中大夫，司馬相如生，劉安生，董仲舒生
（？）。

(2) 除收孥律。

(3) 立竇皇后。

文帝二年癸亥（前 178）

(1) 賈山上〈至言〉，陳治亂之道。

(2) 正月，文帝親耕籍田。

(3) 夏，除誹謗妖言令。

文帝三年甲子（前 177）

賈誼主張改正朔、易服色、法制度、定官名、興禮樂，悉更秦之法。
文帝頗爲所動，欲任以公卿之位，因遭功臣集團反對，遂以誼爲長沙
王太傅。

文帝六年丁卯（前 174）

賈誼上〈治安策〉，言及制諸侯、攘匈奴、變風俗、傅太子、崇禮義
德教、禮貌大臣等，今人有稱之爲漢朝建國藍圖者。仍未獲重用，改
爲梁懷王太傅。

文帝十二年癸酉（前 168）

梁懷王於去年（前 167）墜馬死，賈誼自傷爲傳無狀，常哭泣，是年亦身亡。

文帝十五年丙子（前 165）

(1) 詔諸侯王公卿郡守舉賢良文學士，欲效大禹勤求賢士，於是鼂錯上書言事。

(2) 鼂錯爲中大夫。

(3) 公孫臣爲博士，公孫臣曾上書陳終始五德傳。

文帝十六年丁丑（前 164）

(1) 使博士諸生據六經作〈王制〉。

(2) 方士新垣平以望氣現，擢爲上大夫。

(3) 立淮南王劉安。

文帝後元年戊寅（前 163）

新垣平被誅，因新垣平謀反，復行三族之誅。

文帝後元六年癸未（前 158）

郡守文翁興學於成都市，招下縣子弟，以爲學官弟子，高者以補郡縣吏，次爲孝弟力田。此爲漢朝立學校官之始。

景帝元年乙酉（前 156）

胡毋生、董仲舒爲博士（一說爲前 145 年）。

景帝二年丙戌（前 155）

(1) 劉德立爲河間獻王。

(2) 鼂錯爲御史大夫。

景帝三年丁亥（前 154）

鼂錯卒，錯因主張擯棄豪家建諸侯的政策，激起吳、楚七國之反，終於在政敵「急斬錯以謝吳」的計策下，犧牲性命。

景帝中元二年癸巳（前 148）

董仲舒以五行答河間獻王《孝經》之問，內容見《春秋繁露‧五行

對》，此事不能確知爲何年，暫繫於此。

景帝中元五年丙申（前 145）

(1) 司馬遷生。

(2) 申公弟子王臧以魯詩爲太子少傅。

(3) 轅固生爲博士。

(4) 韓嬰爲常山太傅，作韓詩內外傳數萬言。

武帝建元元年辛丑（前 140）

(1) 冬十月，詔丞相、御史、列侯、中二千石、二千石、諸侯相舉賢
良方正直言極諫之士。丞相衞綰奏：「所舉賢良，或治申、商、
韓非、蘇秦、張儀之言，亂國政，請皆罷」。奏可。

(2) 公孫弘以賢良徵爲博士。

(3) 竇嬰爲丞相，田蚡爲太尉，竇、田俱好儒術，於是推薦同好趙綰
爲御史大夫，王臧爲郎中令，趙、王乃魯國經學大師申公的弟
子，遂迎申公至京師，武帝詢以治亂之道，申公說：「爲治者不
在多言，顧力行何如耳」。武帝沉默不語。

(4) 司馬談爲太史公，掌天官。

武帝建元二年壬寅（前 139）

(1) 御史大夫趙綰請毋奏事東宮，竇太后大怒：「此欲復爲東垣平
耶」？在此之前，趙綰、王臧這班人已不時抨擊竇氏宗親，又要
立明堂辟雍，竇太后素好黃老術，非薄五經，於是藉絕奏事爲
由，把趙、王下獄，二人遂自殺獄中，丞相竇嬰，太尉田蚡皆免
職，老儒申公亦被遣歸。

(2) 淮南王劉安來朝，獻所作內篇。

武帝建元五年乙巳（前 136）

(1) 置五經博士。（秦以來所設乃「雜學博士」，不以五經爲主）

(2) 司馬遷隨父在京，住茂陵誦讀古文。

(3) 司馬相如獻〈上林賦〉。

武帝建元六年丙午（前 135）

(1) 因遼東高廟之災，董仲舒居舍，著災異之記。

(2) 竇太后死，田蚡爲丞相，奏請抑黜黃老、刑名百家之言，延文學
儒者數百人。

武帝元光元年丁未（前 134）

(1) 二月，京師雨雹，鮑敞問董仲舒：「雹何物也？何氣而生之」？
於是仲舒暢論陰陽。

(2) 董仲舒對策，出任江都相，事帝兄易王。

(3) 令郡國舉孝廉各一人。

武帝元光二年戊申（前 133）

(1) 《春秋繁露・止雨》：「二十一年八月甲申朔丙午，江都相仲舒
告內史、中尉：陰雨太久，恐傷五穀，趣（快）止雨」。

(2) 武帝遣方士入海求神仙。

武帝元光五年辛亥（前 130）

(1) 河間獻王以爲治道非禮樂不成，於是獻雅樂。

(2) 公孫弘復出爲博士。（公孫弘於武帝卽位之初，曾以賢良徵爲博
士，因使匈奴，還報不合帝意，被免職。）

(3) 詔張湯定律令。

武帝元朔元年癸丑（前 128）

(1) 江都易王死，仲舒爲太中大夫。

(2) 下詔議不舉孝廉者之罪。

(3) 主父偃、嚴安、徐樂上書言治國安邦之道，獲武帝賞識，俱爲郎
中。

武帝元朔二年甲寅（前 127）

(1) 武帝欲以孔臧爲御史大夫，臧辭：「臣世以經學爲業，乞爲太
常，典臣家業，與從弟侍中安國綱紀古訓，使永垂後嗣」！武帝
從其言。

(2) 武帝採主父偃建議，令郡國家產在三百萬以上者，遷移茂陵（預建皇墓所在地）。

(3) 主父偃因捲入宮廷鬥爭，被殺。

武帝元朔三年乙卯（前 126）

(1) 董仲舒與韓嬰論於武帝前。

(2) 公孫弘爲御史大夫，張湯爲廷尉。

(3) 張騫出使西域。

武帝元朔四年丙辰（前 125）

公孫弘嫉董仲舒《公羊》學優於己，乃諫爲膠西王相。

武帝元朔五年丁巳（前 124）

(1) 公孫弘爲丞相，封平津侯，弘乃中國史上第一個封侯拜相的儒生。

(2) 公孫弘奏請爲博士置弟子員。

(3) 詔天下郡國立學官。

武帝元朔六年戊午（前 123）

(1) 董仲舒與江公議《公羊》、《穀梁》之學。

(2) 武帝因連年用兵匈奴，庫倉枯竭，因下詔人民可出錢購買爵位。

武帝元狩元年己未（前 122）

(1) 淮南王劉安反，武帝派仲舒弟子呂步舒持斧鉞治淮南獄，劉安自殺。

(2) 張騫囘國。

武帝元狩二年庚申（前 121）

(1) 膠西相董仲舒以病免。仲舒居家，朝廷如有大議，使使者或廷尉張湯登門就教。

(2) 公孫弘卒。

武帝元狩三年辛酉（前 120）

(1) 兒寬與武帝談論經學，帝曰：「吾始以《尙書》爲樸學，弗好，

及聞寬說，可觀」。擢寬爲中大夫。

(2) 武帝嗜殺，汲黯諫曰：「陛下求賢甚勞，未盡其用，輒已殺之。以有限之士恣無已之誅，臣恐天下賢才將盡，陛下誰與共爲治乎」！

武帝元狩四年壬戌（前 119）

(1) 桑弘羊以計算用事。

(2) 張騫再使西域。

武帝元狩五年癸亥（前 118）

(1) 董仲舒議論鹽鐵事。《春秋繁露‧度制》：「故明聖者象天所爲，爲制度使諸有大奉祿，亦皆不得兼小利、與民爭利業，乃天理也」。）

(2) 汲黯被「棄逐」爲淮南太守，從此不能參與朝廷之議。

武帝元狩六年甲子（前 117）

(1) 朝廷於前年曾銷毀半兩錢，更鑄三銖錢，私鑄者死。去年又廢三銖錢，重鑄五銖錢。但至今吏民之坐盜鑄金錢死者，竟仍達數十萬人，其不發覺者不可勝計。

(2) 六月，詔遣博士褚大（仲舒弟子）、徐偃（申公弟子）等六人，分巡郡國，舉兼併之徒及郡守、諸侯相、爲吏有罪者。

(3) 張湯誣大農令顏異腹誹，從此漢廷有腹誹之法，而公卿大夫多諂諛取容。

(4) 司馬相如卒。

武帝元鼎元年乙丑（前 116）

張湯劾徐偃矯制，依法當死，終軍奉詔審徐偃。

武帝元鼎二年丙寅（前 115）

(1) 張湯因罪自殺。

(2) 令天下非三官錢不得行。

(3) 張騫囘國。

武帝元鼎六年庚午（前 111）

(1) 司馬遷爲郎中，奉使巴蜀、滇中。

(2) 武帝令諸儒採《尙書》、《周官》、〈王制〉之文，草封禪儀，數年不成。武帝乃親自制儀，以示羣儒，或曰：「不與古同」。於是盡罷諸儒不用。

武帝元封元年辛未（前 110）

(1) 司馬談卒。

(2) 封禪泰山。

(3) 武帝欲親自浮海求仙，因東方朔之諫乃止。

武帝元封二年壬申（前 109）

(1) 司馬遷作〈河渠書〉。

(2) 杜周爲廷尉，詔獄逮至六、七萬人。

武帝元封三年癸酉（前 108）

(1) 司馬遷繼父爲太史令。

(2) 進軍朝鮮，朝鮮降。

武帝元封四年甲戌（前 107）

武帝與東方朔對話，武帝稱公孫弘、兒寬、董仲舒等人「皆辯知閎達」。

武帝太初元年丁丑（前 104）

(1) 司馬遷作《史記》。

(2) 大中大夫、壺遂、太史令司馬遷等言：「歷紀壞廢，宜改正朔」。武帝詔兒寬與博士賜等共議，以爲宜用夏正。五月，詔卿、遂、遷等共造太初曆，以正月爲歲首（秦及漢初均以十月爲歲首），色尙黃，數用五，定官名，協音律，定宗廟百官之儀，以爲典常，垂之後世。

(3) 董仲舒卒（？）。

武帝太初二年戊寅（前 103）

兒寬卒。兒寬爲褚大弟子，及御史大夫缺，徵褚大，大至洛陽，聞兒寬爲御史大夫，褚大笑。旋與兒寬議封建於武帝前，大不能及，退而服曰：「上誠知人」。

武帝天漢元年辛巳（前 100）

(1) 孔安國獻古文經傳。

(2) 王卿由濟南太守爲御史大夫，嘗以《論語》教弟子。

(3) 蘇武使匈奴被留。

武帝天漢二年壬午（前 99）

李陵降匈奴。

武帝天漢三年癸未（前 98）

(1) 司馬遷因李陵獲罪，遭腐刑。

(2) 李陵家族被誅。

(3) 王卿因罪自殺，以杜周爲御史大夫。

武帝天漢四年甲申（前 97）

《史記》終於今年。

武帝太始元年乙酉（前 96）

司馬遷出獄爲中書令。

武帝太始四年戊子（前 93）

司馬遷作〈報任少卿書〉。

武帝征和元年己丑（前 92）

巫蠱禍起。

武帝征和二年庚寅（前 91）

司馬遷完成《史記》。

武帝後元二年甲午（前 87）

(1) 魯恭王壞孔子宅，得《古文尙書》、《禮記》、《論語》、《孝經》凡數十篇。

(2) 武帝去世。

昭帝始元六年庚子（前 81）

　　(1) 舉賢良文學，增弟子員百人。

　　(2) 鹽鐵爭議起。

　　(3) 蘇武自匈奴還，爲典屬國。

昭帝元鳳二年壬寅（前 79）

　　劉向生。

昭帝元鳳三年癸卯（前 78）

　　正月，泰山大石自立，上林枯柳重生，眭弘推《春秋》之意，以爲「石、柳皆陰類，下民之象，泰山者岱宗之嶽，王者易姓告代之處。今大石自立，僵柳復起，非人力所爲，此當有從匹夫爲天子者」。又說：「先師董仲舒有言，雖有繼體守文之君，不害聖人之受命。漢家堯後，有傳國之運，漢帝宜誰差天下，求索賢人，禪以帝位，而退自封百里，如殷、周二王後，以承順天命」。廷尉奏眭弘妖言惑衆，大逆不道，被斬。

昭帝元鳳四年甲辰（前 77）

　　京房生。

昭帝元鳳五年乙巳（前 76）

　　韋賢爲大鴻臚。賢乃韋孟之後，家學淵源，曾授昭帝詩，兼通《禮》、《尙書》、《論語》，號鄒魯大儒。

昭帝元鳳六年丙午（前 75）

　　太史令張壽王因議太初曆，被劾：「壽王吏八百石，古之大夫，服儒衣，誦不祥之辭，作祅言，欲亂制度」。竟以下吏。

昭帝元平元年丁未（前 74）

　　昭帝去世，大將軍霍光立昌邑王，僅二十餘日被廢。又立武帝曾孫劉詢，是爲宣帝。昌邑羣臣兩百餘人，被以「不舉王罪遏，……陷王大惡」之罪名誅殺。其師王式亦繫獄當死，治事使者責問：「師何以無諫書」？式答：「臣以《詩》三百五篇朝夕授王，至於忠臣孝子之

篇，未嘗不爲王反復誦之也；至於危亡失道之君，未嘗不流涕爲王深
陳之也。臣以三百五篇諫，是以無諫書」。

宣帝本始元年戊申（前 73）

河內女子發老屋，得逸《易》、《禮》、《尙書》各一篇。

宣帝本始二年己酉（前 72）

詔：「孝武皇帝躬仁誼，厲威武，功德茂盛，而廟樂未稱，朕甚悼
焉。其與列侯、二千石、博士議」。羣皆曰：「宜爲詔書」。長信少
府夏侯勝獨持異議：「武帝雖有攘四夷、廣土境之功，然多殺士衆，
竭民財力，奢泰無度，天下虛耗，百姓流離，物故者半，蝗蟲大起，
赤地數千里，或人民相食，畜積至今未復，無德澤於民，不宜爲立廟
樂」。公卿共難勝：「此詔書也」。勝曰：「詔書不可用也。人臣之
義，宜正言正論，非苟阿意順旨。議已出口，雖死不悔」！於是被丞
相、御史劾以毀先帝之罪，丞相長史黃霸不願舉劾，遂與勝俱下獄。
兩人在獄中，仍講論《尙書》不絕。

宣帝本始四年辛亥（前 70）

(1) 四月，四十九郡國同日地震，死六千餘人，因而大赦天下，夏侯
　　勝，黃霸亦獲釋，霸爲揚州刺史，勝爲諫大夫，後復爲長信少
　　府，又遷太子太傅。

(2) 立霍光女爲皇后。

宣帝地節二年癸丑（前 68）

霍光卒，宣帝始親政事。昌成君許廣漢奏封事，言光雖死，而其家族
仍據權勢，享特權，驕奢放縱，建議宜「損奪其權，破散陰謀，以固
萬世之基」。

宣帝地節三年甲寅（前 67）

(1) 丞相韋賢以老病還鄉，丞相致仕（辭官）自賢始。

(2) 下罪己詔。

(3) 廷尉史路溫舒上書痛言獄吏之酷，謂「治獄之吏皆欲人死，非憎

　　　人也，自安之道在人之死。 是以死人之血， 流離於市， 被刑之
　　　徒，比肩而立，大辟之計，歲以萬數」。

宣帝地節四年乙卯（前 66）

　　　霍光妻及子謀反，誅族。後霍后亦自殺。

宣帝元康元年丙辰（前 65）

　　　褚少孫補《史記》。

宣帝元康四年己未（前 62）

　　　正月，詔：「年八○以上，非誣告、殺傷人，他皆勿坐」。

宣帝神爵二年辛酉（前 60）

　　（1）蘇武卒。

　　（2）劉向爲諫大夫。

宣帝神爵三年壬戌（前 59）

　　　宣帝循武帝故事，講論六藝羣書，招選名儒俊材置左右。

宣帝五鳳三年丙寅（前 55）

　　　初立《穀梁春秋》，劉向待詔受《穀梁》。

宣帝甘露元年戊辰（前 53）

　　（1）揚雄生，劉歆生。

　　（2）召五經諸儒議殿中，討論《公羊》、《穀梁》異同。

宣帝甘露三年庚午（前 51）

　　（1）詔諸儒講五經異同於石渠閣，施讎論《易》，周堪、孔霸、歐陽
　　　　　地餘、林尊、張山拊、假倉論《書》，韋玄成、張長安、薛廣德
　　　　　論《詩》，戴聖論《禮》，蕭望之平奏其議，宣帝親自裁決。

　　（2）立梁丘《易》、大小夏侯《尙書》、《穀梁春秋》爲博士。

宣帝甘露四年辛未（前 50）

　　（1）《書》家林尊爲少府。

　　（2）《書》家周堪爲太子少傅。

宣帝黃龍元年壬申（前 49）

(1) 增博士弟子員十二人。

(2) 宣帝去世。 臨終前拜史高爲大司馬、 車騎將軍， 蕭望之爲前將
軍、光祿勳，周堪爲光祿大夫，皆受遺詔輔政，領尙書事。

元帝初元元年癸酉（前 48）

蕭望之、周堪推薦劉向爲宗正。

元帝初元二年甲戌（前 47）

弘恭、石顯擅權，與蕭望之等不合，望之因而被「繫獄」，自殺。

元帝初元五年丁丑（前 44）

(1) 元帝好儒，凡能通一經者，皆除其徭賦，數年，以用度不足，更
爲設員千人，郡國置五經百石卒史。

(2) 石顯計害蕭望之後，朝中明經著節之士，羣薦爲人正直之貢禹，
禹遂遷光祿大夫，旋辭官，元帝不許，昇爲御史大夫。

(3) 京房言五聲六律。

元帝永光元年戊寅（前 43）

(1) 二月，詔舉質樸敦厚遜讓有行之士。

(2) 劉向上書，有「今佞邪與賢臣並在交戟之內，合黨共謀，違善依
惡，歙歙訿訿，數設危險之言，欲以傾移主上」之言。

元帝永光二年己卯（前 42）

嚴彭祖爲太子太傅，廉直不事權貴，或曰：「經義雖高，不至宰相」。
彭祖答道：「凡修經術，固當修行先王之道，何可委曲從俗苟求富貴
乎」？

元帝建昭二年甲申（前 37）

京房爲石顯所害。

成帝建始元年己丑（前 32）

(1) 元帝客歲去世，成帝初卽位，石顯失勢，於是丞相御史條奏顯舊
惡，其黨羽牢梁、陳順皆免官，顯與妻子徙歸故郡，憂懣不食，
道死。諸所交結以顯爲官者，皆廢罷。

(2) 司隸校尉王尊劾奏：「丞相衡、御史大夫譚（張譚），知顯等顓
　　權擅勢，大作威福，爲海內患害，不以時白奏行罰，而阿諛曲
　　從，附下罔上，懷邪迷國，無大臣輔政之義，……卑君尊臣，非
　　所宜稱，失大臣體」。匡衡慙懼，免冠謝罪。

(3) 劉向爲光祿大夫。

成帝河平元年癸巳（前 28）

東平王、宇，上疏求諸子及《太史公書》，上以問大將軍王鳳，鳳
曰：「……諸子書或反經術，非聖人，或明鬼神，信物怪。《太史公
書》有戰國縱橫權譎之謀，漢興之初，謀臣奇策，天官災異，地形阨
塞，皆不宜在諸侯王，不可予。不許之辭宜曰：『五經聖人所制，萬
事靡不畢載。王審樂道，傅相皆儒者，旦夕講誦，足以正身虞意。夫
小辯破義，小道不通，致遠恐泥，皆不足以留意。諸益於經術者，不
愛於王』。」天子如鳳言，遂不與。

成帝河平二年甲午（前 27）

劉向少子劉歆爲黃門侍郎，向修書誡之：「今若年少，得黃門侍郎，
顯處也。若未有異德，蒙恩甚厚，將何以報？董生（仲舒）有曰：弔
者在門，賀者在閭，有憂則恐懼愼事，則必有善而遺福也」。

成帝河平三年乙未（前 26）

詔求遺書於天下。自秦燔文章以愚黔首，書籍殘缺。漢興，大收篇
籍，廣開獻書之路。迄武帝世，書缺簡脫，禮壞樂崩，於是建藏書之
策，置寫書之官，下及諸子傳說，皆充秘府，百年之間，書積如山。
至是以書頗散失，使謁者陳農求遺書於天下，詔光祿大夫劉向校經傳
諸子詩賦，步兵校尉任宏校兵書，太史令尹咸校術數，侍醫李柱國校
方技。每一書已，向輒條其篇目，撮其旨意，錄而奏之。

成帝河平四年丙申（前 25）

帝求爲古文者，張霸以百兩篇《尙書》徵，帝出秘《尙書》以校之，
無一字相應者，下霸於吏。霸言受之於父，父有弟子尉氏樊並。時太

中大夫平當，侍御史周敞，勸上存之。成帝奇覇之才，赦其罪，亦不
滅其書。後樊並謀反，乃黜其書。

成帝陽朔元年丁酉（前 24）

詔丞相御史等舉博士，詔曰：「古之立太學，將以傳先王之業流化於
天下者也。儒林之官，四海淵原，宜皆明於古今，溫故知新，通達國
體，故謂之博士。否則學者無迹焉，爲下所輕，非所以尊道德也。工
欲善其事，必先利其器，丞相御史其與中二千石、二千石雜舉可充博
士位者，使卒然可觀」。

成帝陽朔二年戊戌（前 23）

(1) 九江太守戴聖（《禮記》編者）行治多不法，前刺史以其爲大
　　儒，優容之。是年蜀郡何武爲揚州刺史，舉發其罪，聖懼自免。

(2) 桓譚生。

成帝陽朔三年己亥（前 22）

嚴遵（君平）隱居不仕，常賣卜於成都市，每得百錢足以自養，則閉
肆下簾而授《老子》，博覽無不通，依老、莊之旨，著書十餘萬言。
蜀有富人羅冲者，問君平：「君何以不仕」？君平曰：「無以自發」。
冲願爲備車馬衣糧，君平曰：「吾病耳，非不足也。我有餘而子不
足，奈何以不足奉有餘」？冲曰：「吾有萬金，子無儋石，乃云有
餘，不亦謬乎」！君平曰：「不然，吾前宿子家，人定而役未息，晝
夜汲汲，未嘗有足。今我以卜爲業，不下牀而錢自至，猶餘數百，塵
埃厚寸，不知所用，此非我有餘而子不足耶」？冲大慙，君平嘆曰：
「益我貨者損我神，生我名者殺我身，故不仕也」。

成帝鴻嘉元年辛丑（前 20）

上始微行，出入市里郊野，遠至旁縣，鬥雞、走馬，常假稱富平侯家
人。

成帝鴻嘉二年壬寅（前 19）

安陽侯王音諫成帝：陛下「今卽位十五年，繼嗣不立，日日駕車而

出，失行流聞，海內傳之，甚於京師。外有微行之害，內有疾病之
憂，皇天數見災異，欲人變更，終已不改。天尙不能感動陛下，臣子
何望！獨有極言待死，命在朝暮而已。如有不然，老母安得處所，尙
何皇太后之有！高祖天下當以誰屬乎！宜謀於賢智，克己復禮，以求
天意，繼嗣可立，災變尙可銷也」。

成帝永始元年乙巳（前 16）

劉向因見《尙書‧洪範》中箕子爲武王陳五行陰陽休咎之應，乃集合
上古以來歷春秋、六國至秦、漢符瑞災異之記，比類相從，各有條
目，號曰：〈洪範五行傳論〉，奏之。又以爲王敎由內及外，自近者
始，故採取《詩》、《書》所載賢妃貞婦與國顯家可法則，及孽嬖亂
亡者，序次爲《列女傳》，凡八篇，以戒天子。又採傳記行事，著
《新序》、《說苑》，凡五十篇，奏之。

成帝永始二年丙午（前 15）

谷永爲涼州刺史，奏事京師，上使尙書問永，受所欲言，永對曰：
「臣聞王天下，有國家者，患在上有危亡之事，而危亡之言不得上
聞。……是故惡日廣而不自知，大命傾而不〔自〕悟。……臣聞三代
所以隕社稷，喪宗廟者，皆由婦人與羣惡沉湎於酒；秦所以二世、十
六年而亡者，養生泰奢，奉終泰厚也。二者陛下兼而有之。……王者
必先自絕，然後天絕之。今陛下棄萬乘之至貴，樂家人之賤事，厭高
美之尊號，好匹夫之卑字，崇聚儳輕無義小人以爲私客，數離深宮之
固，挺身晨夜，與羣小相隨，烏集雜會，醉飽吏民之家，亂服共坐，
沉湎媟嫚，溷淆無別，黽勉遁樂，晝夜在路，典門戶、奉宿衞之臣執
干戈而守空宮，公卿百僚不知陛下所在，積數年矣」。

成帝永始三年丁未（前 14）

揚雄作賦，常以司馬相如之賦爲式，至是客有薦雄文似相如者，成帝
爲求繼嗣，方郊祠甘泉、泰時，汾陰、后土、召雄待詔承明之庭。

成帝永始四年戊申（前 13）

正月，揚雄從成帝甘泉還，奏〈甘泉賦〉以風。

成帝綏和元年癸丑（前 8 ）

(1) 詔求殷後，殷散爲十餘姓，推求其嫡，不能得。匡衡、梅福皆以爲宜封孔子世爲湯後，上從之，封孔吉爲殷紹嘉侯。

(2) 王莽爲大司馬。

(3) 劉向自見得信於上，故常顯訟宗室，譏剌王氏及在位大臣，其言多痛切，發於至誠。上數欲用向爲九卿，輒不爲王氏居位者及丞相、御史所持，故終不遷，居列大夫官前後三十餘年而卒。

(4) 谷永卒。

成帝綏和二年甲寅（前 7 ）

(1) 三月，成帝去世。

(2) 劉歆集六藝羣書，別爲七略。

(3) 成帝末，或言孔子布衣，養徒三千人，今天子太學弟子少，於是增弟子員三千人。

索 引

世界哲學家叢書（一）

書　　　　　名	作　　者	出　版　狀　況
孔　　　　　子	韋　政　通	撰　　稿　　中
孟　　　　　子	黃　俊　傑	已　　出　　版
荀　　　　　子	趙　士　林	撰　　稿　　中
老　　　　　子	劉　笑　敢	撰　　稿　　中
莊　　　　　子	吳　光　明	已　　出　　版
墨　　　　　子	王　讚　源	排　　印　　中
公　孫　龍　子	馮　耀　明	撰　　稿　　中
韓　　非　　子	李　甦　平	撰　　稿　　中
淮　　南　　子	李　　　增	已　　出　　版
賈　　　　　誼	沈　秋　雄	撰　　稿　　中
董　　仲　　舒	韋　政　通	已　　出　　版
揚　　　　　雄	陳　福　濱	已　　出　　版
王　　　　　充	林　麗　雪	已　　出　　版
王　　　　　弼	林　麗　真	已　　出　　版
郭　　　　　象	湯　一　介	撰　　稿　　中
阮　　　　　籍	辛　　　旗	排　　印　　中
嵇　　　　　康	莊　萬　壽	撰　　稿　　中
劉　　　　　勰	劉　綱　紀	已　　出　　版
周　　敦　　頤	陳　郁　夫	已　　出　　版
邵　　　　　雍	趙　玲　玲	撰　　稿　　中
張　　　　　載	黃　秀　璣	已　　出　　版
李　　　　　覯	謝　善　元	已　　出　　版
楊　　　　　簡	鄭　曉　江 李　承　貴	排　　印　　中
王　　安　　石	王　明　蓀	已　　出　　版
程　顥　、　程　頤	李　日　章	已　　出　　版

世界哲學家叢書 (二)

書　　　　　名	作　　　者	出　版　狀　況
胡　　　　　宏	王　立　新	已　　出　　版
朱　　　　　熹	陳　榮　捷	已　　出　　版
陸　　象　　山	曾　春　海	已　　出　　版
陳　白　　沙	姜　允　明	撰　　稿　　中
王　廷　　相	葛　榮　晉	已　　出　　版
王　陽　　明	秦　家　懿	已　　出　　版
李　卓　　吾	劉　李　倫	撰　　稿　　中
方　以　　智	劉　君　燦	已　　出　　版
朱　舜　　水	李　甦　平	已　　出　　版
王　船　　山	張　立　文	撰　　稿　　中
真　德　　秀	朱　榮　貴	撰　　稿　　中
劉　蕺　　山	張　永　儁	撰　　稿　　中
黃　宗　　羲	吳　　　光	撰　　稿　　中
顧　炎　　武	葛　榮　晉	撰　　稿　　中
顏　　　　　元	楊　慧　傑	撰　　稿　　中
戴　　　　　震	張　立　文	已　　出　　版
竺　道　　生	陳　沛　然	已　　出　　版
真　　　　　諦	孫　富　支	撰　　稿　　中
慧　　　　　遠	區　結　成	已　　出　　版
僧　　　　　肇	李　潤　生	已　　出　　版
智　　　　　顗	霍　韜　晦	撰　　稿　　中
吉　　　　　藏	楊　惠　南	已　　出　　版
玄　　　　　奘	馬　少　雄	撰　　稿　　中
法　　　　　藏	方　立　天	已　　出　　版
惠　　　　　能	楊　惠　南	已　　出　　版

世界哲學家叢書（三）

書　　　　　　　名	作　　　者	出　版　狀　況
澄　　　　　　　觀	方　立　天	撰　　稿　　中
宗　　　　　　　密	冉　雲　華	已　　出　　版
永　明　延　壽	冉　雲　華	撰　　稿　　中
湛　　　　　　　然	賴　永　海	已　　出　　版
知　　　　　　　禮	釋　慧　岳	已　　出　　版
大　慧　宗　杲	林　義　正	撰　　稿　　中
袾　　　　　　　宏	于　君　方	撰　　稿　　中
憨　山　德　清	江　燦　騰	撰　　稿　　中
智　　　　　　　旭	熊　　　琬	撰　　稿　　中
嚴　　　　　　　復	王　中　江	撰　　稿　　中
康　　有　　為	汪　榮　祖	撰　　稿　　中
譚　　嗣　　同	包　遵　信	撰　　稿　　中
章　　太　　炎	姜　義　華	已　　出　　版
熊　　十　　力	景　海　峰	已　　出　　版
梁　　漱　　溟	王　宗　昱	已　　出　　版
胡　　　　　　　適	耿　雲　志	撰　　稿　　中
殷　　海　　光	章　　　清	排　　印　　中
印　　　　　　　順	林　朝　成 陳　水　淵	撰　　稿　　中
金　　岳　　霖	胡　　　軍	已　　出　　版
張　　東　　蓀	張　耀　南	撰　　稿　　中
馮　　友　　蘭	殷　　　鼎	已　　出　　版
唐　　君　　毅	劉　國　強	撰　　稿　　中
牟　　宗　　三	鄭　家　棟	撰　　稿　　中
宗　　白　　華	葉　　　朗	撰　　稿　　中
湯　　用　　彤	孫　尚　揚	排　　印　　中

世界哲學家叢書（四）

書　　　　　　　名	作　　者	出　版　狀　況
賀　　　　　　　麟	張　學　智	已　　出　　版
龍　　　　　　　樹	萬　金　川	撰　　稿　　中
無　　　　　　　著	林　鎮　國	撰　　稿　　中
世　　　　　　　親	釋　依　昱	撰　　稿　　中
商　　羯　　　羅	黃　心　川	撰　　稿　　中
維　韋　卡　南　達	馬　小　鶴	撰　　稿　　中
泰　　戈　　　爾	宮　　　靜	已　　出　　版
奧羅賓多・高士	朱　明　忠	已　　出　　版
甘　　　　　　　地	馬　小　鶴	已　　出　　版
尼　　　赫　　　魯	朱　明　忠	撰　　稿　　中
拉　達　克　里　希　南	宮　　　靜	排　　印　　中
元　　　　　　　曉	李　箕　永	撰　　稿　　中
休　　　　　　　靜	金　煐　泰	撰　　稿　　中
知　　　　　　　訥	韓　基　斗	撰　　稿　　中
李　　栗　　　谷	宋　錫　球	已　　出　　版
李　　退　　　溪	尹　絲　淳	撰　　稿　　中
空　　　　　　　海	魏　常　海	已　　出　　版
道　　　　　　　元	傅　偉　勳	已　　出　　版
伊　藤　仁　齋	田　原　剛	撰　　稿　　中
山　鹿　素　行	劉　梅　琴	已　　出　　版
山　崎　闇　齋	岡　田　武　彥	已　　出　　版
三　宅　尚　齋	海老田輝巳	已　　出　　版
中　江　藤　樹	木　村　光　德	撰　　稿　　中
貝　原　益　軒	岡　田　武　彥	已　　出　　版
荻　生　徂　徠	劉　梅　琴	撰　　稿　　中

世界哲學家叢書（五）

書　　　　　名	作　　者	出　版　狀　況
安　藤　昌　益	王　守　華	撰　稿　中
富　永　仲　基	陶　德　民	撰　稿　中
石　田　梅　岩	李　甦　平	撰　稿　中
楠　本　端　山	岡　田　武　彥	已　出　版
吉　田　松　陰	山　口　宗　之	已　出　版
福　澤　諭　吉	卞　崇　道	撰　稿　中
岡　倉　天　心	魏　常　海	撰　稿　中
中　江　兆　民	畢　小　輝	撰　稿　中
西　田　幾　多　郎	廖　仁　義	撰　稿　中
和　辻　哲　郎	王　中　田	撰　稿　中
三　　木　　清	卞　崇　道	撰　稿　中
柳　田　謙　十　郎	趙　乃　章	撰　稿　中
柏　　拉　　圖	傅　佩　榮	撰　稿　中
亞　里　斯　多　德	曾　仰　如	已　出　版
伊　壁　鳩　魯	楊　　適	排　印　中
愛　比　克　泰　德	楊　　適	撰　稿　中
柏　　羅　　丁	趙　敦　華	撰　稿　中
聖　奧　古　斯　丁	黃　維　潤	撰　稿　中
安　瑟　倫	趙　敦　華	撰　稿　中
安　薩　里	華　　濤	撰　稿　中
伊　本　·　赫　勒　敦	馬　小　鶴	已　出　版
聖　多　瑪　斯	黃　美　貞	撰　稿　中
尼　古　拉　·　庫　薩	李　秋　零	撰　稿　中
笛　　卡　　兒	孫　振　青	已　出　版
蒙　　　　田	郭　宏　安	撰　稿　中

世界哲學家叢書 (六)

書　　　　　名	作　　者	出　版　狀　況
斯　賓　諾　莎	洪　漢　鼎	已　　出　　版
萊　布　尼　茨	陳　修　齋	已　　出　　版
牛　　　　　頓	吳　以　義	撰　　稿　　中
培　　　　　根	余　麗　嫦	撰　　稿　　中
托　馬　斯・霍　布　斯	余　麗　嫦	已　　出　　版
洛　　　　　克	謝　啓　武	排　　印　　中
巴　　克　　萊	蔡　信　安	已　　出　　版
休　　　　　謨	李　瑞　全	已　　出　　版
托　馬　斯・銳　德	倪　培　林	撰　　稿　　中
梅　　里　　葉	李　鳳　鳴	撰　　稿　　中
狄　　德　　羅	李　鳳　鳴	撰　　稿　　中
伏　　爾　　泰	李　鳳　鳴	已　　出　　版
孟　德　斯　鳩	侯　鴻　勳	已　　出　　版
盧　　　　　梭	江　金　太	撰　　稿　　中
帕　　斯　　卡	吳　國　盛	撰　　稿　　中
達　　爾　　文	王　道　遠	撰　　稿　　中
施　萊　爾　馬　赫	鄧　安　慶	撰　　稿　　中
康　　　　　德	關　子　尹	撰　　稿　　中
費　　希　　特	洪　漢　鼎	已　　出　　版
謝　　　　　林	鄧　安　慶	已　　出　　版
黑　　格　　爾	徐　文　瑞	撰　　稿　　中
叔　　本　　華	鄧　安　慶	撰　　稿　　中
祁　　克　　果	陳　俊　輝	已　　出　　版
尼　　　　　采	商　戈　令	撰　　稿　　中
彭　　加　　勒	李　醒　民	已　　出　　版

世界哲學家叢書（七）

書　　　　　名	作　　者	出　版　狀　況
馬　　　　　　赫	李　醒　民	已　　出　　版
迪　　　　　　昂	李　醒　民	排　　印　　中
費　爾　巴　哈	周　文　彬	撰　　稿　　中
恩　　格　　斯	李　步　樓	排　　印　　中
馬　　克　　斯	洪　鎌　德	撰　　稿　　中
普　列　哈　諾　夫	武　雅　琴	撰　　稿　　中
約　翰　彌　爾	張　明　貴	已　　出　　版
狄　　爾　　泰	張　旺　山	已　　出　　版
弗　洛　伊　德	陳　小　文	已　　出　　版
阿　　德　　勒	韓　水　法	撰　　稿　　中
史　賓　格　勒	商　戈　令	已　　出　　版
布　倫　坦　諾	李　　　河	撰　　稿　　中
韋　　　　　　伯	韓　水　法	撰　　稿　　中
卡　　西　　勒	江　日　新	撰　　稿　　中
沙　　　　　　特	杜　小　真	撰　　稿　　中
雅　斯　培	黃　　　藿	已　　出　　版
胡　　塞　　爾	蔡　美　麗	已　　出　　版
馬克斯·謝勒	江　日　新	已　　出　　版
海　　德　　格	項　退　結	已　　出　　版
阿　　倫　　特	尚　新　建	撰　　稿　　中
高　　達　　美	嚴　　　平	撰　　稿　　中
漢　娜　鄂　蘭	蔡　英　文	撰　　稿　　中
盧　　卡　　契	謝　勝　義	撰　　稿　　中
阿　多　爾　諾	章　國　鋒	撰　　稿　　中
馬　爾　庫　斯	鄭　　　湧	撰　　稿　　中

世界哲學家叢書（八）

書　　　　名	作　　者	出　版　狀　況
弗　　洛　　姆	姚　介　厚	撰　稿　中
哈　伯　馬　斯	李　英　明	已　出　版
榮	劉　耀　中	已　出　版
柏　　格　　森	尚　建　新	撰　稿　中
皮　　亞　　傑	杜　麗　燕	已　出　版
別　爾　嘉　耶　夫	雷　永　生	撰　稿　中
索　洛　維　約　夫	徐　鳳　林	已　出　版
馬　　賽　　爾	陸　達　誠	已　出　版
馬　　利　　丹	楊　世　雄	撰　稿　中
梅　露　・　彭　迪	岑　溢　成	撰　稿　中
阿　爾　都　塞	徐　崇　溫	撰　稿　中
葛　　蘭　　西	李　超　杰	撰　稿　中
列　　維　　納	葉　秀　山	撰　稿　中
德　　希　　達	張　正　平	撰　稿　中
呂　　格　　爾	沈　清　松	撰　稿　中
富　　　　科	于　奇　智	撰　稿　中
克　　羅　　齊	劉　綱　紀	撰　稿　中
布　拉　德　雷	張　家　龍	撰　稿　中
懷　　特　　海	陳　奎　德	已　出　版
愛　因　斯　坦	李　醒　民	撰　稿　中
玻　　　　爾	戈　　革	已　出　版
卡　　納　　普	林　正　弘	撰　稿　中
卡　爾　・　巴　柏	莊　文　瑞	撰　稿　中
坎　　培　　爾	冀　建　中	撰　稿　中
羅　　　　素	陳　奇　偉	撰　稿　中

世界哲學家叢書（九）

書　　　　　名	作　　者	出　版　狀　況
穆　　　　　　爾	楊　樹　同	撰　　稿　　中
弗　　雷　　格	王　　　路	已　　出　　版
石　　里　　克	韓　林　合	已　　出　　版
維　根　斯　坦	范　光　棣	已　　出　　版
艾　　耶　　爾	張　家　龍	已　　出　　版
賴　　　　　爾	劉　建　榮	撰　　稿　　中
奧　　斯　　丁	劉　福　增	已　　出　　版
史　　陶　　生	謝　仲　明	撰　　稿　　中
馮　·　賴　特	陳　　　波	撰　　稿　　中
赫　　　　　爾	馮　耀　明	撰　　稿　　中
帕　爾　費　特	戴　　　華	撰　　稿　　中
梭　　　　　羅	張　祥　龍	撰　　稿　　中
愛　　默　　生	陳　　　波	撰　　稿　　中
魯　　一　　士	黃　秀　璣	已　　出　　版
珀　　爾　　斯	朱　建　民	撰　　稿　　中
詹　　姆　　斯	朱　建　民	撰　　稿　　中
杜　　　　　威	葉　新　雲	撰　　稿　　中
蒯　　　　　因	陳　　　波	已　　出　　版
帕　　特　　南	張　尚　水	撰　　稿　　中
庫　　　　　恩	吳　以　義	排　　印　　中
費　耶　若　本	苑　舉　正	撰　　稿　　中
拉　卡　托　斯	胡　新　和	撰　　稿　　中
洛　　爾　　斯	石　元　康	已　　出　　版
諾　　錫　　克	石　元　康	撰　　稿　　中
海　　耶　　克	陳　奎　德	撰　　稿　　中

世界哲學家叢書（十）

書　　　　　　名	作　　　者	出　版　狀　況
羅　　　　　　蒂	范　　進	撰　　稿　　中
喬　姆　斯　基	韓　林　合	排　　印　　中
馬　克　弗　森	許　國　賢	已　　出　　版
希　　　　　　克	劉　若　韶	撰　　稿　　中
尼　　布　　爾	卓　新　平	已　　出　　版
默　　　　　　燈	李　紹　崑	撰　　稿　　中
馬　丁・布　伯	張　賢　勇	撰　　稿　　中
蒂　　里　　希	何　光　滬	撰　　稿　　中
德　　日　　進	陳　澤　民	撰　　稿　　中
朋　諤　斐　爾	卓　新　平	撰　　稿　　中